© 1991 The Regents of the University of California
Published by arrangement with University of California Press

埃及在19世纪

再造国家

[英] 蒂莫西·米切尔 —— 著

张一哲 ———— 译

Simplified Chinese Copyright © 2022 by SDX Joint Publishing Company.
All Rights Reserved.

本作品简体中文版权由生活·读书·新知三联书店所有。
未经许可,不得翻印。

图书在版编目(CIP)数据

再造国家:埃及在19世纪/(英)蒂莫西·米切尔著;
张一哲译. —北京:生活·读书·新知三联书店,2022.6
("世界"丛书)
ISBN 978-7-108-07372-3

Ⅰ.①再… Ⅱ.①蒂… ②张… Ⅲ.①埃及-历史-19世纪
Ⅳ.① K411

中国版本图书馆 CIP 数据核字(2022)第 046060 号

责任编辑	周玖龄	
装帧设计	薛 宇	
责任印制	卢 岳	
出版发行	生活·讀書·新知 三联书店	
	(北京市东城区美术馆东街 22 号 100010)	
网 址	www.sdxjpc.com	
图 字	01-2021-2519	
经 销	新华书店	
印 刷	北京隆昌伟业印刷有限公司	
版 次	2022 年 6 月北京第 1 版	
	2022 年 6 月北京第 1 次印刷	
开 本	635 毫米 ×965 毫米 1/16 印张 20	
字 数	240 千字	
印 数	0,001-5,000 册	
定 价	68.00 元	

(印装查询:01064002715;邮购查询:01084010542)

现代的基本进程乃是对作为图像的世界的征服过程。

马丁·海德格尔,《世界图像的时代》

("The age of the world picture")①

此种表象之秩序乃是**全部表象之秩序**（*the order of all appearance*），即总体意义上的表象进程。这就是真理之秩序。

雅克·德里达,《双重场景》

("The double sessions")

---

① 译文参考海德格尔,《林中路》,孙周兴译,商务印书馆,2018。——中译者注（书中脚注,皆为中译者注,后不一一标示）

目　录

平装本序言　I

致　谢　XII

第一章　博览会上的埃及　1

第二章　集置　47

第三章　秩序的表象　86

第四章　我们控制了他们的身体之后　126

第五章　真理的机制　173

第六章　事物的哲学　218

注　释　244

主要参考文献　282

索　引　288

译后记　300

平装本序言

这部书并非是对英国殖民埃及的历史，而是对进行殖民的权力的研究。虽然聚焦于19世纪后期发生在埃及的事件，这部书主要讨论的却是在对现代性进行评价时殖民主义的位置。殖民并不仅仅指确立欧洲的存在，也指一种政治秩序的扩散，这种秩序在社会世界（social world）中引入了一种新的空间概念、新的人格类型和新的制造现实经验的手段。《再造国家》（书名原文为 *Colonising Egypt*——编者）一书通过殖民计划的日常细节，在形而上学范畴内对殖民权力进行了剖析。

本书二、三、四章检视了殖民权力在埃及的发展。第二章始于对19世纪早期规范埃及乡村民众日常生活这一全新尝试的描述，19世纪二三十年代，开罗当局发布命令禁止村镇居民在其家乡以外的地区活动，规定了他们种植的谷物的种类，以及耕作、分配、缴纳谷物的办法，还设定了监视、监督以及惩罚的层级体系，前述那些规定正是依靠该体系获得强制执行的。自开罗控制尼罗河谷的农业财富并非什么新鲜事，但早些时候的各种控制模式总是疏漏甚多，且充满不确定性。通常，一个强有力的中央统治家族将赋税施加于那些较为弱小的区域性统治家族，接下来这些家族又将此义务施加于他们周边那些更为弱小的家族。流向中央的利益容易在各个环节流失，只有通过统治的进一步对外扩张才能获得增长,而这又进一步增加了流失的环节,反过来削弱了该利益输送网络。19世纪新的控制模式不仅尝试自农业收益中分一杯羹,而且尝试渗透进乡村生产活动的过程中,控制其基本环节,提升约翰·宝宁(John Bowring)[①](埃及政府的一名英国顾问)口中的国家"生产力"(productive powers)。规训手段(disciplinary methods)——米歇尔·福柯曾如此命名这些现代权力模式——的有效性并非体现在其力度和广度上,而是体现在其本地化的渗透、重整和殖民的能力中。

开罗当局的顾问宝宁是英国改革家杰里米·边沁(Jeremy Bentham)的朋友和助手,而后者正是全景监狱(Panopticon)的发明人,在该机构中,利用胁迫和命令控制人群让位于对空间的分割、对个体的孤立以及系统但却不可见的监视。福柯认为全景监狱的几何构造和规训性是权力微观物理形式的象征,这种权力兴盛于过去两个世纪,并且构成了资本主义现代性经验。

福柯的分析聚焦于法国和欧洲北部,但此种基于空间秩序重构以及对身处其中者进行监视与控制的权力形式,本质上就其手段而言却是殖民性的。此外,在诸多情形下,全景监狱及类似的规训机构并未引入并推广于法国或英格兰,而是被建立在俄罗斯、印度、南北美洲、埃及等欧洲的殖民边界地区。杰里米·边沁与上述所有地区的统治者通信——其中就包括开罗的统治者穆罕默德·阿里帕夏(Muhammad Ali Pasha)——以鼓吹全景原则(panoptic principle)及其他新技术。对诸多欧洲人——包括军官、信奉圣西门主义[②]的工

[①] 约翰·宝宁(1792—1872),又译作宝灵、包令,英国政治经济学家、政治家、作家。他曾于19世纪30年代后期对埃及、叙利亚等地经济状况进行考察并向英国下议院提交报告,还曾于1854—1859年担任英国派驻香港的第四任总督。他与边沁保有长期友谊,是边沁的遗嘱执行人及著作整理者。

[②] 圣西门主义(Saint-Simonianism)是法国思想家圣西门伯爵克劳德-亨利·德·鲁弗鲁瓦(Claude-Henri de Rouvroy, Comte de Saint-Simon, 1760—1825)所创立的思想(转下页)

程师、教育家、医生及其他各色人等——而言，19世纪的开罗提供了协助建立一个现代国家的机会，这个国家将建基于规训性权力（disciplinary power）所涵盖的诸多新手段之上。

如同第二章将阐释的那样，新权力模式在埃及的典型例证是"新秩序"（New Order），即19世纪20年代的埃及军事改革，这场改革以其控制和管理武装人员的诸多创新手段创建了一支规模和力量四倍于先前埃及军队的武装力量，这支力量的创建在地区层面和埃及内部均产生了后果。在地区层面，它使埃及得以建立一个殖民帝国，该帝国自南部的苏丹和阿拉伯半岛延伸至北部的希腊和克里特岛，稍后还纳入了巴勒斯坦及叙利亚。地方叛乱及欧洲的干涉迫使该帝国解体，其武装力量随后被重新部署，以建立和戍卫使埃及成为政治-空间实体的地理边界。欧洲的商业和政治渗透进一步削弱了埃及的政权，并引发了后者经济上的崩溃，1882年英国的入侵和占领随之而来。

在埃及内部，如同宝宁评论的那样，新式军队的创建"自身即确立了一种拓展至埃及全社会的秩序原则"。这种原则的拓展将在第三、四章被详加检视。在农业领域，通过把这个国家的"生产力"——村民及土地——转化为商品，对迁徙、生产和消费的全新控制得以在分权化的同时获得强化。同样的秩序原则还体现于对开罗及其他埃及城镇——以创造整齐、开阔的街道系统为目标——的重建，对卫生及公共健康的监控，以及——特别是——义务教育的引入。学校教育似乎提供了一种手段，得以将每个埃及年轻人转化为勤劳、驯顺的政治主体（political subject）。在19世纪下半叶，学校教育的规训作用开始被视为这个现代国家政治中的决定性因素，政治秩序将不再通过断断

（接上页）流派，主张工业化和科学发现对于社会进步具有重大作用，以对工业和科学的信仰取代神学信仰。圣西门伯爵本人去世后，他的追随者仍活跃于19世纪前半叶的法国，一些人曾前往埃及和君士坦丁堡推行其主张。

续续的胁迫取得，而是通过持续的教育、监督和控制。

规训手段对于理解被殖民国家和现代国家有着双重重要性，福柯只对第一重重要性进行了分析。首先，人们可以超越将权力视为由权威性命令和政策——它们由指导和规范社会行为的强制性力量支撑——组成的系统这一印象。权力通常被视作一种外部约束，其来源是外在于社会且居于其上的一种至高权威（sovereign authority），它通过对行为设置限制、确立消极禁止事项以及引导正当行为来运作。

规训性权力与此相反，它不是自社会外部行使权威，而是在社会内部起作用，不是作用于整个社会，而是作用于（社会生活的）细节，它不对个体及其行为进行限制，而是创造个体，限制性的、外部化的权力让位于一种内部化的、生产性的权力。规训性权力在地方性领域及机构内部起作用，它进入特定的社会进程，将其分解成多个独立的环节，对其进行重新安排以提高效率和精确性，将它们重新组合进更具生产力且更有力量的联结之中。这些手段造就了军队、学校、工厂以及其他现代民族国家特有机构的组织化力量。它们同时在这些机构内部创造出了现代化的个体——孤立的、被规训的、逆来顺受且勤劳的政治主体。权力关系不再仅仅使这些个体去面对一系列外部命令及禁令，形成于上述机构中的个体个性已经是那些权力关系的产物了。

我们不应像福柯有时做的那样夸大这些技术的一致性，规训手段会失效、互相冲突或不自量力。它们提供了规避和抵抗的空间，而且可转用于反抗霸权。反殖民运动常常自军队获得组织形式，自学校教育中获得规训和教化手段。它们经常形成于兵营、校园或其他殖民当局的机构当中。与此同时，当抛弃了将殖民权力视作一体化、集权化的权威这一图像之后，我们同样应该对将抵抗领袖视作外在于殖民权力且拒绝殖民权力之要求的主体这种传统看法提出质疑。殖民统治下的主体和他们的反抗模式均形成于殖民当局的组织化领域之**内**，而非某些完全外在于此的社会空间。

规训性权力的第二重重要性是凭借相同的手段，权力关系现在在内在化的同时，看起来也获得了外部结构形式，米歇尔·福柯并未对此加以讨论，但这点对理解资本主义现代性的特别之处却更为重要。举例来说，19世纪早期的埃及军队改革将武装人员团体转化成了类似于"人工机器"（artificial machine）般的存在。这一军事组织结构表现得较其各部分的加总更加强大一些，仿佛这一结构的存在独立于组成它的人。旧式军队一下子显得缺乏组织性，由"懒散而怠惰"的人组成，而新式军队看上去则具有双重维度（two-dimensional），一方面由个体士兵组成，另一方面则由这些士兵所寄居的机器组成。这一组织结构当然不具有独立的存在性，这是由其对人员有组织的配置，对人员行动的协调，对空间的分割，对各个单位的等级化安排所造成的效果，所有这些都是特别的实践活动。这种配置、安排和行动，即是军队全新力量的内涵所在，舍此无他。但这类活动的秩序性和精确性产生了这样一种效果，即存在着一套外在于其组成人员的组织结构，该结构反过来安排、囊括和控制着这些人员。

类似的双重维度效果也可在殖民权力的其他体现形式中观察到。比如，在19世纪对开罗的重建中，新街道布局的设计是要体现一种规划安排，这样的规划安排并不仅仅是协助都市重建的工具，而是一种体现于城市街道布局，并印刻进市民生活之中的秩序原则。如同旧日的城市一样，新的城市依然仅仅是对土地和空间的某种分配，但这种分配的规律性造就了对某种外在于实体街道、作为其非实体结构而存在的事物的体验。现在，城市的秩序将通过事物自身的物质存在（如同人们现在说的那样）和它们不可见的、超乎物质存在（metaphysical）的结构间的关系体现。

作为现代机构特性的对空间和功能的精细划分，对这些功能的等级化安排，对监督和监控的组织，将时间标记为各种日程和计划——所有这些行为都导向了一个并非由一系列社会实践活动组成，而是由一种二分性秩序（binary order）组成的世界：一方面是个体和它们的活动，另一方面则是通过某种途径独立于个体、先于个体存在、包含并赋予个体生命以框架的静默的结构。这样的技术创造了一种关于现代性的独特形而上学（metaphysics），在其中世界分解为个体-体系、实践-机构、社会生活及其结构——换言之，即物质存在及其意义（meaning）——这样具有双重维度的形式。

xiii 关于意义或表象（representation）的问题是上述结构性影响（structural effect）的一个基本方面，也是本书的中心主题。本书认为，造成了全新的结构性影响的组织方法和安排手段，同时也引发了对意义的现代体验，这表现为一种表象过程（a process of representation）。在关于资本主义现代性的形而上学中，对世界的体验在本体论层面截然两分为物质存在及其表象——以语言、文化或其他表达形式呈现。现实存在是物质性的、静默的、缺乏内在意义的，而表象则是一种非物质性的、无形的理解维度。《再造国家》一书通过展示促生了这种本体论的殖民实践活动，探究了前者的力量和局限。本书以作为欧洲殖民计划一部分的 19 世纪大型世界博览会为例，展示了表象过程的性质。借用马丁·海德格尔（Martin Heidegger）和雅克·德里达（Jacques Derrida）著作中的说法，本书将这种现代性形而上学指称为"呈现为博览会的世界"（world-as-exhibition）。

在分析上面概述的规训性权力之前，本书第一章通过阅读 19 世纪访问欧洲的埃及和其他阿拉伯国家旅行者的游记引入了该问题。这些游记中最常见的主题是对世界博览会的描述，在博览会中，旅行者遭遇了模仿秀式的巴扎①、东方式宫殿、富有异国情调的商品、自然状态下的殖民地人民，以及关于帝国权力和文化差异的全部真相。

基于阿拉伯旅行者的游记，本书第一章认定，表象过程的独特之处在于，它在所呈现的真实世界之外，有分离出一个由形象和符号组成的领域的能力。本章随后展示出这种分离——可与上面提及的结构性影响相比拟——是多么地缺乏它所声称的那种本体论上的确定性，而只不过是一种不确定和不稳定的效果。

使世界博览会的非欧洲参观者最震惊的是人造物所呈现的逼真性。1889年巴黎博览会上著名的开罗街（Rue du Caire）再造了一整条埃及首都的街道，并引进了真正的埃及驴子和驴夫。凭借这种逼真性，该人造物宣告了它的不真实，模型的庞大规模和高度精确性使参观者确信，必定存在着某种原型，而这仅仅是摹本。这样的技术不仅使人相信表象必须精确，而且使人相信在表象之外存在一种纯粹的真实，它未曾被各种形式的替换、中转、重复所沾染——正是这些行为使得形象仅仅是形象。

本书第一章探讨了世界博览会的若干特征，这些特征通过在现实存在及其表象之间制造出看上去无可争议的分别，强化了关于现实存在的现代性体验：物理边界分隔了博览会与外部现实世界。边界内的展览内容被刻意安排，以表现欧洲所设想的文化与进化的历史－地理秩序，该秩序在博览会的众多方案、指示牌和导游手册中得到反映并获得再造。结果博览会并不仅仅表现为对现实世界的模仿，而是将一种表达框架加诸于现实世界不可胜数的种族、领土和商品之上。这种框架是一种结构性影响，用以表现一种独立于现实存在的抽象秩序，它与军事制度、城市规划以及其他上面提及的殖民实践活动所产生的

---

① "巴扎"（bazaar）来自波斯语"市场"一词，特指中东地区的市集。

影响类似,且由类似的协调和配置手段所创造。

表象的技术(technique of representation)并不仅仅局限于世界博览会,在博览会以外,前往欧洲的参观者遭遇了更多的表象机制(mechanisms of representation),在博物馆和东方学家协会、剧院和动物园、学校和百货商场、现代城市的街道及其富有意义的建筑外立面中,他们发现其中的意义表达手段都是一样的。一切看上去都像是在参观者面前搭建起来的图画或展览,代表着超乎其外的某种真实存在。前往欧洲的参观者不仅见识了世界博览会,就连世界本身也按照某种秩序组织了起来,使其看上去就像一场没有尽头的展览。

表象过程的规模开始显露它那貌似简单的结构性影响的难以捉摸性。人们得到暗示,在表象体系下,意义结构来自表象领域与其所指涉的外在现实存在之间的区别。但这个博览会之外的外部现实世界看上去只是由现实存在的进一步表象组成的。就如同博览会上对现实的模仿带有现实存在的印记(难道那些展览中的原住民不是真人吗?),外部现实世界也绝非完全未经改易的。《再造国家》一书并不十分关注这种不可避免的难以捉摸性,而是关注这种不可捉摸性何以被忽略的问题。殖民进程如何拓展"呈现为博览会的世界",并以其强有力的形而上学取代其他效力较弱的神学信条?

作为阿拉伯旅行者对欧洲的描述——本书以此开头——的对照,第一章后半部分讨论了19世纪离开"呈现为博览会的世界",前往阿拉伯世界的欧洲旅行者的著述。他们前往东方旅行的目的是体验他们在展览中常常见到的那种真实存在,但在东方的所见所闻却使他们感到困惑。尽管他们认为自己从关于东方的展览来到了现实之中,但他们仍然试图将现实存在作为一场展览去理解。这是不可避免的,对欧洲人而言,现实借由表象与原始存在的区别而呈现。某些事物应当如同一场展览那样被理解。然而,不同于伦敦或巴黎,像开罗这样的地方尚未基于这种绝对的区别被重新安排过,并在参观者的目光前像一场博览会那样被搭建起来。

东方拒绝自我呈现为一场展览,因此表现得无序且缺乏意义。殖民进程将引入彼时东方所缺乏的那种秩序——那种不仅提供了新的规训性权力,而且提供了关于表象的崭新本体论的结构性影响。

本书第二、三、四章中,对军队组织方法、示范村(model village)、城市规划、学校教育以及其他殖民计划进行讨论,探究了这些秩序确立手段在社会世界中印刻上一种全新可辨识性(legibility)的途径。训练有素、整齐划一的士兵现在可以与平民清晰地区分开来,这使得辨识逃兵成为可能,从而克服了建立大规模军队的最后一个主要障碍——开小差的问题。通过引入使得甚至妇女及其家庭在"警察的观察"(observation of the police)前都变得可见的建筑,示范村试图将普通埃及人的生活组织起来,并使其变得易于辨识。现代开罗和其他埃及城镇崭新、开放的街道体现了类似的可见性和观察原则,即博览会的原则。新式初等、中等、高等学校在埃及全境建立起来,由其组成的序列意在为新生的民族国家(nation-state)提供一种可被描述的结构。与此同时,学校提供了一种关于教育和信息的通行规范,这种规范需要在学生们正式开始社会生活前得到掌握。在缺乏这种规范的情况下,民族国家的存在被认为是不可能的。

在所有这些案例中,起作用的原则是相同的。建立秩序、进行安排的手段产生了结构性影响。如同一场博览会的细致布局,该结构体现为一种框架,在其中各项活动可以得到组织、控制和观察;它同时体现为一种计划或程序,为活动补充了意义。这一建立秩序的技术,既制造了规训性权力,也创设了一个表面上分立的意义或真理之域(realm of meaning or truth)。

本书第五章转向了语言问题,对被殖民国家中语言学意图或权威的创设和政治权威的建立进行了并列比较，进一步探究了真理和权力间的关系。对于殖民时代的独特技术——包括新的通信手段、印刷术和学校教育在内——如何为现实存在补充了一种感受起来像是其秩序和意义的事物，从而在它之外制造了一种结构性影响，语言提供了最为影响深远的例证。通过再次引证雅克·德里达的著作，本章使读者看到，对于语言的现代理解是如何与这些新技术纠缠在一起的。这种理解依托于"呈现为博览会的世界"——其形而上学并不为前现代阿拉伯学术研究所共享——所生成的机械性表象理论（mechanical theory of representation）。

阿拉伯语写作为新技术所改造。被设计来保护书写的意义或意图的文本实践在表象的形而上学面前变得过时。文本意图（textual intention）在性质和方法方面可与政治权力的意图或权威相比拟，且事实上总是政治权力的重要组成部分。作为与现实存在相对的一种抽象框架，意义方面的新效果同时带来了政治权威方面的新效果。如同"呈现为博览会的世界"中的意义，政治权威现在也表现为一种概约化的抽象观念，伴随着法律或国家这样的新名字，且像意义那样呈现为现实世界之外的一个框架。引发了表象效果（effects of representation）[①]的殖民转型，同时也倾向于造成这种政治权威方面的新效果。

为了进行关于西方书写中的形而上学的论证，本书第五章对围绕前殖民时代阿拉伯世界书写艺术产生的一些实践活动进行了概述，这一概述与其他章节中讨论前殖民时期建筑、空间组织、学习、意义生产和社会秩序创设的部分相类似。这些段落被有意处理得零碎、不完整，它们并不意在呈现前殖民时代的往昔。基于本书核心论证中所包

---

① 上文提及，"对意义的现代体验……表现为一种表象过程"（Ⅵ），因此此段的"表象效果"和"意义方面的新效果"含义是相同的。

含的原因，这样一种呈现是不可能的。相反，它们实则是对书中关于殖民项目的叙述的评论，揭示了以不被表象的形而上学所支配的途径来思考语言、意义和政治秩序的可能性。这些段落也应当视为与其所指涉的当代理论家——如皮埃尔·布尔迪厄（Pierre Bourdieu）或雅克·德里达——的对话，其目的是推动一种对现代性更为激进的讨论，而这通常不为他们的理论所支持。

蒂莫西·米切尔
纽约
1991 年 6 月

致　谢

本书大部分于1986年春夏在牛津大学圣安东尼学院写成。德雷克·霍普伍德（Derek Hopwood）、阿尔伯特·霍拉尼（Albert Hourani）和罗杰·欧文（Roger Owen）为我在那里的停留提供了便利，他们与圣安东尼学院中东中心全体成员一道，使我度过了非常愉快的一段时光。在这几个月中，我得到了纽约大学校长奖学金的支持，为此我对法赫德·卡兹米（Farhad Kazemi）怀有特别的谢意。

本书第三章全部、第二和第四章的一半，以及其他一些部分脱胎于本人的博士论文。该论文由普林斯顿大学的曼弗雷德·哈勒珀（Manfred Halpern）和查尔斯·伊萨维（Charles Issawi）指导完成，对他们两人对我工作的兴趣及支持我心怀感激。博士论文及本书部分研究在埃及国家图书馆（Dar al-Kutub）的工具书阅览室及期刊阅览室中完成，那里的工作人员总是友好而高效。我前往埃及的第一次旅行由普林斯顿大学的近东研究项目资助，接下来的两次旅行由埃及美国研究中心的研究资金支持。我想对来自这两个帮助过我的机构的许多人表示感谢，其中包括詹姆斯·艾伦（James Allen）、苏珊·艾伦（Susan Allen）、卡尔·布朗（Carl Brown）、梅·塔德（May Trad）和保罗·沃克（Paul Walker）。

书中的许多论点都首先产生、发展或者说"偷窃"自与朋友的谈话。我自斯蒂法尼亚·潘多夫（Stefania Pandolfo）处了解和取得了这本书的大部分主要论题。她关于我工作的讨论首先决定了书稿方向，她对我书稿此后数稿的阅读使其在每一点上都有所提高。在其他众多曾提供帮助的朋友和同事中，我要特别感谢迈克尔·吉尔斯南（Michael Gilsenan）、乌代·马赫塔（Uday Mehta）、布林克利·梅西克（Brinkley Messick）、罗伊·莫塔哈德（Roy Mottahedeh）和海伦·普林格（Helen Pringle）。我还要感谢剑桥大学出版社的伊丽莎白·威顿（Elizabeth Wetton）在本书编辑和出版过程中的耐心工作，以及加利福尼亚大学出版社的夏琳·伍德科克（Charlene Woodcock）对本书平装本的付出。

我对莱伊拉·阿布-卢阿德（Lila Abu-Lughod）的智力支持、评论、鼓励和关怀感恩最深，没有她的出现我或许能完成这部书，但这部书和我此后的人生都会与现在不同。最后我要感谢我的家人，对于他们而言，这部书无疑不足以成为我离开英格兰长达10年的借口。

这部书献给我的母亲，并作为对我父亲的纪念。

第一章
博览会上的埃及

出席 1889 年夏天于斯德哥尔摩举办的第八届国际东方学家会议（International Congress of Orientalists）①的埃及代表团经由巴黎前往瑞典，并在巴黎停留以参观世界博览会（World Exhibition）。四名埃及参会者在法国首都度过了数天，在亚历山大·埃菲尔（Alexandre Eiffel）设计的新铁塔中攀爬了两倍于大金字塔②的高度（他们是这样报告的），并探索了在铁塔下面展开的城市。他们参观了博览会精心设计的庭园和展馆，并考察了展出的商品和机械。在这种有序和壮观之中，只有一样东西使他们感到困扰：埃及馆由法国人建造，展示了一条蜿蜒的开罗街道，其中有配有悬窗的房屋和一座类似嘎伊特贝（Qaitbay）清真寺③的建筑。一名埃及参会者写道："该展馆意在模仿开罗古老的一面。"他接下来评论说："这种模仿如此认真，甚至建筑上的彩绘也弄得脏兮兮的。"[1]

---

① 国际东方学家会议由法国东方学家莱昂·德·罗西尼（Léon de Rosny）倡设，主要目的是为西方各国东方学学者和殖民官员等提供交流平台。第一届会议于 1873 年在巴黎召开，至 1973 年该会议共举办 29 届，此后不再召开。
② 大金字塔指位于开罗吉萨区的胡夫金字塔，塔身现存高度约 139 米。
③ 嘎伊特贝清真寺位于开罗城北部，落成于 1474 年，以埃及马穆鲁克王朝苏丹嘎伊特贝（1468—1496 年在位）之名命名，属其陵园建筑的一部分。

埃及馆还精心制造出混乱的样子。与博览会其他部分的几何线条形成鲜明对照，这条仿造的街道以巴扎式无序的方式展开。街道上挤满了商铺和货摊，打扮成东方人的法国人在其中售卖香料、油酥点心和土耳其毡帽。为了完善这种巴扎式的效果，法国组织者从开罗引进了50头埃及驴子，以及驴夫和必要数量的饲养员、蹄铁工和鞍具制造工。骑驴子在街上往返一趟收费一法郎，这造成了一种如此生活化的喧闹和混乱效果，博览会的主管被迫签署了一项命令，将一天中每个小时街上的驴子限定在特定数量。

埃及访客对这一切感到厌恶并敬而远之。最终令他们感到尴尬的，是踏进那座清真寺的门，却发现像这条街道的其他部分一样，它也被建设成了欧洲人所称的"门面"（façade）。"它如同清真寺的外形就是全部了。至于其内部，则布置成了一个咖啡厅，埃及姑娘在其中和青年男子跳舞，达尔维什（dervish）①则在其中转圈。"²

在巴黎停留了18天后，埃及代表团继续前往斯德哥尔摩出席国际东方学家会议。埃及参会者与其他来自欧洲以外的代表一道受到热情款待——以及［他人］极大的好奇。他们发现自己成了某种类似展品的存在，就好像仍然在巴黎一样。一位欧洲参会者写道："**真正的**（*bona fide*）**东方学家**像在一场巴纳姆世界秀（Barnum's all-world show）②中那样被注视：善良的斯堪的纳维亚人看上去认为这场会议是**东方人**（Orientals）的集会，而非**东方学家**（Orientalists）的集会。"一些东方学家看上去也对马戏团经理的角色乐在其中，早些时候柏林

---

① "达尔维什"为波斯语"托钵僧"之意，一般用来指苏菲派教团成员。转圈舞为苏菲派修行手段之一，修行者意在通过这种方式使自己陷入眩晕状态，从而得以接近真主，该舞蹈在当代中东各国已逐渐变为一种表演项目。

② 巴纳姆世界秀为美国著名马戏团经理人P. T. 巴纳姆（1810—1891）创设的马戏演出，以展出世界各地奇异事物知名。

的一次会议上①,我们被告知"这个奇怪的念头始于把东方国家本地人作为一篇论文的插图展示:牛津大学的博登(Boden)梵文讲席教授展示了一位真正的印度神学家(Pandit),让他在兴高采烈的公众面前进行了一场印度婆罗门的祷告和敬神仪式……牛津大学的马克斯·穆勒(Max Muller)教授则展示了两位显示各自神通的敌对日本祭司;这就像两位马戏团经理在展示他们的猴子"。3 在斯德哥尔摩的会议上,埃及代表受邀作为学者参与其中,但当他们用自己的语言这样做时,他们再次发现自己被当作展品一样对待。一名来自牛津大学的学者抱怨道:"对一位明智的人而言,我从未听到过如同……开罗艾资哈尔大学的一位阿拉伯学生发出的号叫那样无意义的声音,在会议上进行类似的展示胡闹又丢人。"4

博览会和国际东方学家会议并非这种欧洲闹剧仅有的例子。整个19世纪,来自欧洲以外的访问者都发现自己被置于展览中或成为欧洲人好奇心聚焦的目标。他们所经常蒙受的那种羞辱——不管是出于有意还是无意——看来无论如何是不可避免的,对这些场合而言,这种羞辱与搭着脚手架的"门面"或围观的人群一样,都是不可或缺的。"门面"、围观者和这种羞辱看上去都属于一场展览组织工作的一部分,更属于一种欧洲对于使事物成为可被观看之对象的关切。我将选择博览会这一问题,透过欧洲以外的目光对其进行检视,将之作为一种代表现代欧洲国家性质的实践活动。但我想采取一条迂回的路径接近这一问题,对那位牛津学者提到的闹剧稍做进一步探讨。该闹剧是一条线索,因为它恰好贯穿于中东人对19世纪欧洲的体验之中。

首先,来自中东的访客发现欧洲人是一群好奇的人,对围观和注视具有不可遏制的热情。一名曾于19世纪20年代在巴黎度过五年时

---

① 指1881年在柏林召开的第五届国际东方学家会议。

第一章 博览会上的埃及

光的埃及学者写道:"法国人的特点之一,就是注视每样新事物并为之感到兴奋。"⁵ 当他在另一部探讨各民族风俗习惯的书中解释"欧洲人的信条之一,就是凝视不会引发后果"时,或许他脑海中想到的就是这种注视。⁶ 1790 年,一位奥斯曼使节在前往柏林途中经停柯普尼克镇(Kopenick),他报告说"柏林人难以遏制自己的急不可耐,直到我们到达该城。尽管处在严冬,又逢降雪,无论男女均乘车、骑马或步行来观看和注视我们"。⁷ 在这种场面被阻止的地方,人为地重现这种场面看来是必要的。一群于 19 世纪 20 年代被派往巴黎的埃及学生被限制在他们居住的学院之中,仅被允许在每月的第二个周日踏足街头。但于巴黎停留期间,他们发现自己成了巴黎舞台上的歌舞表演用来取悦法国公众的滑稽模仿对象。这些学生中的一员解释道:"他们根据演出的需要搭建舞台。举例来说,如果他们想模仿一位苏丹以及发生在他身上的事情,他们就会搭建一座宫殿模样的舞台,并直接刻画这位苏丹。如果他们想展现波斯沙(Shah)①,他们就会让某人穿上波斯君主的服装,将他置于舞台中,使其居于宝座之上。"⁸

甚至亲自前往欧洲的中东地区君主,也有可能卷入戏剧化的事件之中。当埃及赫迪夫(Khedive)② 1867 年访问巴黎出席一届更早的世界博览会时,他发现埃及馆系模仿中世纪开罗而建,采用了一座皇家宫殿的形式。赫迪夫在访问期间停驻于这座仿造的宫殿,以中世纪式的好客接待访客,自己也成了博览会的一部分。⁹ 他的父亲——埃及王储易卜拉欣(Crown Prince Ibrahim)——则没有这么幸运。在其他地方见识过了英国公众之后,1846 年 6 月参观伯明翰的工厂和商品

---

① "沙"为历史上的波斯(伊朗)君主头衔,自阿契美尼德王朝一直沿用至巴列维王朝。
② "赫迪夫"源自波斯语,有"领主"之意,埃及穆罕默德·阿里王朝(1805—1952 年统治埃及)君主采用该词作为自身头衔,直至 1914 年以"苏丹"一词取而代之。此处访问巴黎的赫迪夫为穆罕默德·阿里王朝第五任统治者伊斯梅尔帕夏,其父为曾大败奥斯曼帝国军队的穆罕默德·阿里长子易卜拉欣帕夏。

展厅时,易卜拉欣不厌其烦地向媒体强调"他应当仅仅被视作一位私下来访的绅士"。但他还是没能逃脱某种程度上沦为展品的命运。一天晚上,他微服巡游,悄悄步入一个戏棚观看正在展出的一副巨鲸遗骨。马戏团经理很快认出了他,开始向棚外的人群宣布"只要一份门票钱,他们不仅可以在演出中看到鲸鱼的遗骨,而且还能看到伟大的勇士、土耳其人的征服者易卜拉欣"。人群蜂拥而入,这位王储在伯明翰警方的帮助下才得以脱身。[10]

在几乎每一段中东人对19世纪欧洲的描述中,都可以见到这种好奇心。临近19世纪末,当一两位埃及作家开始创作现实主义风格小说时,欧洲之旅成了他们的首选题材。这些故事常常通过描写被围观或注视的个体——就像展览上的陈列品那样——来唤起那种对西方的独特体验。一位这类故事的主人公在他到达巴黎的第一天发现"每当他在一家店铺或商品展厅外驻足,一大群人就会围住他,无论男女都注视着他的衣着和外表"。[11]类似的故事很多,但在这里我只想指出,对来自中东的访客而言,欧洲是一个自己有可能变成展览上的陈列品、受到他人围观的地方。

我应该在这里说明我对这种闹剧感兴趣的原因,因为欧洲人倾向于围观和注视的事情在前文中已不时提及。事实上,上述奥斯曼使节在前往柏林的路上发表的那类言论,已被用来证明欧洲人和其他民族存在根本性历史差异,即欧洲人对陌生地方和民族抱有好奇心,而其他民族"普遍缺乏好奇心"。这种差异据说可追溯至——并且证明了——现代早期欧洲人蓬勃的求知欲。我们被告知,这在本质上应当理解为一种"态度的差异"。[12]包括我自己在内的许多人都发现,将这种注视作为某群体内部存在或缺乏求知欲的证据是不具说服力的。但也有人含蓄地表示,这种"态度"——如果说它应该被如此理解——某种意义上是发乎天性的。该说法看上去在委婉表示,这种好奇心不过是人与世界间的联系不受束缚的状态,一旦"神学枷锁松动"带来了"人类思想的解放",这种好奇心就在欧洲兴起了。少有人会质疑这种假设,事实上我将论证"神学枷锁"——已经松动或正在解体,留下独立的个体直接面对世界——这一观念仍然支配着我们对中东与现代西方历史性相遇的理解,乃至我们对今日中东政治的理解。我选择通过这种闹剧迂回探讨非欧洲访客在博览会所受的羞辱,原因在于,我想将中东作者所发现的欧洲对待世界的方式作为某种非自然的、故意为之的事物来检视——也就是说,它依赖于其自身特定的神学信条。

客体化(Objectness)

在暂且接受了欧洲主体(European subject)的这种好奇态度后,我们首先注意到,欧洲以外的访客看上去在欧洲还遭遇了一种相应的"客体化"过程。主体的好奇心被多样的机制召唤起来,这些机制把事物变成了他们的客体(object)。易卜拉欣帕夏与鲸鱼遗骨的遭遇,以及学生们在巴黎的舞台上成为滑稽模仿对象的经历都只是这一过程的小小开端。那群学生中的一位发表了对他们旅居巴黎经历的记述,把其中若干页贡献给了巴黎的**场景展示**(*le spectacle*)现象,这是一个他无法在阿拉伯语中找到对应词的法语词。除了歌剧和喜歌剧(Opéra-Comique),在他描述的各种场景展示中存在"某些演出空间,演职员在其中为人们呈现一个城镇、一个国家或类似地方的景色",比如"全景图(Panorama)、宇宙全景(Cosmorana)、立体透视模型(Diorama)、欧洲全景(Europorama)和天幕全景(Uranorama)"。他解释道,在一幅开罗的全景图中,"举例来说,你就好像从哈桑苏丹(Sultan Hasan)清真寺的宣礼塔向下俯瞰,鲁麦拉广场(al-

Rumaila）和城市其他部分就在你的脚下"。①13

全景图是世界博览会的前身，随着欧洲进入帝国主义时代，世界博览会的组织规模不断扩大。与包括日益铺张的国际东方学家会议——首届会议于1873年在巴黎举办——在内的其他公共和政治场景展示一道，这些博览会成为阿拉伯人描述现代西方时的主要话题。截至19世纪最后10年，开罗出版的欧洲游记中，超过一半都是对参观世界博览会或参加国际东方学家会议的描述。[14] 这些游记用数百页篇幅描述这类场所展示的特别的秩序和技术——好奇的观众，陈列装置与模型，对全景图和透视法的安排，对新发现与新商品的展示，钢铁和玻璃建筑，分类系统，数据计量，讲座，方案和导游手册——一言以蔽之，即我将指称为"表象"（representation）的整套机制：每样事物的收集和安排，都是为了代表某物，为了呈现进步与历史、人类工业与帝国；每样事物都经过布置，而整体布置总是以某种方式唤起对某些更为宏大的真理的联想。

类似世界博览会和国际东方学家会议的场景展示将整个世界安排为一幅图像（picture）。它们在观众面前将世界像一个陈列中的客体那样组织起来，以供观看、体验和探究。1851年于伦敦召开的"伟大博览会"（Great Exhibition）声称向它的600万名观众展现了一幅人类发展的"鲜活图像"。[15] 在1892年于伦敦召开的第九届国际东方学家会议上，东方学以同样的方式被宣称为"在我们面前展现了人类的历史发展"。[16] 早些时候的一位东方学家、伟大的法国学者西尔韦斯特·德·萨西（Sylvestre de Sacy）曾以类似于日后世界博览会的方式设想这一展示过程。他计划建立一座博物馆，用来作为"各类物品

---

① 哈桑苏丹清真寺是马穆鲁克王朝统治者纳西尔·哈桑苏丹（1347—1351、1354—1361年在位）为自己修建的陵寝（其遇刺身亡后并未葬于此处）；鲁麦拉广场位于该清真寺与萨拉丁城堡之间，这片区域位于开罗老城区核心地带，是开罗城的制高点之一。

的大仓库,其中有绘画、原始文献、地图、游记,所有这些都提供给愿意投身于东方研究的人;通过这样的途径,每位学生都将感到自己像被施了魔法一般,被传送到任何可能成为其研究对象的群体之中,比如蒙古部落或中原人"。[17]

到19世纪最后数十年,几乎在中东访客的所有踏足之处,他们都会碰到这种将世界转变成一幅图像的情形。他们参观博物馆,见到世界上各种文化——根据其进化次序——以玻璃橱窗下陈列品的形式得到描绘。他们被带往剧院,如同多位埃及作者描述的那样,欧洲人在其中向他们展现埃及人自身的历史。他们在公园中度过午后时光,如同一位阿拉伯作者描述的那样,这些公园经过精心布置,"以将来自世界每一个地方的树木植物汇集在一起"。他们也不免前往动物园,这是19世纪对东方殖民渗透的产物,就像评论家狄奥多·阿多诺(Theodor Adorno)写的那样,"它以动物的形式支付象征性贡赋"。[18]

这种对世界文化和殖民秩序的符号化表象(symbolic representation)——它不断被前往欧洲的访客遭遇和描述——标志着一种强大的历史自信。布置于现代娱乐场所的场景展示,反映了一个崭新时代的政治确定性。1892年国际东方学家会议的主席宣称:"英格兰目前是世界有史以来最伟大的东方帝国,它不仅知道如何征服,还知道如何统治。"[19] 凭借其赋予历史、进步、文化和帝国"客观"(objective)形式的技术,博览会、博物馆和其他场景展示不仅是对这种确定性的反映,而且是创造这种确定性的途径。在一个真实已变成与海德格尔所称的"表象的确定性"(the certainty of representation)有关的问题的世界中,它们是确定这类客观真实的场所。[20]

这类"表象的确定性"带有一种矛盾的性质,我想对该性质进行探究并把它弄清楚。通过阅读一些描述世界博览会的阿拉伯语著作,或许可以进一步了解来自欧洲以外的访客所遭遇的奇怪的客体性,以及奇异的客观真实性。我将表明，这种奇异性并非像人们可能料想的那样，来自无尽的博览会、陈列和表象的"人工"（artificial）性质，而是来自"外部现实"（external reality）的影响，这种表面上的"人工性"据称就代表着上述"外部现实"。这种客观真实性的源头是模仿物与"现实"（the real）、博览会与真实世界之间的独特差异。来自欧洲以外的游客——他们如此频繁地发现自己不仅仅是访客，而且是供展览的客体——或许会发现这种独特性颇为引人注目。

表象（Representation）

第一眼看上去，表象和"外部现实"之间的差异被界定得非常清晰。我将提及世界博览会的三个特征，以说明这种差异是如何被界定建立起来的：展品明显的现实性，它们围绕同一中心的组织形式，以及参观者作为该中心占据者的地位。首先，博览会看上去如此完美地模仿了外部世界，这一情形引人注目。如同埃及访客注意到的那样，在呈现开罗一条街道的建筑物时，甚至彩绘都弄得脏兮兮的。正是这种细节的精确制造出了确定性——模型和现实之间具有确定对应关系的效果。通常，某些最具现实感的展品是博览会举办城市的模型，或是博览会宣称在其中占据中心位置的那个世界的模型。这些模型在计算和建造时所遵循的现实主义总是令游客惊讶不已。比如1889年博览会包含一个坐落于特别建筑中的巨型地球仪。一位阿拉伯作者描述了其与现实非比寻常的相似性：

> 无论制作得多么完美，普通地图都不能与现实世界完全相似，因为地图是平面的，而地球是球形的。常规地球仪很小，而且国家

并不在上面被清晰地标示出来。然而这个地球仪直径有12.72米，圆周有40米。其表面1毫米对应于地球表面的1公里。开罗或亚历山大这样的城市都能在上面清晰显现。地球仪安装在一个轴上，能够轻易地转动。在其上有一个巨大的穹顶。山峦、峡谷和大洋在地球仪表面被塑造出来，山峰隆起于平面之上。一座20000英尺高的山高出平面约6毫米，这使得它清晰可见。这个地球仪每24小时环绕其轴心完整地转一圈，每秒转动半毫米。[21]

博览会举办城市也被赋予了同样精确的表象。参观者可在1878年巴黎博览会的中心位置发现巴黎馆（Pavillon de la Ville de Paris），其中囊括了"与这座城市运转相关的一切事物"的展品与模型，"如学校、排水管、泵站、市政重建工程"以及该市规划的三维浮雕。[22]这在1889年举办的下一届巴黎博览会上被超越，那届博览会最令人印象深刻的展品之一是一幅巴黎的全景图。根据同一位阿拉伯作者的描述，这幅全景图有一座观景平台，参观者站立其上，为巴黎的图像所环绕。这些图像安装和亮化得如此逼真，以至于参观者感觉自己真的就站在巴黎的中心，巴黎在他周围具象化为一个单一、坚实的客体，"与现实没有任何差异"。[23]

接下来，模型和现实之间被清晰界定的关系通过它们共享的同一中心得到强化。一座城市的模型或全景图坐落于展区的中心，而展区本身坐落在现实中城市的中心。城市接下来又将自己呈现为世界的帝国之都，相应地，博览会在其中心排列开世界上各个帝国和国家的展馆。比如，法国馆会占据战神广场（Champs de Mars）的中心位置，其他工业国的展馆环绕着它，这些国家的殖民地和其他一些国家又以一定次序环绕着它们。（"人们不应到战神广场上去寻找埃及馆"，一本名为"埃及、突尼斯、摩洛哥和1878年世界博览会"、带有些许教师口吻的导游册这样告诉我们。"这很好解释,因为严格来说,这个国家完全没有工业……")[24] 博览会、城市和世界共享的同一中心强化了表象和现实间的关系,同样地,这种关系使得人们一上来就能确定这样一个中心。

最后,使逼真的模型与其声称所代表的现实区分开来的,是这个中心有一个占据者,即处在观景平台上的人。现实的表象始终是为身处其中的观察者所布置的展览,一个被博览会精心安排的秩序所包围和分隔出来的观察视角。如果说博览会上炫目的陈列可以使人联想到一些更为宏大的历史和政治现实,那是因为它经过了刻意安排,以获得这种分隔出来的视角。展览越是吸引和包围观众,这一视角就越是与展览分隔开来,思维与其所观察的物质世界也随之分隔开来。对1867年巴黎博览会中埃及馆的一段描述可使我们体会到这种分隔:

> 一座其中有法老神庙的博物馆代表古典文明,一座以阿拉伯风格华丽装饰的官殿代表中世纪,一支商队和实景表演者呈现了今日的习俗。来自苏丹(Sudan)的武器、野兽皮毛、香料、毒药以及药用植物直接把我们带到了热带地区。来自艾斯尤特(Assiut)和阿斯旺(Aswan)的陶器、丝绸以及黄金邀请我们用自己的手指触碰陌生的文明。所有臣属于总督(Viceroy)①的种族都由挑选出来的个人具象化了。我们与埃及农民擦肩而过,我们从来自利比亚沙漠、骑着他们美丽的白色单峰驼的贝都因人面前走过。这华丽的陈列向眼睛述说的同时也在向头脑述说;它表达了一种政治观念。[25]

---

① 指埃及穆罕默德·阿里王朝统治者,在伊斯梅尔帕夏于1867年正式得到奥斯曼土耳其政府承认、获得赫迪夫头衔以前,该王朝统治者名义上皆为奥斯曼帝国驻埃及总督。

这类陈列引人注目的现实性把一个陌生文明变成了参观者几乎可以碰触的客体。但对于观察者的目光——既被陈列环绕，但又凭借参观者的身份与其分隔开来——而言，它们仍然仅仅是一种表象，是某些陌生现实的图像。因此这里有两组平行的分隔，一组是参观者和展览之间的分隔，一组是展览和其所要表达之物的分隔。表象与其声称所描绘的真正的政治现实分隔开来，观察者的思维与其所观察之物分隔开来。

尽管存在这些制造表象和现实之间明确差异的手段。但在巴黎想要分辨出哪里是博览会终结、现实世界本身开始之处，却并不总是件容易的事。的确，博览会的边界被高大的围墙和纪念碑式的大门清晰标示出来了，但就像埃及代表团开始发现的那样，在巴黎的街道及其以外的地方，外部现实世界有许多类似世界博览会之处；博览会则有更多类似于外部世界之处。如同我们将要看到的，似乎尽管博览会做出了许多坚定的努力以建立外部现实世界的完美表象，大门以外的现实世界到头来倒更像博览会的延伸。这延伸的博览会将继续展现自己仅仅是一系列的表象，代表着更外面的现实存在。因此相较于将其作为博览会来思考，我们更应将其视为一座迷宫来思考，一座在内部包含了自身出口的迷宫。[26] 但或许是因为博览会的一系列布置如此精确、如此包罗万象，人们甚至没有意识到它所允诺的那个"现实世界"并不在那里。或许只有埃及人是个例外。

呈现为博览会的世界（The world as an exhibition）

为了检视这种矛盾性，我将回到埃及巴扎，再次从博览会内部出发。埃及人的震惊部分来自巴扎的街道所宣称的"真实"程度。不仅彩绘弄得脏兮兮，驴子也来自开罗，出售的埃及油炸点心也号称与埃及的味道一样。而且用我们的话说，人们真得用钱来买这些商品。骑驴、巴扎摊位和舞女的商业化与外部世界的商业化并没有什么不同。如果说商业化所提供的东西总是真实的，那么这就是真实的。世界博览会的商业化并非偶然，而是其所力图达到的表象广度所带来的结果，也是需要这种娱乐活动的现代消费经济所带来的结果。自 1867 年巴黎世界博览会开始——其规模是先前任一博览会的四倍——这一盛会的支出就通过向每位参展商收取布展费用，以及将商店与娱乐场所纳入展会场地获得抵销。[27]

结果，博览会变得越来越像这座城市其他部分的商业机器。接下来，在像伦敦和巴黎这样的地方，随着个人拥有的、常常基于本地手工业的小商店让位于规模更大的拱廊商业街和百货商场，这部机器也发生着急剧变化。乐蓬马歇百货（Bon Marché）于 1852 年开业（在接下来十年的尾声，其营业额达到 700 万法郎）、卢浮宫百货（Louvre）于 1855 年开业、春天百货（Printemps）于 1865 年开业。[28] 新商场和商业街的规模，以及它们的建筑，使得每家商场自身几乎都变成了一场博览会。《插图巴黎导游手册》（Illustrated Guide to Paris）提供了一种典型的描述：

> 这些拱廊商业街——工业奢侈风的新近发明——是拥有玻璃顶棚、大理石墙面的廊道，穿过成片房屋，这些房屋的主人为了参与这场投机活动而聚集于此。廊道通过上部顶棚采光，在其两侧排列着最为讲究的店铺，每条这样的拱廊商业街都是一座城市，事实上是一个微缩世界。[29]

埃及人对欧洲的叙述包含了若干对这些机械般的微缩世界的描

述,在其中如同在博览会上那样,现实世界成了某种透过其商品表象被创造出来的事物。百货商场被描述为"大而组织良好",它们的商品"布置得非常有序,在货架上排成列,每样东西都是对称且准确定位的"。[30] 欧洲以外的访客特别对玻璃橱窗——它们位于商铺内部及被汽灯点亮的拱廊两旁,将参观者与陈列的商品隔开——发表了看法:"商品均以最为引人注目的次序布置于玻璃橱窗后面……其炫目的外观吸引着数以千计的围观者。"[31] 玻璃橱窗将自身置于参观者和陈列的商品之间,把前者变成单纯的围观者,赋予商品以距离,这正是其客体性的源泉。当博览会变得越来越商业化时,商业机器也正在变成一种制造现实性效果(effect of reality)的途径,其与博览会产生的效果毫无二致。

在第一部公开出版的关于欧洲的阿拉伯语虚构作品中,某种对奇异地组织起来的现代商业和消费世界的体验被表达出来。该作品于1882年问世,讲述了两位埃及人在一名英国东方学家陪伴下前往法国和英格兰旅行的故事。在他们于巴黎停留的第一天,两名埃及主人公无意间游荡到了一家批发商宽阔的、有汽灯照明的经营场所。在这座建筑中,他们发现了长长的走廊,每道走廊都通向另一道。他们从一道走廊走向下一道走廊,过了一会儿就开始寻找出去的路。转过一个墙角他们看到一处像出口的地方,有人从另一个方向接近该处,但结果发现这是一面覆盖了整面墙的镜子,从另一个方向接近的人仅仅是他们自己的映像。他们转向一道又一道走廊,但每道走廊都仅仅结束于一面镜子。当他们在该建筑的走廊中寻路而行时,他们经过正在工作的人群。"人们忙碌地排列着商品,将它们分类装入箱子、盒子中。当他们经过时这些人静静地盯着他俩,依然站在那里,并未离开他们的位置或中断他们的工作。"在建筑中安静地游荡了一会儿后,两位埃及人意识到他们彻底迷路了,开始一个房间一个房间地寻找出口。我们被告知："但没人打扰他们，或走过来询问他们是否迷路了。"最终他们被商店的经理拯救了，他接下来向他们解释了这座建筑是如何布局的，指出那些被分类包装的商品代表着世界上所有国家的产出。³²

一方面这个故事使人们感到这是一场表象的展演，是在颂扬由客体组成的有序世界以及欧洲人规训性的凝视。与此同时，关于镜子那令人不安的体验却破坏了这一表象秩序体系。早些时候的一位埃及作家曾回忆起，他第一天到达一座欧洲城市时，与镜子有过相似的遭遇。当到达马赛时，他走进一家咖啡馆，但起初他误认为那是某种"宽阔的、没有尽头的大街"。他解释道："那里有很多人，每当一群人进入视线，他们的形象就出现在玻璃镜子中，这些镜子布满每个方向。任何走入、落座或站起来的人看上去都化身成许多人，因此这间咖啡馆看起来就像一条开放的街道。只是当我看到若干自己的形象出现在镜子中时，我才意识到这家咖啡馆是封闭的，并明白一切都肇因于玻璃的特殊效果。"³³ 在这样的故事中，似乎表象世界（world of representation）因其炫目的秩序而获得欣赏，然而依旧存在一种疑虑，即一切的现实存在都仅仅是一种效果。或许世界将不可避免地依旧是一座迷宫，而非可与外部区分开——且为外部所定义的——内部空间。

无论如何，世界博览会那不寻常的、有时令人不适的体验看上去在外部世界类似的故事中被不断重复，这是一个走廊的世界——每条走廊都以人们自身的映像结束；这是一个廊道的世界——这些廊道引导人们进入一个迷宫，其中包含着更多的廊道；这是一个客体组成的世界——这些客体按照一定顺序排列起来，代表着世界上所有的国家；这还是一个被规训了的、凝视的欧洲人的世界。换言之，所有这些并不仅仅因为其商业主义色彩才类似于世界博览会。看起来，欧洲人生活方式的特点是对同一位埃及作家描述为"视线组织"（organization of the view；*intizam al-manzar*）之事的关注。人们在阿拉伯语记述中读到的欧洲是一个被规训的，充满视觉安排、静默的凝视和奇怪的模仿的地方，每样事物都被组织起来，以代表或者唤起——就像博览会那样——某些更宏大的意义。在世界博览会之外，接下来的事情有些矛盾，人们所遇见的并非现实世界，而仅仅是更多现实的模型和表象。在博览会和百货商场以外，非欧洲访客到达每一处地方——博物馆和国际东方学家会议，剧院和动物园，通常以展示着新式机器和耕作手段的模范农场形式呈现的乡村，有着刻意为之的门面的现代城市街道，甚至建成了缆索铁路的阿尔卑斯山——都会遭遇同样的技术和感受。[34]每样东西似乎都是作为某些东西的模型和图像被安排在人们面前。每样东西都在一个观察主体面前被安排进一个意指（signification）体系（运用欧洲人的术语），将自己表达为一个所指（signified）的能指（signifier）。①

或许，博览会在类似的叙述中可以被视为西方奇怪特性的缩影，这里的西方是一个人们不断被世界推向观众角色，而世界则按照一定的秩序组织起来以呈现某些事物的地方。在博览会上，来自中东的旅行者会描述在现代欧洲越来越常见的安排世界的奇特方法，这是一种在个人与客体世界（object-world）——欧洲人看上去将其当作对现实存在的体验——之间的特殊安排。此种现实性体验（reality-effect）——让我暂且这么称呼它——是一个越来越多地按照其可在他或她面前被安排为一场展览的途径或程度呈现于个人面前的世界。非欧洲访客在欧洲遭遇了我们或许可称为——与海德格尔的一句话相

---

① "能指"和"所指"均为语言学概念，"能指"是一个有特定含义的记号（通常表现为声音或图像），能够引发人们对特定事物的概念联想，该特定对象即为"所指"，二者构成意指体系。意指体系可视为一种表象机制。

呼应①——"世界博览会的时代"(the age of the world exhibition),或更准确地说"呈现为博览会的世界的时代"(the age of the world-as-exhibition)。³⁵ 世界博览会在此处并非指一场全世界的博览会,而是指世界就像一场博览会那样被感知和把握。

这个世界有三个特征,我对其中每一项都已做过介绍,它们将提供我想在本书中加以探讨的主题。首先,它引人注目地宣称确定性或真实:每样事物看上去都伴随着显著的确定性被安排、组织、计算,并变得毫无模糊之处,最终,这一切看上去成就了其政治确定性。其次,这种确定性具有矛盾性:其确定性因表象与"现实存在"之间貌似确定的关系而存在,但尽管有博览会所承诺的种种事物,现实世界——比如博览会以外的世界——被证明只不过是由此种"现实存在"的进一步表象所组成的。最后,则是我将提及的殖民性:世界博览会的时代必然是殖民时代,即我们所处的世界经济与全球霸权的时代,因为被呈现为展览的正是现实存在,也即世界自身。

殖民秩序(The colonial order)

为了探究这些主题,我将在本章的最后数页与埃及旅行者一道回到开罗,并通过19世纪欧洲学者、作家和游客的眼睛检视中东的生活。如果说欧洲正在变成"呈现为博览会的世界",那么我将提出下列问题:在那些前往海外的欧洲人身上发生了什么?也就是说,对于世界并非作为某些事物的图像被安排在观察者眼前的生活,他们体验如何?我将表明,答案的一部分是他们并未意识到自己已经离开了博

---

① 这句话出自后文尾注35所引海德格尔的论文《世界图像的时代》("The age of the world picture")。

览会。如果他们把世界本身当作一场博览会，他们怎么能意识到自己离开了博览会呢？当现实存在将自身呈现为一场展览，那么其他一切情况都变得不可设想了。生活在一个符号的世界中，这些欧洲人将指号过程（semiosis）①视作一种普遍的情况，并开始把东方当作一场博览会那样去描述。

在本书的剩余部分，我们将继续停留于中东，多数时候是在19世纪后期的埃及。我的目标是检视秩序和确定性的结合，此种结合试图将埃及建构成一个现代国家或殖民地国家，我将其称为"呈现为博览会的世界"。[英国对埃及的殖民占领发生于19世纪后期的1882年。不过我对"殖民的"（colonial）一词的使用将超出该事件的范围，而以之指称该占领试图强化的那种权力的"殖民"（colonising）性质，这一权力发生发展于19世纪初期——如果不是更早的话。]本书的目的并非撰写这一殖民进程的历史，甚至到今天该进程依然是未完成且不完整的。代替这一历史撰写工作的是，我将检视某些代表性的项目、著作和事件，它们可以表明这样的秩序和确定性是如何获得的，并能够揭示——我是如此希望的——上述秩序和确定性的些许怪异性质。36

在本书第二章和第三章，我将检视三项典型实践活动间的相似之处，在这些实践活动中形成了一种现代政治手段，这三项活动即新式军队的组建、有组织学校教育的推广以及埃及城镇的重建。我所检视的这些新进程——农民第一次被训练成军人，拆毁房屋以建设示范村或开辟现代城市的道路，将儿童放置到布局如兵营的学校中那一列列的课桌后——都作为现在被称作"秩序与规则"（order

---

① "指号过程"为符号学（semiotics）术语，指任何涉及符号（sign）的活动、行为或过程，此处的"符号"指任何可以对接受者传递某种信息的事物，包括但不限于声音、图像等。

and discipline；*nizam*）的实践活动彼此效仿。此类关于秩序的实践活动——我将之与其他更古老的关于秩序的概念相对比——均致力于打造一种结构或框架的表面模样，此种结构或框架看起来独立且先于其所集置（enframe）①的特定个人或活动而存在。换言之，这样一种框架看起来就是秩序自身，只能被设想为对无序之物的排序，对零散之物的协调，某种突然对人类实践活动与思考具有根本性的事物。这种效果是全新的，我将论证，这是一个现在看上去已被一分为二的世界所带来的效果。就现在而言，这个世界被分成了事物自身构成的物质领域，以及事物秩序与结构构成的抽象领域。

在本书第四章和第五章，我将尝试关联起这种秩序的表面模样与"表面模样的秩序"（order of appearance）——我现在这样称呼"呈现为博览会的世界"。对于这个一分为二的世界，我首先将论证存在着一个与此相呼应的关于人的新概念，即人也同样地被分为物质性的身体和被称作心灵或心智的非物质性实体。我将检视殖民时期以使个体有纪律且勤勉为目标的全新政治实践如何围绕着这一二元区分被组织起来，以及同样的区分如何成为一大批特别关注于埃及人心灵或"性格"的著作的主题，这些著作认为埃及人性格中最成问题的地方就是缺乏同样的勤勉习性。换言之，该政治进程是依据物质和思维世界、客体和主体世界的全新二分法设想出来的。其目的是同时创造一种物质秩序和一种观念或道德秩序。这一全新道德秩序的名字是"社会"。

本书第五章中，在英国对埃及军事占领的语境下，我将处理政

---

① "集置"（enframe；enframing）为海德格尔哲学思想中的重要术语，德语原文 Gestell 有"书架""框架"之意，海德格尔将其动词化，用来描述现代技术的本质，即技术通过各种手段将人纳入"框架"，使之得以被理解和观看，现代技术由此成为人之存在方式，而"表象"即为上述手段之一。

治确定性和意义的问题。我会考察先前章节中检视过的关于秩序的新方法和新概念是如何使得一个意义与权威的领域形成的。我通过将其与同时期书写文本中的意义与权威问题进行对照来探究该问题,论证了物质和思维间的一种全新区分同样也开始支配书写的性质。我将运用这一对照关系来论证,现代国家的性质、权威的构想与实现正是凭借了这种奇怪的区分。最后,在本书第六章中我会尝试把这些互相呼应的主题关联在一起,并回到"呈现为博览会的世界"这一问题上。

环球(The globe)

在转向中东之前,我想简单概述一下埃及与那个百货商场和世界博览会的欧洲之间关系的一些更为总体性的方面。这一概述将提供一条历史线索,也将进一步指出我自身研究路径的延伸方向。世界博览会和欧洲城市全新的大规模商业生活是一场政治经济巨变的两个侧面,这场巨变同样也影响到了埃及。新出现的百货商场是第一批保有大量库存商品的机构,这些商品的形式是标准化的纺织品和成衣。库存商品、广告业[瓦尔特·本雅明(Walter Benjamin)告诉我们,这一词汇的出现与大规模博览会的出现恰好同时]以及全新的"时尚"产业——多位埃及作者曾对该产业发表评论——的出现,均与纺织生产的繁荣有关。[37] 纺织业繁荣是其他变化的一种侧面反映,比如收割和处理棉花的新方法,制造纺织品的新机器,由此产生的利润增长,以及对海外棉花生产的再投资。在百货商场的另一端,这些范围更大的变化使美国南部、印度和尼罗河谷这样的地方卷入其中。

自18世纪后期开始,尼罗河谷也在经历一场主要与英国纺织工业相关联的巨变。[38] 埃及从奥斯曼世界及更广阔范围内商业活动的中心之一、一个生产且对外出口食品及纺织品的国家，转变为一个经济由单一商品生产主导的国家，以服务于欧洲全球性纺织工业，该商品即原棉。至第一次世界大战前夕，棉花占埃及出口总值的比重超过了92%。[39] 与出口领域的增长和集中化相伴随的变化包括以下内容：主要由纺织品和食品构成的进口的大规模增长；道路、电报线、警察局、铁路、港口和永久灌溉渠网络在全国范围内的拓展；新型的土地所有关系，即土地变成一种私有商品，且日益集中于一小群有权势并日益富裕的社会阶层手中；欧洲人的涌入，他们或是寻求创造财富、寻找工作，或是寻求改造农业生产、强化殖民控制；对城镇进行建设与重建，以将其作为欧洲人主导的新型商业生活的中心；成千上万日益贫困化的乡村贫民向这些都市中心的迁徙。在19世纪，没有任何地方为服务某单一产业而经历过比这更大的变化。

世界博览会正是为了推动这种全球性巨变而设立起来的。"社会科学"（social science）这一新宗教的信仰者圣西门主义者曾于19世纪30年代前往开罗，以便从埃及内部开始他们世界工业化的计划，但不幸失败了，他们顺理成章地出现在了第一批转向世界博览会这一想法的人当中。圣西门主义杂志《环球》（Globe）的编辑米歇尔·舍瓦利耶（Michel Chevalier）在鼓吹世界博览会时，所用理由与他鼓吹在巴拿马和苏伊士修建运河时一样：使世界向商品自由流动开放。[40] 第一次世界博览会，即1851年的水晶宫博览会（Crystal Palace Exhibition）的全称是"关于所有国家工业成就的伟大博览会"（The Great Exhibition of the Works of Industry of All Nations）。与流行于19世纪前半叶的那种仅限于一个国家的工业博览会不同，所有海外国家和制造商都受邀到水晶宫设展，这反映了英国工业家推动不受限制的国际贸易的愿望。博览会所展出的实际是世界向现代资本主义生产和交换的转化,以及向信息交流活动和监控程序(processes of inspection)——上述变化被认为依托于此——的转化。博览会的目的是:

> 促成制造业、商业和科学领域领导人物彼此间的密切交流——通过那些对生产最有兴趣且最易获得信息的人,对生产的每一分支建立一套信息监控体制——让每一部门进行年度报告,吸引全世界参与到促进庞大的劳动力体系(vast scheme of human labor)的工作中来,这些劳动力到目前为止仍被随意使用着,我们对凌驾于其上的体系一无所知。[41]

"全世界"都受邀进来观看那令人惊异却不失系统性的物质产品的丰沛——现代资本主义可以安排并加以展示的一切新式需求与欲望。当法国以1855年举办的第一届环球博览会(Exposition Universelle)回应水晶宫博览会时,法国历史学家丹纳(Taine)写道:"整个欧洲都赶来看商品。"[42] 第一部记述世界博览会的阿拉伯语作品描述了于1867年举办的下一届巴黎世博会,其标题足够简单也足够准确:"全球商品博览会"(The Universal Exhibition of Commodities)。[43]

正是商业和制造业利益的代表组织非欧洲国家参加了博览会,将它们拉入了现代资本主义"庞大的劳动力体系"。例如,奥斯曼土耳其政府在收集可在帝国境内生产的、具有市场价值的农产品样品,并将它们装船运往欧洲参加博览会的过程中,获得了当地欧洲领事和商人,以及类似曼彻斯特棉花协会(Manchester Cotton Association)等组织的鼓励与帮助。曼彻斯特棉花协会甚至在伊斯坦布尔和伊兹密尔(Izmir)促成了本地博览会的举办,以鼓励土耳其地主将他们的田地转用为棉花种植。在1855年巴黎博览会获得成功后,伊斯坦布尔组织了一场国际博览会，以促进资本主义生产和市场营销。[44]埃及在十年之后对此加以效仿，于1867年巴黎博览会后举办了本地博览会。埃及博览会的契机是为苏伊士运河开通举办国际庆祝活动，该运河由信奉圣西门主义的工程师德·雷赛布（de Lesseps）主持修建，确立了埃及对欧洲世界贸易的全新重要性。展览会有着一座新型欧洲化城市的样子，其"门面"挨着开罗现有街区匆匆建立起来，有时则径直穿过它们，并配有若干公园、一座歌舞表演剧场以及一座供上演威尔第歌剧《阿依达》（*Aida*）的歌剧院。赫迪夫对两年前巴黎博览会仿造中世纪宫殿供其使用的好意予以回报，特意在尼罗河畔建造了一座宫殿供欧仁妮皇后（Empress Eugenie）①使用，里面的房间是她位于杜伊勒里宫（Tuilleries）的私人公寓的精确复制品。[45]

开罗与其他中东城市的重建根据博览会的原则进行，因此与欧洲那些博览会或博览会式（exhibition-like）城市的建设一样，意在促进我刚刚勾勒过的全球经济和政治巨变，并作为其成就的象征。换言之，城市的新门面就像博览会上陈列的商品一样，可被视作更大规模"下层"（underneath）经济变化的一系列表象或符号。然而，问题在于我想要理解的事情，恰恰是我们视之为符号和表象领域的事物与外部或"下层"间的区分。我将论证，经济和政治巨变自身正是依托于对这种特别区分的利用。

客观的人（Objective people）

由"门面"与展览、模型与模仿组成的新世界，无疑应与我刚刚

---

① 欧仁妮皇后为拿破仑三世之妻，1853—1870年为法兰西帝国皇后。

描述过的、范围更大的资本主义巨变联系在一起理解。本雅明写道："世界博览会就是商品拜物教的朝圣地",由此将博览会与马克思借以理解资本主义社会权力运作的那种"神学"(theological)影响联系在了一起。⁴⁶ 当为市场服务的生产活动促使人们生产的寻常东西被当作商品-物品(commodities-objects)时,也就是说,在将每样东西都视作我们称为"生产活动"的同质抽象过程的定量结果、使它们多样的意义和价值变得可比较且可交换时,这种影响就产生了。马克思解释说,作为一件商品,一件物品被当作一个神秘的"社会的象形文字"(social hieroglyphic)①看待,代表着虚幻的生产过程。对于人们而言,它不再代表其真正制造者的现实劳动和现实社会生活。⁴⁷

马克思对商品拜物教的分析已经揭示了世界博览会——以及随之而来的整个娱乐、传媒、广告、包装和大众教育产业——将在现代消费资本主义中起到的中心作用。本雅明写道,博览会"开设了一间鬼屋(plantasmagoria),人们进来就是为了找乐子的,当他们享受着与自身及他人的间离感(alienation)时,也就任由其摆布了"。⁴⁸ 然而,商品拜物教理论的建立,正是依托于揭示此类表象的曲解性(misrepresentation)。马克思反对由这些被曲解的"象形文字"所代表的虚幻的生产过程,主张"极明白而合理的关系"②,日常生活中的实际关系应当在其中直接呈现自身。⁴⁹ 对于权力借以运作的曲解机制,马克思则以另一种表象机制与之针锋相对,事物在其中以易被感知的、合乎理性的现实存在形式,呈现其本质所在。

这种揭示的问题在于,在揭示权力借助**错误**表象(*mis*representation)运作时,却放过了表象本身未加质疑。它完全接受了表象领域与此类表

---

① 译文据《资本论》第一卷,《马克思恩格斯文集》第五卷,人民出版社,2009,第91页。
② 同上书,第97页。

象所承诺的"外部现实"之间的区分,而未把持续性地制造"外部现实"效果这一新颖做法自身当作一种权力机制加以检视。这一权力机制的运作正是我在本书后续章节将加以检视的,但在我们开始发问资本主义表象所曲解的"极明白而合理的"现实存在究竟是什么时,接受上述区分的不足就已经开始显现了。在马克思的语境中,一旦我们揭开商品的纱幕,或者更早一些的宗教或"古代的自然宗教"的纱幕,上述问题的答案当然就是"物质生产"(material production)。马克思写道,物质生产是"人和自然之间的过程,是人以自身的活动来引起、调整和控制人和自然之间的物质变换的过程……作用于他身外的自然并改变自然"。①[50] 这样的叙述无论多么有用,也仅仅是一种特定描述。正如让·鲍德里亚(Jean Baudrillard)指出的那样,其自身依然是一种话语、一种"社会象形文字",相比商品拜物教或古代的自然宗教,其表象化程度并不更轻,因此也并不更加易被感知。[51]

语言成为问题,并不仅仅因为其可被展现为一种特定描述而非现实存在本身,还因为世界博览会所推动并于19世纪引入埃及的,恰恰也是某种语言。正如我将试图展现的那样,在类似埃及这样的地方所发生的政治经济巨变,需要的并非马克思主义关于人的概念,而是一种与马克思共享某些共同假定的概念。为了对我们将在本书其余部分进行的埃及之旅做好准备,在本节结束前短暂考察一下现代欧洲人对人之本质的思考,或许有所裨益。

人现在被视为某种与物质世界分离,并对物质世界加以观察和控制的存在,比如博览会的参观者或照管机器的工人。他的[his,在此处及其他部分处理男性中心(male-centred)的概念时,我会说"他的"]自身属性通过"勤勉"——对自身的躯体和意志施加同样稳定

---

① 译文据《资本论》第一卷,《马克思恩格斯文集》第五卷,第97页、208页。

的观察和控制——而获得实现。马克思写道,在劳动过程中,工人将"自身作为一种自然力与自然物质相对立,使他身上的自然力——臂和腿、头和手运动起来……并且使这种力的活动受他自己控制……但是这种服从不是孤立的行为,除了从事劳动的那些器官紧张之外,在整个劳动时间内还需要有作为注意力表现出来的有目的的意志"。①52 人类的真实本性——比如博览会上的观察者的本性——通过这种途径与物质世界及其自身的躯体相分离,并学习如何勤勉、自我规训与保持密切注意力。

在 19 世纪中叶,一个描绘这种分离与密切注意相结合状态的术语流行起来,即"客观的"(objective)一词。《泰晤士报》于 1851 年夏天"伟大的博览会"举办之际写道:"就是现在我们成了客观的人,我们想将双手能够触及的一切都放到玻璃橱窗里,并凝视我们放进去的物品。"53 该词指向现代社会同时存在于物质与观念层面的那种自身与客体世界的分离感,正如我所指出的那样,这种感觉在博览会的参观者身上得到集中体现。与此同时,该词暗含着一种被动的好奇心,那种博览会组织者希望在参观者心中激起的好奇心。尽管在 1848 年的事件②过后不久,权力当局对允许下层民众在欧洲各国首都大规模聚集仍心存忌惮,但他们仍鼓励民众参观博览会。工人获准离开他们的商店和工厂去参观博览会,制造业主和慈善协会则对他们的旅行与住宿费用予以补助。其结果是一个史无前例的大规模集体行为的样本。1851 年博览会后有报道指出:"仅仅数年前都会被视为国家安全威胁的群众运动,却在井井有条且几乎未发生犯罪活动的情况下完成了。"54《泰晤士报》关于"客观的人"的文章对博览会期间英国

---

① 译文据《资本论》第一卷,《马克思恩格斯文集》第五卷,第 208 页。
② 指 1848 年发生在法国、普鲁士、意大利等欧洲主要国家的一系列革命运动。

国内"政治热情"（political passion）令人安心的缺席发表了评论。换言之，博览会参观者的客观态度看上去不仅展现着现代个体的真实本性，也是现代政治主体的行为表率。

最后，我想根据我前面对博览会的讨论回顾一个事实，即观察者"客观地"孤立于客体世界这一状态——人格性（personhood）①亦当借此来理解——与当前由展览或表象组成的物质世界和它所代表的意义或计划之间的区分相呼应。权力当局与组织者似乎也理解这一点。为了在参观者当中鼓励恰当的客观态度，他们协调一致，努力提供必要的分类目录、方案、标志牌、导游手册、指南、教育讲座及数据汇编。[因此1867年博览会的埃及馆配备了一本包含该国历史概述的导游手册，如同其所涉及的展览一样，书中将埃及历史清晰地划分为古代、中世纪和现代。手册同时还带有"关于埃及领土、人口、生产力、商业、陆海军兵力、财政组织、公共教育等领域的简要数据"，这些数据由巴黎的帝国委员会（Commission Imperiale）汇编，由该机构承担这一工作是足够恰当的。]55 类似的概述、导游手册、图表和方案通过为展品补充结构和意义，在参观者和展览之间起到了中介作用。我们或许可以说，正是这种看上去独立的文本或方案，确认了人与展品、展品与其所代表的意义或外部现实存在之间的分离状态。

尽管完全不想要与之相伴的政治消极态度，马克思自身还是感受到了人与客体世界的分离，就像独立于事物自身而存在的结构或方案那样。将人与"外部"自然区分开的，是其构造内在思维地图的能力。马克思在一句广为流传的话中解释道，就像建筑师一样，人"在现实中进行建造之前，先已在想象中构造出其结构"。56 这就如同博览会的参观者，他与外部客体世界的分离，是以非物质性的方案或结

---

① "人格性"在哲学语境中指人存在的状态。

构作为中介的。

正是"想象的结构"(imaginary structure)——如同某一展览或方案与其所代表的现实世界相分离一样,该结构先于且独立于某种我们称为"外部现实"的事物而存在——这一概念塑造了对"客观的人"的体验与理解。换言之,这一概念支配着我们这些"呈现为博览会的世界"的栖息者所信奉的古怪人类学。为了进一步加强我们对人和世界思考的人类学色彩,我将转而考察发生在19世纪前往中东旅行的欧洲人身上的事。不论如何,东方对现代欧洲而言,是一个巨大的"外部现实"——这是欧洲博览会最为常见的主题,一个巨大的所指。到19世纪60年代后期,托马斯·库克(Thomas Cook)这位曾与米德兰铁路公司(Midland Railway Company)合作组织前往水晶宫博览会的火车旅行,从而开启了现代旅游业的人物,开始提供参观真实的东方——而非关于东方的展览——的旅行。[57] 但我们将看到,欧洲访客是来东方寻找与"想象中产生的"结构一致的东西。他们期盼着发现这样一个世界,在其中如同在博览会上一样,有一种以某种方式独立于事物本身(things-in-themselves)的"现实"而存在的结构或意义。

东方自身(The East itself)

"我们已身处埃及了",古斯塔夫·福楼拜在1850年1月发自开罗的一封信中写道。"我能对这一切说些什么呢?我能给你写点儿什么呢?到现在为止我才刚刚从初来乍到的目眩当中缓过神来……每处细节都伸展出来抓住你、拧住你,你越是把注意力集中在细节上,越是不能把握住整体。随后所有这些逐渐变得和谐起来,碎片都回到了它们本来的位置上，变得与透视法则相一致。但最初那些天，天啊！那混乱的色彩真令人不知所措……"[58] 福楼拜所体验的开罗是一场视觉上的混乱。最初除了被描述为无序，开罗是不可描述的。他能对这个地方写点儿什么？只能将它描述成一团拒绝将自己整合成完整图像的混乱色彩和细节。换言之，开罗街道以及其中陌生语言的争论，穿着陌生服装与你擦肩而过的异邦人，不寻常的颜色、不熟悉的声音和味道所带来的那种迷失感被表述为一种图像秩序（pictorial order）的缺失。这意味着自身和所见之物间不再存在距离，眼睛被弱化成了一种触觉器官："每处细节都伸展出来抓住你。"更有甚者，在自身与图像不再分离的情况下，把握"整体"也变得不可能。我们会看到，世界作为图像在主体面前搭设起来的那种体验，是与将世界视作一个有界整体（limited totality）——某种有着一个具有边界的结构或系统的事物——这一不寻常的观念相联系的。接下来，与这种迷失感达成妥协并重新发现自身位置的过程，也用图像术语表达了出来。世界将自身安排为一幅图像，并获得一种"与透视法则相一致"的视觉秩序。

如果像我提示的那样，欧洲是"呈现为博览会的世界"，那么在那些前往海外参观的欧洲人——他们以前经常在图像与博览会中看到被参观之地的形象——身上会发生什么？当现实存在中的生活体验并非"世界似乎是一场博览会"，这些欧洲人会对图像与博览会中曾描绘的现实世界有何种体验？他们当然是困惑的，但或许他们困惑的关键在这里：尽管他们设想自己从图像来到了现实存在之中，但他们仍然像福楼拜那样，继续尝试将现实存在当作一幅图像去理解。当他们把现实自身当作一幅图像，他们又能怎么做呢？当对现实的理解以图像与其所代表之物的区分为前提，那么确实其他一切都是不可设想的了。这些欧洲人在他们设想为表象世界的环境中成长，他们将表象当作了一种普遍状况。因此他们开始着手尝试将东方描述为一场博览会——当然，这是一场破败且管理不善的博览会，事实上是一场展示东方自身破败且管理不善状况的博览会。不然它又能代表什么呢？

在 19 世纪中后期前往中东的欧洲作家身上，人们常常会发现一种对东方陌生感的体验，而这往往表达为在构造一幅图像时的困难。似乎理解东方意味着退后一步，为它画一幅画或者拍一张照片。对于许多欧洲人而言，情况确实是这样。一位埃及人写道："每年你都会看到数以千计的欧洲人在全世界旅行，他们每经过一处，就为该地制作一幅图像。"[59] 来自欧洲的作家想以同样的方式制作图像。他们想用文字描画所见之物，并使其文字具有和银版摄影法①或其他摄影装置同样的精确性——杰拉尔·德·纳瓦尔（Gérard de Nerval）②描述这些"单人纸牌工具（instrument of patience）……摧毁幻象，将真实之镜（mirror of truth）对准每个人"。[60] 福楼拜与马克西姆·杜坎（Maxime Du Camp）③在埃及进行了一次带着摄影任务的旅行，期望这场旅行的结果将具有"相当与众不同的特点"，福楼拜在法兰西学院（Institut de France）如此评价这次旅行："感谢这一现代旅行伴侣的帮助，它高效、快捷且总是在细节上很精确。"[61] 图像与现实精确的对应将提供一种全新的、近乎机械性的确定性。弗朗西斯·弗里斯（Francis Frith）④出版于 1858 年的《关于埃及和巴勒斯坦的摄影与描

---

① 银版摄影法（daguerreotype）为画家路易·达盖尔（Louis Daguerre, 1787—1851）于 1839 年发明的摄影技术，原理为利用水银蒸气对曝光银盐涂层进行显影，19 世纪 60 年代为更先进的摄影技术所取代。
② 杰拉尔·德·纳瓦尔（1808—1855），法国作家、诗人，1842—1843 年曾前往开罗、亚历山大、贝鲁特等地旅行，于 1851 年将其发表的关于此次旅行的文章结集出版为《东方行记》（Voyage en Orient）一书。
③ 马克西姆·杜坎（1822—1894），法国作家、摄影师，曾于 1844—1845、1849—1851 年两度前往中东地区旅行，其中第二次旅行与福楼拜结伴而行。
④ 弗朗西斯·弗里斯（1822—1898），英国摄影师、图片社经营者，曾三次前往埃及、巴勒斯坦、叙利亚等地拍摄，出版多部关于中东地区的摄影集。

述》(Egypt and Palestine, Photographed and Described),是关于中东地区的第一部摄影总集,《美术杂志》(Art Journal)宣称其是"摄影界的一场实验……具有无与伦比的价值,因为我们**知道**(know)我们将准确地看到事物本来的样子"。[62]

如同摄影家一样,作家也想为事物再创造一幅如同它"本来的样子"的图像,一幅关于"东方自身在其当前现实中"的图像。[63] 在描写埃及方面,福楼拜和纳瓦尔的前辈是爱德华·莱恩(Edward Lane)[①],其著名的《现代埃及人风俗习惯记述》(Account of the Manners and Customs of the Modern Egyptians)出版于1835年。用莱恩的外甥、东方学家斯坦利·普尔(Stanley Poole)的话说,该书"杰出的描述能力和精确的细节"使其成为"已被书写的关于一个民族生活最完美的图像"。他的甥孙、同为东方学家的斯坦利·莱恩-普尔(Stanley Lane-Poole)补充道:"很少有人对某一场景或纪念物拥有同莱恩一样精确的描述能力,使得在间隔了一段时间后其笔触能够几乎毫无差错地重建该场景……在你阅读时,那些物体就矗立在你面前,而这一效果并非通过对富有想象的语言的使用达致,而是通过平实简单的描写。"[64] 事实上,莱恩并非作为一名作家,而是作为一名职业艺术家和雕刻家起步的,他1825年第一次前往埃及旅行,并携有一种被称为投影描绘器(camera lucida)的新装置,这是带有一个棱镜的绘画工具,该棱镜可将物体的精确形象投影在纸张上。他原本计划出版一本名为"关于埃及的全面描述"(An Exhaustive Description of Egypt)的八卷本著作,在其中刊布他用该装置所作的绘画以及与之相配套的文字描述,但他没能找到印刷技术足以再现这些绘画细致的、机械性

---

① 爱德华·莱恩(1801—1876),英国东方学家、翻译家、词典编纂家,曾多次前往埃及并长期居住。著有《阿拉伯语-英语辞典》(Arabic-English Lexicon),译有《一千零一夜》及部分《古兰经》。

的准确性的出版商。随后,他出版了其中涉及现代埃及的部分,该部分被改写为对现代埃及人的民族志描述。[65]

视角(The point of view)

除了这些机械性的"真实之镜"中的表象那明显的准确性,作家还在寻找他们的视觉分离感。如同博览会一样,银版摄影法或其他摄影技术将世界呈现为一幅全景画,一个与其观察者相分离的图像世界(picture-world)。在很多情况下,摄影师的前辈都是全景画师,如19世纪头三十年前往中东旅行的大卫·罗伯茨(David Roberts)和罗伯特·卡尔·波特(Robert Ker Porter)。他们回到欧洲后不仅创作印刷画或版画,还创作了数量众多的全景画,这些全景画常常带有变化光影和机械活动装置,公众在类似莱斯特广场全景剧场(Leicester Square Panorama)这样的娱乐场所观看这些全景画。[66] 银版摄影法的发明者达盖尔(Daguerre)本人曾在巴黎担任全景画师(他在那里成为以立体透视模型之名为人所知的变化光影技术的先驱)。1839年他的立体透视模型被烧毁,也正是在这一年他宣布发明了银版摄影法。[67]

对于访问中东的银版法摄影师,或渴望同样精确之表象的作家而言,问题在于将自身与世界分离,从而将后者建构成一幅全景画。这需要现在被称为"视角"的事物,即一个与景观分离且外在于景观的位置。爱德华·莱恩在开罗时居住于一座城门附近,在城门外有一座高山,山顶有一座塔和一座军用电报站。莱恩写道,这个高起的位置占据了观看"城市、郊野与城堡最好的视角,我一到那里就用投影描绘器对该场景进行了非常详尽的描绘。从其他任何地点都无法获得如此好的观看首都的视角"。[68] 然而这样的地点很难发现。除了莱恩使用的军事观测塔,为了获得必要的视角,前往中东的游客会占据任何可到达的建筑或纪念物。吉萨的大金字塔已变成一座观景平台。一队队的贝都因人被组织起来,把作家或游客连拽带推地弄到金字塔顶上,在那里另外两名贝都因人会把欧洲人架到他们肩上,扛着他们到塔尖四角观看风景。[69]19世纪末期的一部埃及小说通过安排一位角色花一天时间攀爬吉萨金字塔观看风景,对埃及中上阶层成员西方化的矫揉造作进行了讽刺。[70]甚至对最值得尊敬的欧洲人而言,宣礼塔(minaret)也呈现为一座观景塔,从那里可以一览无余地窥视一座穆斯林城镇。杰里米·边沁如此抱怨他在中东的参观旅行:"我在舒穆鲁(Shoomlo)受到围堵,只因为我在一座他们称为**宣礼塔**的建筑上窥视了这座城镇一眼……如果说有什么比这好一些的事情,那就是他们收回了在底万(divan)为我举办晚宴的许诺。"[71]

边沁可以提示我们作家和照相机之间的又一相似之处,从而提示我们将世界作为一幅图像或一场博览会来理解到底意味着什么。视角并不仅仅是一个与世界相分离,且外在或超越于世界的位置。在理想状况下它是这样一个位置:人们从这个位置可以观看却不被看到,就如同环形监狱的管理者一样。从这方面来看,隐蔽于他的黑布下面、通过其相机镜头的凝视观看世界的摄影师,代表了欧洲人在中东所期望的那种在场方式,无论这些人是作为游客、作家还是殖民权力——正如事实上我们将要看到的那样——出现在那里。[72]普通的欧洲游客无论是戴着 [根据穆雷(Murray)《上下埃及旅行者手册》(*Handbook for Travellers in Lower and Higher Egypt*)的建议,该书截至1888年已出到第七版]"缠有白色平纹细布包头巾的普通盔形毡帽或低顶宽边软毡帽",还是戴着有蓝色或绿色面罩的遮阳帽和"带有纱边的彩色镜片眼镜",都拥有同样的不可见的凝视(invisible gaze),即同样的观看却不被看到的能力。[73]无怪乎如我提到的那样,一位埃及作家不

吉萨：攀爬大金字塔

得不解释，欧洲人的信念之一，就是凝视并不会有什么后果。观看而不被看到确认了某人与世界分离的状态，并同时对应于一种权力地位。埃及的土耳其统治精英中某些更欧化的成员——比如把基于持续性监控的现代学校教育体系引入埃及的、我们将在后面一章讲到的阿扎姆帕夏（Adham Pasha）——开始在进行巡视时佩戴装有绿色或蓝色镜片并带有纱边的眼镜。[74] 到 19 世纪 60 年代，甚至赫迪夫本人都戴着彩色眼镜在全国旅行。抨击欧洲人霸权并嘲弄其土耳其帮凶的埃及第一份政治讽刺杂志于 1877 年问世后，几乎立刻被政府关停，它的编辑也遭到驱逐。这份杂志称自己为"戴蓝色眼镜的人"（Abu al-nazzara al-zarqa'）。[75]

作家和统治当局分享着对"观看却不被看到"的渴望。东方的表象在试图变得疏离且客观时，会寻求将欧洲观察者的在场从图像中抹去。事实上正如爱德华·萨义德（Edward Said）论证的那样，为了将某些事物呈现为东方式的，人们会寻求彻底消除欧洲人的在场。

戈蒂耶[①]曾如此致信身在开罗、为他给巴黎歌剧院（Paris Opera）创作的东方场景提供第一手材料的纳瓦尔："非常感谢您提供给我的当地细节，但我究竟要如何把这些穿着雨衣、戴着絮绒帽子和防眼炎绿色面罩的英国人纳入歌剧院的龙套角色中去？"[76]如同阿尔及利亚学者马立克·阿鲁拉（Malek Alloula）在一项关于殖民明信片的研究中对殖民在场（colonial presence）的描述，表象并不会呈现"窥淫癖者"（voyeur）——那使表象成为可能的窥视的眼睛。确立东方的客观性——即使东方成为某种与欧洲的在场相分离的事物——要求在场自身最好变得不可见。

然而另一方面，当以这种途径将自身与"呈现为图像的世界"（world-as-picture）相分离时，欧洲人也想像体验现实存在的事物那样去体验这一图像。如同博览会的参观者那样，旅行者想将自己沉浸到东方之中，"用他们的手指触碰陌生的文明"。爱德华·莱恩在他的日记中写道，他想"完全把自己扔到异邦人当中去……采用他们的语言、习惯和着装"。[77]这种沉浸使莱恩这类作家的著作中丰富的民族志细节成为可能，并在他们的著作中制造了一种直接且近距离地体验东方的效果。在莱恩的创作中，对这种现实即视感的渴望变成了对与富有异国情调、奇异且带有色情色彩之物进行直接物理接触的追求，甚至对如福楼拜或纳瓦尔这样的作家而言也是如此。

因此，在将自身与世界相分离并使世界成为表象客体的需求，与将自身沉浸于客体世界并直接体验客体世界的渴望之间存在矛盾：一种用世界博览会——凭借其大量充满异国情调的细节和在参观者与展览之间清晰的区分——来调适和加以克服的矛盾。在像开罗这样未被

[①] 泰奥菲尔·戈蒂耶（Théophile Gautier, 1811—1872），19世纪法国重要诗人、小说家、剧作家，纳瓦尔的终身好友。

建设成博览会的地方，满足这种双重愿望成了问题。来到开罗的第一天，杰拉尔·德·纳瓦尔遇到了一名配备有银版摄影法设备的"画家"，他"建议我与他一道去选择一个视角"。纳瓦尔同意陪同这位画家，并决定"把自己带到全城最为迷宫般的地点，把画家抛在一边去完成他的任务，随后在没有翻译和向导的情况下无目的地闲逛"。但在开罗迷宫般的街道中——纳瓦尔希望在这里将自己沉浸于异国风情，并最终在"没有翻译"的情况下直接体验真实的东方——他们找不到可以摄制图像的地点。他们穿过一条又一条拥挤的、弯曲的街道，徒劳无获地寻找着合适的视角，直到最终喧嚣和人流都退去，街道变得"更加安静、更加肮脏、更加荒凉，清真寺年久失修，不时会出现已坍塌的建筑物"。最后他们发现自己已经到了城外，这是"郊区的某处地方，在运河的另一侧，与主城区分隔开来"。在这里的寂静与废墟之中，摄影师最终得以架起他的设备，描绘这座城市。[78]

爱德华·莱恩找到了满足这种双重需求的理想手段，可以在将自我沉浸其中的同时仍保持分离的状态。这种手段就是将自己掩藏在某种伪装之下，就像戴着有色眼镜的游客或藏在黑布之下的摄影师那样。莱恩解释道，为了"避免在异邦人中引发对于其无权闯入他们之中的怀疑"，他接受了当地人的服装，并装作与开罗当地穆斯林居民有着一致的宗教信仰。这种伪装使其得以获取埃及田野调查对象（informant）的信任，于这些对象自身在场的情境（their own presence）下观察他们的同时，得以避免自己被观察。莱恩的民族志著作看来获得了此种在场——即对现实存在的直接体验——带来的权威性。但与此同时正如萨义德所指出的，莱恩在其民族志著作的前言中对欧洲读者详细解释了他对埃及人的欺骗行为，以向读者保证他与埃及人保持着绝对的距离。正是这种由欺骗所确保的距离，赋予了他的描述以"客观性"。[79]

欧洲人作为参与者-观察者的这种奇怪双重立场，使像一位博览会参观者体验博览会那样去体验东方成为可能。在未意识到东方并未被安排为一场博览会的情况下，参观者采取了现代主体特有的认知操作，即将自身与客体世界区分开，从一个不可见且分离的位置对其进行观察。如皮埃尔·布尔迪厄在谈论现代人类学家或社会科学家时指出的那样，在这个位置上，人们将其与被观察客体的关系原则转入该客体，并"把它设想为一个专供认知的整体"。不可避免地，世界被当作一种"表象"（既是唯心主义哲学中的"表象"，也是绘画或戏剧中使用的"表象"①）去理解，人的生活表现得仅仅如同"舞台上的角色……或被植入的某种设计方案"。[80] 我想对布尔迪厄的话加以补充，人类学家和游客、东方主义作家一样，从欧洲来到中东，而如我们已经看到的那样，欧洲是一个越来越多地被安排以满足这种认知操作需求的世界，一个客观性（objectivness）被不断地植入的世界。换言之，他们来自这样一个世界，普通人在其中学习着像参观者或人类学家那样去生活，把客体世界当作某种事物的表象去面对，把个体存在当作文化舞台上的表演或被植入的设计方案去理解。

东方的印记（Traces of the East）

脑海中带着上面谈论的问题，我想引入一个初看上去有些矛盾的论点。我此前提到过，欧洲人在没有意识到他们已经离开了"呈现为博览会的世界"的情况下来到中东。然而另一方面，他们开始寻找一

---

① 唯心主义哲学中的"表象"是一种认知过程，是人们通过某些符号指代系统认识和组织世界的活动，绘画和戏剧中的"表象"语义近于"表现"。

种他们曾经总是在博览会上看到的现实存在。换言之，他们真的认为自己从展览来到了现实之中。这确确实实就是泰奥菲尔·戈蒂耶的情况，他居住在巴黎，为喜歌剧编写东方场景，并支持东方主义绘画事业。在参观1867年环球博览会的埃及馆后，他生发出观看现实埃及的愿望，并最终于1869年启程前往埃及。[81] 但在这方面戈蒂耶并非例外。欧洲人基本上都是在观看了他们正在寻访的原型之物的示意图或复制品——以图像、博览会或书籍的形式呈现出来——之后来到东方的；他们的目的也总是以这样的说法获得解释。

比如，爱德华·莱恩就是在观看了陈列于皮卡迪利大街埃及会堂（Egyptian Hall in Picadilly）①的仿制品与绘画后，受到激励前往埃及旅行的。以德鲁里巷剧院（Drury Lane Theather）布景设计师的身份开始其职业生涯的大卫·罗伯茨，则是作为一名熟练的全景画师、一名寻找其创作的剧院布景和全景画的原型的有志艺术家前往东方的。莱恩和罗伯茨还都受到了《埃及志》（*Description de l'Egypte*）的激励，这部22卷本著作由拿破仑占领埃及期间同法军一起安营扎寨的法国艺术家和学者撰写，由法国政府于1809—1822年出版。而且他们出发时都宣称其目的是纠正《埃及志》的"不准确之处"（inaccuracies），不知为何，他们在看到该书宣称呈现的"原型"（original）之前就知道存在不准确之处。[82] 因此我在这里提出，一方面在中东的欧洲人没有意识到他们已经离开了"呈现为博览会的世界"，另一方面他们设想自己已经从单纯的表象世界来到了现实存在当中。

我认为，该矛盾可通过回顾"呈现为博览会的世界"的矛盾性质获得解决。博览会使人们相信世界被分成两个基本领域——表象与原

---

① 埃及会堂为英国旅行家、收藏家威廉·布洛克于1812年在伦敦建造的展览馆，用以展示他自世界各地收集的工艺品、标本及拿破仑帝国遗物，该建筑于1905年在市政建设过程中拆除。建筑采用古埃及建筑风格，是"埃及复兴风"（Egyptian revival）建筑的代表作之一。

型、展览与外部现实存在、文本与现实世界。每样事物都经过组织,就好像情形原本就是这样。但结果证明,"现实"意味着其可以被呈现,可以在观察者面前将自身呈现为一场展览。所谓的"外部"现实世界是某种仅被当作一系列进一步的表象加以体验和理解的事物,是一场扩大了的博览会。东方的访客设想自己来到了"东方自身真切的现实存在之中"。但如我们已经看到的,他们在那里所追寻的现实存在仅仅是某种可被摄制或精确呈现的事物,可在观察者面前将自身呈现为某物的图像的事物。这里的图像并不仅仅指一幅视觉画面,而是指某种区别于主体、与主体分离且需要借助相应的表象和现实之间的区分加以理解的事物。最终,欧洲人试图将东方理解为一场关于自身的博览会。

这带来两种后果。首先,如我已提及的那样,由于中东尚未经历过表象化组织,欧洲人发现将其呈现为表象的任务几乎是不可能完成的,结果是令人失望的。关于他们曾梦想加以描写的开罗,纳瓦尔这样对泰奥菲尔·戈蒂耶说:"不要再想它了!那个开罗躺在灰烬和尘土之下,……积满灰尘,喑哑无言。"他们在这些东方街道遇到的一切,都无法和他们曾见过的、在巴黎呈现出来的那种现实准确匹配,甚至连咖啡馆看上去都不像真的。纳瓦尔在试图描述典型的开罗街道时解释道:"我真的想为你在这里选定一个场景,但……只有在巴黎人们才能发现那样东方化的咖啡馆。"他的失望源自构建开罗表象的失败,如同常见的情况那样,该表象服务于非常现实的目的。如我提及的那样,他正在为戈蒂耶提供可供巴黎歌剧院再创作为舞台布景或滑稽情节的描述素材。最终,纳瓦尔对找到"真实的埃及"——那个可供呈现为表象的开罗——彻底失望了。"我将在巴黎歌剧院找到真实的开罗,……那个躲开了我的东方。"最终只有人们在巴黎发现的那个东方——对本身即发端于一系列表象之物的模仿——可提供令人满意的场景。当纳瓦尔继续向巴勒斯坦地区的城镇进发时,他记忆中的开罗是某种并不比剧院的绘制场景更为坚固或真实的事物:"我在那里度过的 6 个月就这样结束了;它已什么都不是了,我看到如此多的地方在我身后像舞台布景一样坍塌;这些地方到底给我留下了些什么呢?一幅如梦境一般混沌的形象:人们能在那里找到的最好的事物,我心中已经知晓了。"[83]

第二个后果是东方越来越成为一个人们在到达时"心中已经知晓了"的地方。亚历山大·金莱克(Alexander Kinglake)[①] 在《来自东方》(*Eōthen*)一书中写道:"自幼年起,我对金字塔的形象就很熟悉。现在当我从尼罗河岸边接近它们时,我眼前并没有绘画或者图像,但那些旧日的形象就在那里,没有任何变化:它们就是我一直所知道的样子。"就戈蒂耶来讲,他写到如果前往埃及的游客"在他的梦境中长期居住于"某座城市,他就会在脑海中携带"一幅想象中的地图,甚至当他发现自己面对着现实存在时,这幅地图也很难抹去"。戈蒂耶解释说,他自己的开罗地图"与《一千零一夜》中的材料建构在一起,围绕着马里哈[②] 的《艾孜别克广场》(*Place de l'Ezbekieh*)——一幅引人注目、情感强烈的画作——布局"。福楼拜在开罗写道,处处留心的欧洲人"在这里**重新**发现(*rediscovers*)的东西比发现的多"。[84]

东方只是某种人们不断重新发现的事物。在被表象化地理解,即作为某物的图像理解的情况下,它不可避免地被理解为是对一幅人们曾经见过的图像的重现,一幅人们已经携带在脑海中的地图,一

---

① 亚历山大·金莱克(1809—1891),英国旅行作家、历史学家,出版于 1844 年的《来自东方》一书记述了他于 19 世纪 30 年代在叙利亚、巴勒斯坦和埃及等地的旅行经历。

② 普罗斯珀·马里哈(Prosper Marilhat, 1811—1847),法国东方主义画家,代表作多取材于他 1831—1833 年在埃及停留期间积累的素描稿,《艾孜别克广场》完成于 1844 年,表现了开罗老城西北部艾孜别克区的街头景象。

种对先前描述的反复申说。"从东方带回故乡的旅行印记（traces of travel）"——金莱克如此称呼类似的申说——截止到 19 世纪中叶是如此丰富，以至于《泰特爱丁堡杂志》（*Tait's Edinburgh Magazine*）的一位评论家在 1852 年抱怨道："这些几乎已日常化的东方产品……它们又来了：仅仅在一周前，我们和其他一些旅行者与同样的阿拉伯人同行，骑着同样的骆驼，穿越同样的沙漠，钻入同样的坟墓并咒骂着同样的胡狼。"[85] 在书籍以外，还有绘画、照片、场景展示、全景画以及博览会。描述东方——它拒绝提供视角并呈现自身——已越来越变成对这些表象进行重述（redescribing）的过程。作为东方主义艺术的拥护者，当戈蒂耶最终如我提及的那样受到世界博览会激励离开巴黎，前往开罗观看那些真东西时，便显示出上述过程可以走多远。他随后出版的关于埃及的记述以命名为"概观"（Vue Génerale）的长章节开头。该章节非常详细地描绘了 1867 年巴黎博览会的埃及馆，而非埃及自身。[86]

不可避免地，东方的表象遵从于这一成问题的、不可辨识的逻辑，这不是由任何欧洲人智力方面的失败，而是由其对表象之确定性——一种被称为"现实"的效果——的追求所决定的逻辑。在决意纠正先前法国科学考察团《埃及志》的成果后，像爱德华·莱恩这样的欧洲人已开始勾画他们"对埃及彻底的描述"。之后的作者将把自己带到开罗法国文化中心（French Institute in Cairo）的图书馆，对这些描述进行摘录和添加。杰拉尔·德·纳瓦尔后来将其在埃及收集的材料以"东方行记"（*Voyage en Orient*）之名出版，这成了他一生最主要的散文作品，而他拜访这座图书馆的时间比参观埃及其他地方的时间还要多。纳瓦尔在开罗逗留了两个月后——这已超过了他在开罗全部停留时间的一半——给父亲写信说自己甚至还没有参观金字塔。他解释道："而且在我从书籍和回忆录获得足够的信息之前，我不想参观任何地方。在埃及协会（Société Egyptienne）①我找到了关于这个国家几乎全部的——无论是古代的还是现代的——已出版著作，到现在为止我只读了其中极小一部分。"6个星期之后他再次写信，说尽管尚未到开罗城外及周边地区进行冒险旅行，但他就要离开埃及了。87

结果同其他许多东方学文献一样，《东方行记》的大部分内容被证明是对先前描述的改写或直接重复，在纳瓦尔的例子中，多数内容都来自莱恩的《现代埃及人风俗习惯记述》。类似的重复和改写就是爱德华·萨义德所说的东方学的引述性（citationary nature），其书写互相叠加，"就像旧草稿的修复者会将一系列的图纸拼到一起，以获得它们隐含代表的那幅层累的图像"。东方被拼凑成这一"重-现"（re-presentation），而被重现者并非一个真实的地点，而是"一组参照物，一个特征群，其来源似乎是一句引语，一个文本片段，或他人有关东方著作的一段引文，或以前的某种想象，或所有这些东西的结合"。② 88 尽管存在博览会的许诺，但"东方自身"并非一个地点，而是一系列进一步的表象，每处表象都重复宣称东方的现实性，但却仅仅指向其前及其后的其他表象。是这一指涉的链条创造出了该地点存在的效果。罗伯特·格雷夫斯（Robert Graves）③ 在《向一切告别》（*Goodbye to All That*）中对这种效果进行了讽刺性的评论，当格雷夫斯于20世纪20年代在塞得港登陆，以接受埃及大学（Egyptian University）④ 的一

---

① 埃及协会是存在于1836—1859年的位于开罗的一个埃及学学术组织，由英、法、德等国学者发起，1859更名为埃及学院（Institut Egyptien）并迁往亚历山大城，19世纪80年代迁回开罗并运行至今。
② 译文参考萨义德，《东方学》，王宇根译，生活·读书·新知三联书店，2019。
③ 罗伯特·格雷夫斯（1895—1985），英国诗人、小说家，《向一切告别》为其回忆录，记录了他在第一次世界大战前后的经历。
④ 埃及大学为开罗大学在1908—1940年的校名。

个职位时,碰到了一位英国朋友,他写道:"我仍然感到晕船,但我知道我已经身处东方了,因为他开始谈论起吉卜林①。"⁸⁹

没有规划,什么也没有(No plan, no anything)

在我们前往后续章节并开始思考19世纪的埃及政治时,这里有一点模糊之处必须加以澄清——或至少加以承认。当我宣称"东方自身"并非一个地点时,我仅仅在说西方的表象制造出了真实东方的扭曲形象吗?或者我是在说"真实的东方"并不存在,那里并没有现实,而只是一些形象和表象?⁹⁰ 我的答案是这一问题是个糟糕的问题,且该问题本身就是需要检视的。我们需要理解西方人如何达到这样一种生活状态,在其中世界似乎被如此分隔成了两部分:仅仅由表象组成的领域和"现实"领域;博览会和外部现实存在;仅仅由模型、描述和复制品组成的秩序和原有的秩序。换言之,我们需要理解,"现实"领域、"外部"和"原型"这些概念是世界表面上的一分为二所引发的效果。而且我们还需要理解这种区分如何与世界的另一种区分形式——西方与非西方的分野——相对应。因此,我们还要进一步理解东方学何以不只是一种文化如何描绘另一种文化这一普遍性历史问题的特定案例,而是某种关乎现代世界特殊性质的根本性问题。最后,通过将其理解为关于秩序和真实的记述,我们需要理解这类区分的政治属性。

---

① 约瑟夫·鲁德亚德·吉卜林(Joseph Rudyard Kipling,1865—1936),英国作家、诗人,1907年诺贝尔文学奖得主。吉卜林出生于印度孟买,曾长期在英印殖民地生活、工作,作品带有殖民主义和种族主义色彩。

赫尔曼·梅尔维尔（Herman Melville）① 于 1856—1857 年的冬季访问中东，在那里他感受到了常见的寻找视角的需求，并体验了在这一过程中常常遇到的困难。开罗看上去像某种临时市场或嘉年华，而非一场博览会，梅尔维尔称之为"一个货摊和巴多罗买集市（Bartholomew Fair）②"。和杰拉尔·德·纳瓦尔及其他早于他的作者一样，梅尔维尔写到他想从街道的"迷宫"抽身，以便将这个地方当作一幅图像或规划方案那样去观看。在参观君士坦丁堡时，梅尔维尔在他的日志中抱怨那里"街道没有规划，是完美的迷宫：狭窄、封闭，把人关在里面。如果人们可以爬升到高处……但是做不到。街道没有名字……没有编号。什么也没有"。[91] 和纳瓦尔一样，梅尔维尔无法在开罗城内找到合适的视角，因而也就无法找到图像。这接下来就意味着那里看上去没有规划。如同我之前在讨论世界博览会时提及的，观察者与客体世界之间的分离状态是某种欧洲人体验为编码或规划的东西。他期望那里存在着某些以某种方式与"事物自身"相分离，可作为向导、标志、地图、文本或一组关于如何前进的指示物的东西。但在中东城市，没有任何事物保持分离状态并使自身以这种方式面对外来者——即观察主体。那里没有街道名称，没有路标，没有带有宏伟"门面"的开放空间，没有地图。[92] 这座城市拒绝以这种方式将自己呈现为某物的表象，因为它就不是作为表象建立起来的。也就是说，它没有经过安排以造成某些分离的规划或意义在场的效果。

---

① 赫尔曼·梅尔维尔（1819—1891），美国小说家、散文家，1856 年 10 月—1857 年 5 月，他在英国和地中海沿岸进行了一次"壮游"（Grand Tour），期间访问了开罗、君士坦丁堡和耶路撒冷等地。

② 巴多罗买集市为英国著名的夏季宪章集市，1133—1855 年于伦敦史密斯菲尔德（Smithfield）区举办，会期 3 天至两周不等。

然而，早在19世纪30年代，巴黎歌剧院和轻喜剧院的前总监艾米勒-T.吕拜尔（Emile-T. Lubbert）就已被埃及政府任命为**节庆和娱乐活动**（*fêtes et divertissement*）总监。[93] 当然，仅仅有娱乐活动是不够的。查理·朗拜尔（Charles Lambert）在给埃及统治者穆罕默德·阿里帕夏的一份报告中解释道："和黎凡特地区（Levant）[①]其他地方一样，埃及从未拥有过秩序。"[94] 朗拜尔是一名圣西门主义社会科学家和工程师，建立并领导着开罗的一所综合理工学校（Ecole Polytechnique），该校以巴黎的大学校（great school）为蓝本建立。杰里米·边沁在1828年致帕夏的信中以赞许的口吻写道："你已经获得了巨大的权力，但规划仍有待确定。"[95]

为了殖民埃及，为了构建一种现代权力，"确定规划"将是必要的。一个方案或框架将通过把客体世界与观察者相分离的方式，创造出一种表面上的客观化，而这正是梅尔维尔感到缺失的。这种框架并不仅仅是殖民主义带到埃及的一份方案，而是它将要嵌入埃及的一种效果。如后续章节将要展示的那样，殖民过程会尝试对埃及进行秩序重构（re-order），使之显现得像一个被集置的世界（a world enframed）。埃及将被秩序化为某种客体化（object-like）的事物。换言之，它将变得像一幅图像（picture-like），可被阅读并能接受政治与经济评估。殖民权力要求这个国家变得可被阅读——就我们对这个词的理解而言——就是使埃及变得像一本书。

一个框架看上去确立了事物的秩序，但同时也在对事物施加限制，并把一些东西排除在外。如我们稍后将要看到的，一个框架将建立起在其框定的图像世界（picture-world）之外存在某些事物的印象，

[①] "黎凡特"一词源自中古法语，意为"太阳升起之地"，指地中海东岸地区，包括叙利亚、黎巴嫩和巴勒斯坦等地，严格来讲埃及并不属于黎凡特地区。

第一章 博览会上的埃及 | 45

就如同世界博览会的围墙看上去将"现实世界"排除在了外面。该框架承诺存在着位于其物质表象世界之外的真实。"确定规划"就是嵌入一种关于秩序和真实的效果。

第二章
集　置

19世纪上半叶的后半期，埃及民众成了自己所在村庄的囚徒。1830年1月的一道政府法令将他们限制于家乡地区，如果他们想外出旅行，则要申请许可或身份证明文件。我们得知："对于一名埃及农民而言，在没有书面通行证的情况下从一个村子到另一个村子几乎是不可能的。"村庄将被当作兵营一样管理，居民们日日夜夜处在守卫的监视之下，在耕作时还要接受督察员的监督，并向政府的货仓缴纳收成。[1]

在此之前，没有人设想过像为一支军队提供营房及训练那样将整个埃及组织起来，对民众行动的限制、管控、监督都在突然之间到来了。无论民众向哪里看去，他们都会受到检查、监督或指导。如果他们离开村子，那通常是在看管之下被强行纳入徭役或兵营更为严苛的规训之中——除非他们像成千上万人那样，抛弃并逃离自己的家园成为"逃亡者"（absconders）。如果他们是守卫而非被看管者，他们依然难逃监视，到处都有间谍，监督和检查体系起自田野和小商铺，经过村庄、地区、大区、行省等各个层级，一直汇总到埃及统治者直接监督之下的中央督察办公室（Bureaux of Inspection; *dawawin al-taftish*）。[2]

尝试自开罗控制尼罗河谷的农业财富，就其本身而言并不是个新鲜事。50年前,一个强大的家族①击败了这个国家其他所有权力中心,于十年之间建立了对农业和商业收益无可争议的控制,从而推动开罗逐渐融入欧洲主导下的世界贸易。³19世纪的新鲜之处在于这种控制的性质,早些时候各种形式的权力无论多么集权化,都不是持续性的,这些权力被断断续续地行使,主要体现形式为强加给某些权势较小家族的赋税、义务及横征暴敛,这些家族反过来又会对自己周边那些权势更小的家族强征赋税,如此一层层传导下去。这些流向中央的收益并不稳定,并总是为各个环节不可避免的渗漏、对外扩张的需求以及导致集权解体的离心倾向所削弱。⁴自19世纪起,政治权力第一次谋求以持续、严密、统一的形式运作,方法不再是简单地自生产和交换中抽取一定份额,而是进入到生产过程中。通过独立且持续地监督生产环节的每个方面,政治权力试图规训、协调和提升那些现在被认为是这个国家"生产力"(productive powers)的事物。规训机制(disciplinary mechanisms)——米歇尔·福柯曾如此称呼这些现代控制策略——不再如从前的控制手段那样倾向于在扩张之后耗散,而是倾向于渗透、重新制定秩序、殖民。⁵

福柯的分析聚焦于法国和欧洲北部,也许这种聚焦容易模糊规训性权力(disciplinary power)的殖民性,但全景监狱(panopticon)——这一典型机构的几何构造和其中无处不在的监控是规训性权力的特征——正是一种服务于殖民的发明,全景原则(panoptic principle)在欧洲与奥斯曼帝国之间的殖民化边界被发明出来,全景监狱多数并非兴建于欧洲北部,而是在如印度殖民地这样的地方。⁶同样的情形也适用于福柯讨论过的学校教育这一监控手段,正如我们将要看到

---

① 即穆罕默德·阿里家族,穆罕默德·阿里于1805年出任埃及总督,开始确立其家族对埃及的控制,50年为约略之数。

的，其培养和规训某一人群的模式被视为与埃及资本主义转型相伴生的典型政治进程。

在本章及接下来的一章中，我首先将检视这些规训机制引入现代埃及的过程，随后思考它们与我称为"呈现为博览会的世界"的秩序与表意体系之间的联系。这些机制的引入始于一个土耳其统治家族，即穆罕默德·阿里家族，阿里于拿破仑占领时期（1798—1801）结束后取得对埃及的统治权（并获得相对于伊斯坦布尔越来越大的独立性），该统治权随后被新兴地主阶级——阿里家族是其中最大的地主——欧洲债权人和商业利益代表，以及1882年后的欧洲殖民当局瓜分和行使。[7] 这一统治权依托于规训性控制（disciplinary control），其早期策略可在埃及新式军队的建立过程中找到端倪。

自1822年开始，埃及人发现自己有史以来第一次被数以万计地征召并转化为士兵。[8] 奥斯曼埃及的武装力量先前由自境外招募的外国人，以及继承或购买了获得军饷权利的埃及本地人组成。这些驻扎于主要城镇的小规模、非常备卫戍部队——多数部队仅由一两千人组成，且效忠于互相竞争的政治集团——仅能勉为其难地控制城镇事务，对于乡村事务的控制力则更弱。[9] 这样的外国人小部队现在则被一支征募自埃及城乡的庞大武装力量所取代，根据一些资料，这支武装力量的人数有20万或更多。[10] 根据命令，兵营和训练营在尼罗河沿岸——自阿斯旺至开罗，并遍布整个尼罗河三角洲——的主要城镇附近建立起来，"每所兵营可容纳1000名受训人员和士兵，并部署在距城镇一刻钟路程的地方"。[11] 这些人被征召进军队并非为了某一场战役，而是为了常年服役，并最终服役终生。他们的家庭通常陪伴他们前往所要驻扎的地方，并靠着兵营的围墙建设他们的"土坯营房"（mud barracks）。[12] 可以说，埃及全新的统治强化进程（regimentation）就开始于这一事件，即一种全新定居模式——兵营——在尼罗河流域城镇的突然扩散,以及普通埃及人被征召入驻。把农民限制在兵营中并对他们加以训练,从而使他们转化为士兵的计划,在埃及引入了一种全新的军事实践活动,一种有关何为军队及其如何组建的新观念。

这些新的实践活动形式叫作"新秩序"(new order)或"尼扎姆·扎迪德"(nizam jadid)。"新秩序"是一套不久前引入奥斯曼帝国——它正受到俄国在其北部边界持续殖民活动的威胁——旨在重新组织帝国军队及支撑军队的税收系统的新方案的奥斯曼语名称。[13] 这个名称更特指该方案的核心目标:一支根据普鲁士和法国发展出来的新技术进行训练和组织的新式陆军。"新秩序"同时也被奥斯曼作家们用来指称法国拿破仑政权。[14] 在拿破仑帝国于1815年覆灭后,法国军队那些战败的军官和工程师前往埃及,在那里"新秩序"将在他们的帮助下建立起来。埃及是奥斯曼帝国第一个成功引入此种新式军队的行省。[15] 兵营和训练营建立了起来,并且在1822年4月由当局颁布了一系列规范,将所有兵营、军校和训练营置于共同的训练和教育章程之下。[16] 将军队限制在军营中,军事训练及军事教育都是全新的举措。

人工机器(An artificial machine)

一本奥斯曼帝国官方手册解释道,新式军队"不应像我们其他的武装力量那样,由卖油酥面团的商贩、水手、渔民、咖啡馆掌柜、蔬果贩子和其他行业的人组成,而应由训练有素的人员组成"。[17] 军队不再被视为一种为了季节性战争而召集起来的临时性组织。它将成为一种组织化的力量,由被强制作为一个独立的群体长期生活在一起的人组成,即使在非战争时期也要持续接受训练。在这一新实践中,军人"应当日夜驻扎在他们的防区,每日投身于军事训练,保证他们的火炮、枪械等各类军事装备处于可立即投入战争的状态,从而落实一种和他们新规范下的士兵这一称号相匹配的训练方式"。[18]

这样的训练方式是一种新发明,仅仅在较"新秩序"早差不多一代人的时候,才伴随着普鲁士在七年战争(1756—1763)中戏剧性的胜利为多数欧洲国家所采用。[①][19] 普鲁士人首次采用了精确计时、快速传令和严格遵守纪律等革命性的技术,依靠这些技术,一支普鲁士军事训练说明中称为"人工机器"的军队被锻造出来。相形之下,其他军队看上去就像一群"懒散而怠惰的人",如同普通埃及人很快会发现的那样,这种认知不仅将改变一支军队被看待的方式,而且将改变任何人群被看待的方式。[20] 这样的一台"机器"能够以三倍于其他军队的速度开火——这使得其毁灭力也三倍于其他军队,且可以如机器一般轻易地扩充、调遣和撤退。[21]

在七年战争后的十年间,普鲁士军事规范为欧洲所有主要武装力量所采用,并被1791年法国的新规范加以改进。当一个埃及人描述1798年入侵其国家的法国军队时,训练、纪律和指挥上的新技术是他最先评论的东西,历史学家贾巴尔蒂[②]写道:"他们在自己人中间打手势和发信号,他们遵循这些指令,从不偏离。"[22] 奥斯曼帝国的一本小册子更详细地描绘了一个训练体系所要实现的对声音和手势的审慎操控:"由数千人组成的部队全神贯注地观察着两名信号兵发出的信号,他们通过手势解释指挥官的命令,没有一个人胆敢扭过

---

① 七年战争中普鲁士王国在欧洲大陆同时对抗法、奥、俄三国并取得胜利,这一巨大成功普遍被认为与腓特烈一世、腓特烈二世所推行的军事改革和扩军备战政策有关。

② 阿卜杜·拉合曼·贾巴尔蒂(Abd al-Rahman al-Jabarti,1753—1825),埃及学者、历史学家,其著作以详细记录拿破仑入侵埃及和穆罕默德·阿里的崛起著称。

头去。这样指挥官的命令在没有一点噪音的情况下得以传达，士兵们伸出关切的耳朵，却没有一个词从他们嘴里蹦出来。"在每个动作和每个瞬间中，所有声音、目光、词汇、头的角度和身体的姿态都能够被控制。"举例来说，如果军官发出加以注意的信号，整支军队一瞬间就会严阵以待，他们中没有一个人胆敢懒散、发出噪音或东张西望。"[23] 对个体精确的训练和协调使得借助他们打造一台人工机器成为可能。

17、18世纪笨拙的战争——越来越多的人得到征召相互对峙——现在看来仅仅是人群的愚蠢碰撞。[24] 那本奥斯曼帝国的小册子评论道，旧式军队"在敌军出现时，无法保持阵形，而是像消遣场所的人群那样散乱地站着。有些人扛起他们的火枪射击一次，有些人射击两次。更经常的情况是——如他们认为应该做的那样——在其他人茫然无措，不知道应当怎样的时候，有些人像优秀的说书人一样窜来窜去"。与此相反，新规范下的军队"始终保持阵形，就好像在礼拜一样，后队和前队严格保持平行，由相同数量的连队组成，不多也不少。当必要时，他们可以像一只手表那样精确地运转"。[25] 平行队列和机械般的精确呈现了一种关于新秩序的新观念。这种秩序不是世界中不同力量间的协调、平衡或互相呼应——这是一种更为陈旧的秩序观念，我将在下文试着更详细地展现其性质——而是秩序自身，这是一种只能被定义为对无序之物进行排序、对零散之物进行协调的状态。在新秩序中，无序之物被彻底改变，零散之物被联结起来，它们组成了一个整体，各部分间有着机械般和几何般的协调。

在军队中，这种秩序制造出了一台可以"像一只手表那样精确地被拨动"的机器。这台机器可以用来演练埃及的法国军官称为"军事演习"（manoeuvres）的活动，根据命令轮换、开火、收缩或扩张。

根据说明，新秩序下的军官可以将"一大群士兵排列成环形，然后命令他们沿着这个环形转圈行进，当这个环形转动时，这些士兵不断地向敌人开火，不让战斗停歇一刻，在他们回到相同的位置之前，他们已为新一次射击整备好了枪械，一旦他们与敌人照面就进行射击。这种环形队列的结果就是，开火和杀戮一刻也不停歇"。在这样一台机器中，每个个体都占据着一个位置、一处空间，而这种位置和空间是通过每个个体之间相同的间距创造出来的（就如同齿轮上的轮齿一样）。人们现在所控制的就是该间距或空间，根据命令使其缩小或扩大。"有些时候，当被认为必要时，数千人会挤到一小块狭窄的空间中，形成坚实的整体，以使他们在敌人面前显得人数很少，散开后，他们又可以执行任何他们所希望的军事活动。而有些时候，一万人的部队被展开部署，显得就像由五万人或六万人组成。"[26]秩序是一种由队列和空间——这些队列和空间是通过对人的安排制造出来的——组成的框架，在其中人可以被分配、操纵和限制。

借助于这种新秩序，现在终于有了管制开小差的有效手段，管理大规模人群的主要技术障碍被打破了。在没有战争时，士兵不得离开营地或兵营，在那里他们被看管、被训练，并被"约束在靠近训练场的地方"。[27]通过对他们的限制和穿戴统一制服，他们还和平民社会分隔开来。根据说明，"我们旧式军队的士兵完全不会穿成这样。穿着的多元化引发了不利后果：如果在战时他们中间有谁要逃离军队，由于没有标志可供我们分辨这些逃亡者是军人，还是小商贩或仆役，他们因此就有了在不为人知的情况下逃离的机会。反之，新式军队有他们特定的统一制服，这样逃兵很快就会被发现。结果在一处新式军队的大型兵营中，每个人都被迫固守在他的连队里，持续地履行他的职责"。[28]

社会的整个表层（The whole surface of society）

除了兵营和训练营，全新的军事秩序包括超过 12 所用来训练专业军事干部的学校，这些军事干部包括骑兵、炮兵、步兵和海军军官，通信兵、医生、兽医、军乐队乐手以及工程师。[29] 这些学校采取相同的规训手段，这些手段基于"对学生的限制"和"一套监控和限制机制"。[30] 多数学校由法国和埃及的军事工程师及学者管理，他们中许多人在巴黎综合理工学院（Ecole Polytechnique）① 接受过培训，其中包括多位圣西门及其秘书奥古斯特·孔德（Auguste Comte）② 的学生。

19 世纪 30 年代中期，这些人负责制定一套更为全面的军事训练政策。新方案呼吁改进部队训练方式（1835 年 2 月），一年后的方案进一步呼吁对军事训练学校进行重新组织。后一套方案要求建立一个由 50 所初等学校组成的系统，以供征募军人，其中 4 所学校位于开罗，其他学校则位于外省城镇。这套方案奠定了管理规章、体质要求、课程表、考试、着装、给养、教学人员、行政管理以及监督方面的统一规范。学生将被置于持续性的监管之下，这种监管不仅限于课堂，也发生在他们于学校外行动、娱乐以及待在宿舍中时。"纪律是严格军事化的，惩罚措施将根据违纪行为的轻重分等；学生可能会在全校面前接受训斥，被禁闭在学校中，被监禁并仅可获得面包和水，被用皮鞭（*kurbaj*）鞭打或被学校开除。"[31]

该方案进一步要求建立两所预备学校，一所位于开罗，可容纳 1500 名学生，另一所位于亚历山大。这些学校"本质上是军事机

---

① 巴黎综合理工学院是一所创立于 1794 年的工程师学校，1970 年以前是一所军校，目前仍归法国国防部管理。
② 奥古斯特·孔德（1798—1857），法国哲学家，实证主义创始人，1817 年起担任圣西门的秘书，1832—1851 年担任巴黎综合理工学院教师。

构；学生将像士兵那样被安置在营房中；他们将在开罗的军校中组建3个营，每个营由4个连队组成，每个连队有125名学生；下级军官和士官将自这些学生中挑选，助理长官（assistant master）负责指挥连队，长官（prefect）负责指挥营"。学生的行为将受到持续的监管，并通过一个详细的惩罚措施序列加以规范化。"惩罚措施分为12个不同的等级，自公开训斥直到开除学籍；如果一名学生是下级军官或士官，他可能会因为惩罚失去军衔，一名学生也可能因惩罚失去晋升机会。"[32]

新秩序引入了一种新型权威，其借由对群体物理活动空间的限制（physical confinement）、对行为的持续性监控、对行动和动作的控制以及详细建构的等级序列运作。如同新型教室已经表明的那样，这种秩序将远远超出兵营和战场的范围。杰里米·边沁的朋友和传记作者约翰·宝宁曾担任穆罕默德·阿里的顾问，他为英国政府撰写了一份关于埃及的报告，在其中他写道：

> 西方组织方式在黎凡特地区军队中的推行将带来其他重要后果，因为机械工艺、教育、知识等方面的应用，以及一个普遍性的依附与服从体系，正是事物全新状态所急需的配套条件。军事力量由一群不服从、无纪律的散兵游勇转化为一支借由服从序列与纪律获得规范化训练的军队，其本身就是在建立一种秩序原则，这一原则将蔓延至社会的整个表层。[33]

在兵营中、在训练营和学校中、在战场上，这种秩序原则使得把人"固定"在他们的位置上，使他们"持续地履行他们的职责"，并将他们作为一台军事机器的各个部件加以协调成为可能。在城镇和棉花田中，同样的原则在"社会的整个表层"的应用使得将民众限制在

本地，并（如据说政府曾声称的那样）"动员人们介入一场远超其自身从业范围的工业生产活动"突然变得可以设想。³⁴

被日夜监视（Watched over night and day）

为了把乡村民众固定在他们的位置上，并诱使他们生产棉花和其他供欧洲消费的商品，有必要详细标记他们的位置，细化他们的职责和生产配额，并对他们的表现进行持续监控和报告。借助日常记录，或者说**日志**（*jurnal*，该词借用自欧洲）这样的行政管理手段，对埃及乡村控制的强化始于19世纪20年代中期，从那时起政府建立了地区和中央督察办公室，以接收其地方督察员（*jurnalji's*）的报告。³⁵ "普遍性的依附与服从体系"在一份发行于1829年12月，名为"关于农民的成功耕作及施行统治规范的计划"（"Programme for Successful Cultivation by the Peasant and the Application of Government Regulation"；*La'ihat zira'at al-fallah wa-tadbir ahkam al-siyasa bi-qasd al-najah*）的60页小册子中得到更全面的阐述，其中详细规定了农民如何在田地中工作，他们种植何种作物，他们怎样被限制在村子中，以及看守和监督他们的人员的职责。这本手册是400名行省管理者与军队、政府官员集议的成果，他们于1829年被召往开罗，以解决财政收入减少、土地抛荒日益严重的问题。³⁶ 这本小册子最后55个段落详尽规定了对农民及其监督者超过70种未履职情形的惩罚措施。³⁷

如该计划所规定的那样，农民在履行他们的任务时将受到监控，他们将于"米沙德"（*mishadd*）和"阿斐尔"（*ghafir*）①的监督之下在

---

① "米沙德""阿斐尔"在阿拉伯语中有"约束者""卫士"的意思。

田地里劳作。"这些官员每天对农民（fallahin）进行核查，对他们日夜监视以防止他们逃离村庄。"任何未能履行其任务的农民都将上报给政府指派的村庄头领——村老（shaykh al-balad）。"如果村老发现某位村民未按要求耕作他的田地，他将用皮鞭笞打后者25下以示惩罚。三天后村老将再次检查这位农民的田地，如果他还未完成必要的耕作任务，村老获准可对其施以50下鞭笞。另一场检查将在又三天后进行，这次疏忽的农民将受到100下鞭笞。"村庄头领处在区长（hakim-khutt）的监督之下。如果他疏于对农民进行监督，将在第一次过失时受到100下鞭打，第二次他将被施以200下鞭打的惩罚，第三次则是300下。区长自己处在大区长官（ma'mur）的监督之下，其第一次疏忽会受到警告处罚，第二次则是50下板子。大区长官向省长负责，省长每周向中央督察办公室提交报告。在作物分配、税收征集、为军队和徭役提供人力，以及对任何在无许可和身份证明的情况下在其所属村庄区域之外活动之人的报告、盘问和拘捕等方面，类似的职责、监督与惩罚序列也被建立起来。[38]

并非是惩罚措施的严厉性和频繁性使这套计划区别于先前的体系。事实上这套规范倾向于消除对权力的滥用，区别在于对任务、监督和惩罚的精细阐述。每项独立的行为都得到了规定和监督，以将每个个体协调进一个由作物、货币和人员组成的单一经济体中。借助印刻和强加于村庄和农民生活中的信号、活动与监督序列，其试图获得军营中和战场上的那种新秩序。

无须详细叙述这些实践如何失败，或造成了怎样的破坏。[39] 发生在各行省的政治暴动贯穿于该时期，政府的新式军队对此进行了系统镇压，数量庞大的民众逃离了他们的村庄。类似的暴动并非新鲜事，新鲜之处是军队有力量对其进行镇压，因为如同宝宁报告的那样，各种强化控制的手段使得军人成了"财产的保护者而非破坏者；他们组成了社会改良结构的一部分……"。⁴⁰ 但在 19 世纪 30 年代，对一些欧洲专家而言，这种改良结构看上去也正在从内部弱化。宝宁向英国政府汇报道："帕夏军队衰弱的原因之一是怀旧情绪（nostalgia）与思乡病的泛滥，这样的病症是神秘而无可医治的"——

> 一位服务于帕夏的医生向我汇报，沉浸在这种不可医治的病症影响之下，形容枯槁、奄奄一息的人数量巨大……一位医生对我说："当他们开始思念故乡时，我无法确保他们活下去。"在去世前很久他们就开始陷入一种无精打采、对什么都不关心的谵妄之中。⁴¹

19 世纪 40 年代，当埃及成长为地区军事强权的势头被英国干涉所终止，其军队被削减至 18000 人之后，埃及政府依然在国内动用军队收容不在籍贯地的农民，并将他们强制遣返回其生长的村庄。⁴² 1844 年 4 月，一位政府大臣向区长们发布了一份通告，宣布"农耕是埃及民众舒适、幸福和富足的基础，为了保持这一状态，所有离开故乡的人均应回到他们生长的村庄，这是绝对必要的"。该份通告传达给了全体民众，并命令地方官员——如同先前多次命令的那样——绞死任何收留逃亡农民的人，"以便从今往后将'逃亡者'（absconder）这个词彻底抹去"。作为对他人的警告，通告描述了敏亚萨利格（Minyat al-Sarig）地区居民苏莱曼·白德鲁丁（Suliman Badruddin）的命运，他被人发现庇护流亡者并"在该地的公共市场上被绞死"。⁴³

尽管存在苏莱曼这样的例子，农民依然继续抛弃他们的土地；那些被召去服兵役的人则会自残以避免应募。1833 年 3 月，埃及总督①在一份发给区长们的通告中抱怨道:"在来我们这里的路上,有些人拔掉自己的牙齿,有些人弄瞎自己的眼睛,其他人则把自己搞残废,因为这个原因我们把大部分人送回去了……我会从每位这类冒犯者的家庭中抽人接替他的位置,把自己弄残废的人要送到桨帆船(galley)②上去服役终生。我已经以书面形式向村老们发布了这道命令。"⁴⁴军事秩序的脆弱性显见于其日益严厉的征兵手段,它在残酷性方面已开始与欧洲的征兵手段相匹敌了。⁴⁵

问题的性质显现于这些文本间的抵牾之处。在新权力手段史无前例的渗透与使这些手段更具接受性,更不引人注目,对类似"怀旧情绪"这样的病症更为有效——从而更具效率——的需求之间存在冲突。一方面,为了逃避兵役,大部分农民做好了伤害自己或把自己弄残废的准备。公开的绞刑和其他暴力形式无法遏止民众逃离他们的村庄。对这个国家的"生产力"加强控制使得耕作和强制劳役成了一种几乎和服兵役具有同等压迫性的义务。农民唯一的解脱之道就是抛弃家园并"逃亡"。另一方面,国家已开始寻求一种全新的语言,"以便从今往后将'逃亡者'这个词彻底抹去"。其尽可能广泛地宣告"农耕是埃及民众舒适、幸福和富足的基础"。同样地,作为对"工人像囚犯一般被限制在兵工厂中,并被剥夺工资"这一消息的回应,穆罕默德·阿里于1836年写信给兵工厂系统的总监(Inspector General),警告他普通的埃及人("农民")应受到合理对待,以保证政府的收入。"关心他们的舒适程度,提高他们的酬劳,这样他们就会心满意足地投身于工作。"⁴⁶新权力手段恰是寻求通过这些改善民众境遇的语言和程序来发挥作用。

---

① 即穆罕默德·阿里,他名义上为奥斯曼帝国驻埃及总督。
② 桨帆船是一种桨帆并用的大型海船,被地中海周边各国广泛用于战争和海盗活动,多以罪犯或奴隶充任桨手。

在经历了 19 世纪 30 年代的失败后，当局于 19 世纪 40 年代再次尝试渗透和控制生产进程时，一种全新的手段获得运用。这次的手段是将若干村庄置于某一位官员的监管之下，其施行始于统治家族成员和欧洲商人。这些村庄会被组织为私人庄园，并采用与旧手段相同的空间限制、规训与监控机制。[47] 这些庄园被认为是现代埃及私人土地所有制体系的起源，为欧洲市场服务的生产活动现在将依靠这套体系。[48] 在私人庄园中，呈现为一种本地化秩序建构和规训进程的权力将出现并确立下来，这有利于很大程度上由城市地主（urban-based landowners）和商业化土地利益集团组成的新兴阶级。如同新式军队的情况一样，这一秩序建构看起来并非是随意的安排，而是直接体现了秩序本身。这种秩序的独特性将借由对将成为新式庄园共同特征的事物——"示范村"（model village）——的检视获得进一步说明。

示范居所（Model housing）

位于尼罗河三角洲的扎耶特村（Kafr al-Zayat）是穆罕默德·阿里之子易卜拉欣（他在伯明翰与鲸鱼遗骨的不幸遭遇在本书第一章中有所提及）控制下的一所庄园的一部分。1846 年该村居民接到指示起草一份村中家庭、牲畜以及他们所从事的不同"产业"（industries）的清单。根据这份清单，该村庄随后在负责"埃及村庄重建"的法国工程师监督下被重建。居民们随后迁入新居，每户家庭都根据其大小和社会地位（普通、小康、富裕或外国人）分到了房间。根据一名法国工程师的描述，一户普通家庭的"示范居所"（model house）由以下部分组成：

（1）一座院子，地面高出街面0.1米，院子长8米、宽4.34米，这样在晚上就可以容纳至少3头大牲口、3头小牲口……（2）一间位于一层的屋子，地面高出院子地面0.1米，也就是高出街面0.2米，屋子长4.35米、宽3.7米，通过两扇窗子采光：一扇窗户在高处，有栏杆，临街，另一扇窗户无遮挡、临院子；屋子后部包括一间起居室（*diwan*），足够容纳两张头碰头放置的床……（3）一间位于二层的屋子，有一个封闭的小阳台俯瞰着院子……[49]

同样的方案被用来重建其他多个埃及村落，其中包括位于扎耶特村以南11英里的奈伊拉（Neghileh），以及位于米努夫省（Menufiyya）的阿扎伊尔（Ghezaier）。在奈伊拉，"先前毫无规划地挤在一起的简陋小屋"被彻底拆除，取而代之的是一座新村庄，一位英国旅行者认为它"非常整齐，铺展在呈直角相交的街道中"。[50]

此类改善计划的残酷性轻于我所描述过的军事秩序建构手段，但二者所寻求获得的秩序是相似的。与军事上的创新一样，此种计划代表了构想秩序性的新途径。就像在所有现代国家一样，在现代埃及此种秩序宣称它就是秩序自身，是那里存在过的唯一真正的秩序。

此种秩序的本质在于引发了一种我称为"集置"的效果。如同建设兵营和重建村庄中所体现的那样，"集置"是一种分割和容纳的手段，它通过制造出一种被称为"空间"（space）的中立化的面积或体积（neutral surface or volume）而运作。（这种手段在埃及乡村恰与私人土地所有制——在该制度下空间成了一种商品——同时兴起绝非偶然。）在重建村庄的过程中，组成房间、院子和建筑的空间的确切尺寸被详细规定，一直精确到四舍五入后的厘米数。这一尺寸体系可被独立看作空间自身，而非墙壁、地板和开放空间的一部分。规划图和尺寸将空间作为某种表面上抽象和中立的事物——一系列无生气的框架和容器——引入。[51]

在这一容器内,一件件东西由此可以分离出来,清点并加以安放:每个院子中有3头大牲口、3头小牲口;每个房间中有两张头碰头放置的床(也就是两个人);甚至罐子、水坛和食物配给在法国人的规划中也有详细规定。对这些东西的分隔,同时也是将生活分解成一系列分离的、发生在特定位置的功能——睡觉、吃饭、烹饪以及其他种种活动。村落秩序的重建将通过把生活化约为一套由位置及包含在位置中的物品和功能组成的体系——一套由框架和集置于其中之物组成的体系——而达成。空间作为秩序的尺度,其明显的中立性是建造和分配所带来的效果,而这种建造和分配依照的是对容器和被容纳之物的严格区分。

由容器组成的体系可轻易在规划中得到呈现。就我所知,埃及村庄重建的规划已经不存在了,但在同一时期,法国统治者为阿尔及利亚村庄重建起草了类似的规划。在阿尔及利亚的案例中,村庄重建更直接地与获取军事控制联系在一起。大量阿尔及利亚人被迁移到新的定居点,他们原有的村庄被夷平,以便清空那些被证明难以建立殖民统治的地区,并将民众置于更为严密的监控之下。[52]通过起草类似的规划,秩序之达成可借由一种独特的方式加以思考,即村庄和规划之间的关系。通过将一个又一个村庄改造得与规划相符合,秩序也就建立了,结果产生了一个由容器和被容纳物组成的、秩序化了的乡村。

这样的秩序建构手段提供了在居所与居所间、家庭与家庭间,以及村庄与村庄间进行引人注目的标准化工作的可能性。就如同在军队中一样,这样的同一性将成为新秩序的标志。如同军衔体制的发明一样,空间秩序建构的新手段同样也通过创造一种可视的等级序列并使其规范化起作用。如同上文提及的那样,规划在四种不同等级的居所间做了区分。除了提供给普通农民的示范居所,还有提供给小康之家、富人或外国人的居所。根据这四种类别对家庭进行分类,会在他们中间创造出——至少是固化或确定化——上述区别,会固定下来一种确定的社会等级秩序,并使之变得清晰可辨。无论如何,就关于家庭、谋生手段和牲口的清单而言,重建使得村庄自身变成了某种可辨识的事物。这些信息随后可编制成揭示这个国家"生产力"的数据——恰与其被印刻进新村庄那些毫无含混之处的建筑同时。

类似的可辨识性(legibility)是"呈现为博览会的世界"的标志,具有更为广泛的重要性。欧洲专家急于组织生产此类有关埃及的数据化知识〔如我们在上一章看到的那样,这恰如世界博览会被设计来创造与此相同的、关于全球的数据化可辨识性(statistical legibility)〕,收集关于"它的人口、它的生产……总而言之,一切具有数据特性(statistical character),并可直接或间接证明其资源发展状况"的信息。[53] 伴随着上一章提及的《埃及志》——法国学者编撰的、配合拿破仑对埃及军事占领的著作——的出版,此种数据化知识的生产已经在进行了。《埃及志》中有关现代国家(*état moderne*)的部分,用确切的数值就"埃及男性平均生产力"这样的问题进行了计算。无论如何,新的秩序手段试图加以渗透、殖民、管控和增加的,正是此种生产力。[54] 然而对此种知识的机械化生产,却为殖民渗透和管控方面的困难所阻碍;如同工程师们发现的那样,这里不仅"没有现成的机制来对事实进行收集和分类",而且埃及村庄独特的建筑和生活方式,使得那些关于民众及其生产力的"事实"尤其难以获得。如同宝宁向英国政府解释的那样:

> 类似于对人口数进行准确估计这样的事情的困难,被伊斯兰教律法和习俗大大增强了,其将社会的一半人口排除在了警察

的监控之外。每间居所都有它的闺房（harem）①，每间闺房都难以进入。⁵⁵

示范村可辨识的秩序将克服此种不可进入性（inaccessibility）——即对"警察的监控"而言不可见的民众和生活方式——的问题。如同福柯曾经写到的那样，结构划分和警察统治可由此获得对个体的控制，此种控制不仅通过对个体的限制达成，还借助对隐藏的、未知的且不可进入之物的揭示与印刻。

但是如福柯同时指出的那样，这种新秩序就其本质而言并非什么既定的或不可改易的事物。作为一种控制手段，它的优势即蕴含在其灵活性当中。法国人对示范村的概述说道："建筑结构经过了安排，这样人们可以在这些居所中安置下由任意数量个体（既包括人，也包括动物）组成的家庭。"这种情况成为可能，是因为分隔体系将房间变成了一个个独立的单元，这些单元可以以任何组合方式相互联结在一起。较大的家庭可以仅仅通过"在分隔墙上打开一个门洞"容纳进来，这"无须破坏房间或建筑之间的协调即可达成"。由此这一由分格式容器组成的网络可以扩展、收缩并互相联结，而绝不会失去其作为一套体系，一个其各个相互分离的部分都保持"协调"的整体的特性。

这种各部分间的协调，使得一个重建的村庄不仅可提供对其居民更深入的了解与更好的控制，还使将他们协调在一起成为可能，从而能够提升他们作为一个整体的生产力。如同新式军队一样，新式村庄可被当作一台机器，通过其各个部件间的互动产生作用力。"此种建筑形式将极大便利于生产（le travail），而且还将成为未来居民间互动

---

① "harem"一词在阿拉伯语中本义为"禁地"，指穆斯林家庭中供妇女及未成年子女生活的区域，外人通常难以进入。

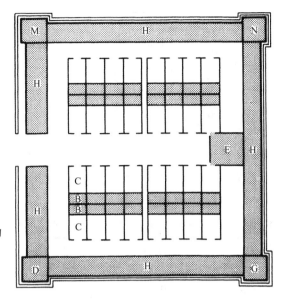

一座官方重建村落的方案，阿尔及利亚，1848；图例：B 居所；C 庭院；D 招待所；E 村庄头领的住所；G 看守房；H 仓库、马厩；M 磨坊；N 清真寺

的重要有利条件。"[56] 上述重建方式看起来意味着，如同村庄自身一样，村庄中个体的力量现在也可被度量、重组、增强和控制，并由此产生合力、生产力与互动。

文化存在（Cultural beings）

对于"集置"与协调和提高个体作用力之间的联系，我将在随后的章节中做进一步探究，在其中我将考察开罗重建与推行有组织的学校教育之间的对应关系。但为了进一步明晰"集置"进程的全新之处，在这里先谈一谈村镇重建试图取代的居所形式和生活方式或许有所助益；与此同时，着手将作为一种秩序建构技术的"集置"的问题与意义或表象的问题联系在一起也将有所帮助。为了对上述两个话题加以探讨，我计划在本章剩余部分对前现代时期中东地区（或者说地中海地区）城镇的

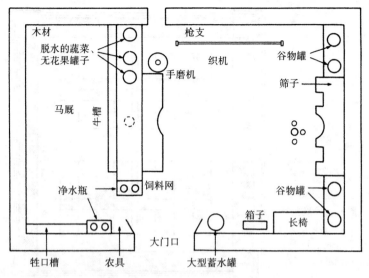

一张卡拜尔人居所的户型图

一些特点进行讨论,并将这些特点与一些引自皮埃尔·布尔迪厄对卡拜尔乡民(Kabyle villagers)①——阿尔及利亚一个讲柏柏尔语的社群——居所的描述中的更为晚近的例子相关联。57 对于接下来的讨论,我要提示两点局限之处。首先,由于类似例子的作用,是将我们对秩序性质的假定与一种前提假定条件与之不同的秩序相对照,以使我们的假定变得可见,因此我冒了一种风险,即将后一种秩序树立为我们假定的完全对立面。更有甚者,这样一种对立面将不可避免地表现为一个自足的整体(self-contained totality),其与现代西方的遭遇也将不可避免地表现为自身的断裂与解体。如同迈克尔·陶西格(Michael Taussig)② 所评论的,此种自足的、前资本主义的整体有一种糟糕的缺陷,即不得不满足我们对一个失落的纯真年代(age of innocence)的怀念。58 类似的结果尽管可能无法避免,却并非我所希望和意图达到的。

---

① 卡拜尔人是主要聚居于阿尔及利亚北部的一个族群,所操卡拜尔语属柏柏尔语族。
② 迈克尔·陶西格(1940—　),澳大利亚人类学家。

其次，我描述殖民村镇所要取代的那类建筑的企图牵涉到一种特别的困难，即我所描述的是这样一种居住方式，它并未将秩序化约为事物与规划、世界与地图之间的关系。但我不得不根据一张户型图开始我的描述。对卡拜尔人村落中的房子可做如下描述：呈长方形，一扇对开门连通院子与室内，室内有一堵矮墙，将室内空间分为两部分。一部分面积略大于另一部分，且地面略高，这是供人使用的，壁炉在这部分的最远端，靠着正对大门——日光射入处——的那堵墙摆放着一台织机；大门所在的另一堵墙，则被称为黑暗之墙。这所房子面积更小且地面更低的那一部分由牲口占据，其上有一座阁楼，工具和牲口的饲料存放在那里，妇女、儿童经常在那里睡觉，尤其是在冬季。

经过如此描述，这所房子的独特布局就被给予了我们和法国工程师称为功能性解释的说明。但布尔迪厄提示我们，房子不同部分、物品存放或进行活动的不同位置之间的区分对应于一系列的联系与对立，而不应像在功能性解释中那样被误认为"仅仅是象征性的"：

> 房子中地势低的、黑暗的、属于夜晚的那部分，放置潮湿的、自然的、未经处理之物的地方——在马厩入口处两侧板子上或靠着黑暗之墙放置的水罐，以及木材、青饲料——同时也是畜养自然存在物——黄牛和奶牛、驴和骡子，以及进行自然活动——睡眠、性爱、出生以及死亡——的地方，其与充满光线的、高贵的、地势高的那部分形成对立：这是属于人——尤其是客人的地方，是属于火焰与火焰制造之物的地方，比如油灯、厨具、来复枪——这是男性荣誉（*nif*）的象征物，并被用来保护女性荣誉（*hurma*），这里还是属于织机的地方，它象征着对所有人的保护。[59]

布尔迪厄解释道，这所房子按照一套同源对立概念组织起来：

50 水与火、生与熟、高与低、明与暗、日与夜、雌与雄、男性荣誉与女性荣誉、使受孕的与可受孕的。但说以此种方式"这所房子被组织起来了"是具有误导性的，这基于两方面的原因。首先，从这个意义上来说，该房子并非一个物品与人可在其中获得安排的中立空间。根据布尔迪厄所描述的对立，空间自身已被极化了，此种极化对立笼罩了这所房子的每项活动，甚至包括这所房子的建造方式。进一步将这所房子置于与这座村子其他部分的关系中考虑，它就变成了更广阔世界中的仅仅一极——"雌性"（female）的那一极："在作为一个整体的这所房子和世界的其他部分——也就是那个雄性的世界，属于集会、田地和市集的地方——之间，同样的对立也被建立了起来。"[60] 此种对立并非物品和空间可被组织于其中的固定二元分类；它们不是空间协调产生的效果，而是极化作用力（polar forces）产生的效果。其次，如我们将要看到的，类似的极化作用力自身并不作为一种对立结构而存在，而是作为差异之间不稳定的游戏作用（unstable play of difference）而存在。[①] 雄性、光明或干燥都仅仅是对雌性、黑暗或潮湿进行排除或推迟的过程。因此，从某种意义上来讲，雄性包含雌性，光明包含黑暗，干燥包含潮湿，反之亦然，每个概念仅仅在与其不同之概念的不确定的缺席或延宕状态中存在。如同德里达告诉我们的，差异并非事物间有所区分或间隔的一种模式，而是其内部一种总是处于不稳定状态的延宕或差异化过程。

产生自这些差异性力量（forces of difference）间的游戏作用那值得注意的秩序，我们绝不能错误地将其仅仅解释为一种与法国工程师所设想的秩序"不同的秩序"；更不能通过比较北非居民的蒙昧信仰与欧洲人理性的、祛魅的信仰来解释此种差异；或甚至仅仅以其信仰或文化

---

① "游戏作用"在德里达的语境中，指系统中与结构相冲突的运动，它使系统无法稳定下来。

模式不同于现代欧洲的文化模式来做解释。类似的解释都还是从被视为独立于"事物自身"而存在的结构、模式或心态的角度来解释秩序。

不同于法国工程师（以及世界博览会的建设者）所设想的秩序，北非居所的秩序建构无关于事物与模式或规划之间的关系。利用阿尔及利亚的例子和一些历史证据，我试着从多方面描述此种秩序的特点。首先我将论证，它与作为一种框架——它的条条线线造就了一个中立的空间，事物依此而得以组织起来——的秩序无关。其次，此种秩序建构过程并不通过在内部世界和外部之间确立一条固定的边界而实现。第三，它无关于在孤立的主体——其将世界作为他或她的客体来面对——层面建立起来的秩序。最后，它无关于意义或真实，前者表现为独立主体所面临的确定世界与其规划或表象之间的关系，后者表现为上述表象的确定性。让我们暂时将强调之处变化一下，更确切地说，我们这些"呈现为博览会的世界"的居民通常理所当然地视作秩序的基本要素的东西——框架、内部、主体、客体以及含糊的意义或真实——在卡拜尔人世界的秩序建构中仍然是个问题，并处在游戏作用中。在我重新解读布尔迪厄对卡拜尔人村落居所之描述的过程中，我希望表明我们自己的博览会化的世界已经多么深地陷于某些关于结构、主体性和真实的信念之中了。

首先，一开始就将卡拜尔人的居所理解为一种平衡或关注（tending），而非一种结构或许会有所帮助。如我将要谈到的那样，在卡拜尔人的世界里，每样事物——黑暗与阳光、水与火、男人与女人、动物与种子、房梁和柱子——都不仅仅将自身呈现为一个客体，而是将自身呈现为一种力量或潜力，但这并不意味着非理性。这所房子的生活，就常常关注于（tending to）这些差异化力量间的游戏作用，照拂（attending to）它们充足或贫乏之潜力，以使此种潜力发挥出来。

这里仅举一个例子，谷物并非是用来食用的东西，而是使（田地或胃)充足的潜力,它与水火必要的却又相矛盾的关系决定了其如何被放置。我们得知,用来食用的谷物放置在靠着房子地势较高一侧墙壁摆放的陶罐中,接近壁炉,而用来播种的谷物则储存在房子的阴暗部分,"有时置于黑暗之墙墙根处,有时置于双人床床下的羊皮口袋和木箱中;或置于靠着隔断墙的板凳下面的箱子中,妇女——她通常睡在地势较低的这部分——会由这里经过马厩入口去找她的丈夫"。因此那些必须喂饱这个家庭,并确保其健康的谷物和火相联系,火把这些谷物烘焙成面包。而留存出来做种子的谷物必须在土壤中增殖,以提供来年的食物,它们和此种增殖所依赖的潮湿、水相联系,它们和妇女相联系,并借由类比和怀孕妇女隆起的肚子相联系。[61]

卡拜尔村居所的秩序建构,或我们称为空间组织的事情(这些说法都是不充分或不确切的)最好被思考为一种对世界的富饶或潜在的丰实的关注。类似的潜力或力量作为生活的节律跃动着,这种生活并非由等待被秩序化的、无生命的客体所组成,而是由需要关注和尊重的需求所组成。这些潜力或力量的跃动遵循着互相对立的模式,它们在其中相互接触、影响,或在相互间的协调与对立中发挥着作用,彼此相像而又对立。从上述这些方面——它们和带有贬损之意的巫术(magic)或神话(myth)没有什么关系——来思考这种居所中的生活,使我们开始看到法国工程师挑衅性的秩序建构技术,以及在其带动下兴起的政治神话学(political mythology)的局限性。

填充居所(The filling of the house)

首先严格来讲,在北非的居所中,并没有什么作为框架独立存在的事物。其秩序并非是通过造就一个无生命的框架——这个框架容纳着某种内容，并对该内容进行秩序化——而建立。甚至屋顶和围墙也没有组成类似的框架。也就是说，这所房子的柱子、墙壁和横梁都承担了它们自身的功能。它们都只有在发挥某种持续的力量或维持某种平衡，从而将自身置于同样的相似和差异模式中时才得以存在。"在'属于人的房子'和'属于动物的房子'之间的隔断墙的中央立着主柱（main pillar），这根主柱支撑着房子的'大梁'（master beam）……［这根大梁］连接了山墙，将对这所房子雄性部分的保护延伸到了雌性部分，其明显被视同这所房子的主人，而那根主柱是将'大梁'置于其上的分岔树干……其明显被视同妻子。"我们得知，横梁和柱子的联结"象征着性结合"。[62]"象征"一词在这里仅仅指一种观念表象，但梁柱的联结却绝非观念性的。因为一所房子的修建总是在儿子结婚时进行，其各部分的联结就是对造就新家庭的那种结合的再现和重复。性结合与房子的组建相互呼应且彼此相似，都不仅仅是对方的象征。稍后我将回到这个关于表象和象征的问题上来。

以上述方式或其他类似的方式，房子的各个部分涉入了家庭生活之中。真正存在的是这种处在出生、成长和死亡循环之中的生活。房子是嵌入这一生死循环的过程，而非假装超然物外的框架。一个简单的类比可以从房子内部对此加以说明，其以织机的形式表现出来。我们可以像看待房子那样去看待这台织机，把它设想为一个框架，在其中一个客体——纺织品——被制造出来并被赋予形态。但我们得知，在北非织机并不被当作此种意义上的纯粹的框架。除了在纺织过程中，其各部分不会被组合到一起，这些部分并没有一个单一的名称，只是被视为纺织工作的一个方面。在纺织过程中结合到一起的各部分被视作男人和女人，由它们所造就的纺织品被视为一条"生命"，需要被照料和延展，这是对房屋构造模式的一种模仿。[63]回到房子上，我们可以以同样的方式说，房屋并不仅仅是房屋（house），而是一个动态的居住过程（housing），它在家庭形成的过程中被造就，作为家庭活力的一个方面被维系，而从来不是一个中性的框架。居住过程不是一个客体或容器，而是一个有情感的过程，是生长、繁荣、衰朽又重生的生活的一个不可分割的部分。

在柏柏尔语和阿拉伯语中，有很多指代此种生活的词语，意思是某种可以生长并繁荣的事物。为了指出此处对居所的讨论的某些更为宏大的意义，我将简要提及一个此类词语的用法，这个词出自一部比较知名的历史文献——是14世纪生活于北非的伊本·赫勒敦（Ibn Khaldun）①的作品。伊本·赫勒敦的主要著作《历史绪论》（*Muqaddima*）是关于"欧姆兰"（*'umran*）的内容广泛的研究，在《历史绪论》的语境下，该词通常被译为"文明"或"文化"。这部著作考察了"欧姆兰"出现、繁荣和衰亡时所处的政治和历史情形。伊本·赫勒敦并未从诸如"国家"这样的抽象框架出发去讨论此种政治情形，而是从外部环境兴衰的角度去讨论，城市的兴建和衰朽则被看作政治生活的表征。在《历史绪论》中，"建设"一词对应于"阿迈尔"（*'amar*，"'"在这里指阿拉伯语字母 *'ayn*），对伊本·赫勒敦而言，这个词可以表示生活、成长、繁荣、充足、充满生命、栖居、养育、状态良好、建设和重建。正是从该词派生出了"欧姆兰"一词，它具有同样的含义：活跃、热闹的生活、充足（比如一座货物充足的市场，或一座经常有船只和商人访问的港口）、繁荣、建设。⁶⁴伊本·赫勒敦对"欧姆兰"的研究，是一种对可导向此种建设活动与充足状况的情形的研究，我们则将其笨拙地翻译为"文化"。建设是一

---

① 伊本·赫勒敦（1332—1406），阿拉伯史学家，其著作《历史绪论》被认为在历史哲学、社会学、人口统计学等多方面都有开创性贡献。

个活跃的、不停歇的过程，与繁荣和衰朽的循环交替相伴，而不仅仅是对一个预先确定好的"规划"的物质化实现。

《历史绪论》中没有一处地方建设——或"欧姆兰"——会牵涉到规划的概念。因此，伊本·赫勒敦的"欧姆兰"一词绝不意味着现代意义上的、与规划这一概念不可分割的"文化"。现代的"文化"一词通过指定一种意义或社会模式的理想型，将自身与城市无生命的"物质性"对立起来，从而建立起自身的意义。无论其技术含义是什么，伊本·赫勒敦这一术语的意义始终根植于一个增长和充足的过程，并未从物质性与意义、城市与其规划的区分中获得解释力。[65]在柏柏尔村落相对不同的环境中，布尔迪厄未提及伊本·赫勒敦，但把注意力投向了一种极为相似的关于充足的概念。在他研究的居住过程中，农民所必需的实践活动遵循着一种由清空和填充活动组成的循环模式。如同我们所看到的，在田野的丰盈、胃的充足和怀孕妇女隆起的肚子之间存在类比。总而言之，社会和农业生活寻求"填充居所"（*la'mmara ukham*）——这里柏柏尔语的"填充"一词与阿拉伯语的"阿迈尔"或"欧姆兰"相对应。[66]

循环式增长与充足的概念在不将世界划分为物质领域与观念领域的情况下，对世界的运行过程进行理解，在伊本·赫勒敦的著作中，这一观念与对历史和政治的整体性理解联系在了一起。对伊本·赫勒敦思想的正式讨论已超出本书的视野，但通过他所使用的词语，我们或许可以接近前殖民时期中东或地中海地区村镇的秩序问题。对所谓伊斯兰城市的讨论，往往不承认工业时代以来城市所特有的秩序和意义建构手段具有时代特殊性，有时此种讨论反而会提及前现代城市的"有机"（organic）性质，然后检视随之而来的这些城市的"秩序"问题。但在这些前现代城市中，并不存在什么秩序问题——如果把秩序理解为一个框架或一套方案的话。就如同在伊本·赫勒敦的著作中，也并没有一个词被用来命名这样一种事物。相反，这里存在一个由填充和清空过程组成的循环，这是一种延续性的生活，其中包含死亡，以及在朽坏的力量中不断进行建设与再建设的工作。

这是一种建设与生活方式，它拒绝将自身变为框架与被"集置"之物的样子。一座中东城镇从不在建设和其他实践活动的"物质性"，与其结构及表象意义的"观念性"之间做出区分。一座城镇并未被建设为坐落在空间中的一系列结构。空间区隔（spacing）就是建设活动本身，无论是在城市还是在村庄中，类似的空间区隔总是极化的。

比如，在前现代开罗的例子中，建设常常牵涉到开辟一处封闭场地，比如一个由房间和柱子围起来的院子，在许多情形下，这些场地都根据麦加的方向被极化。不仅清真寺是这样，普通居所也一样，至少直到奥斯曼征服（Ottoman conquest）①后还是如此。事实上已有研究表明，对于开罗而言，建筑、礼拜、接待客人的方向与麦加的方向、太阳的轨迹、黄道带的力量、盛行风的特性存在精确的关联。[67]对于较大的房子而言，内部空间被开辟为庭院，房间依此类"极化"方向与力量精确地排列起来，而不是依街道或相邻建筑的位置进行排列。[68]在更贫穷居民区的例子中，房子或共享居所围绕着这些封闭空间延展开去，可建设成相邻建筑所允许的任何形状或尺寸。其通常未经修饰的、不规则的外形很少与其精心设计过朝向的内部空间的形状相对应，或表现其内部功用。从这种意义上来说，这里没有外部空间，开罗城从来也不是一个由街道组成的、各种结构被安置于其中的框架。如我们将要看到的，街道本身也是封闭场地。这座城市是由间隙和封闭场地组成的空间区隔，这些间隙或区隔造就了一种持续性的物质存在。开罗的秩序事关在类似的封闭场地中维持朝向、力量

---

① 指1517年奥斯曼帝国灭亡统治埃及的马穆鲁克王朝，将埃及纳入治下。

和运动之间的适当关联,而不能以物质形式揭示一种非物质性方案或意义的决定性的在场(determining presence)。这是一种没有框架的秩序。

外部(The outside)

我称为"集置"的现代秩序建构类型的另一项相关特征,是其通过确定内部与外部之间的固定区分而起作用。看上去存在一条清晰的界线,外部沿着这条界线框定了内部。19世纪的新式殖民城市与欧洲城市,将在资产阶级式的内部空间与公共外部空间之间进行固定区分作为其最为明确的建设原则。自那时起,在传统的中东城镇也一直可以轻易发现类似的区分:这是一种相似的但事实上更加严格的区分,存在于由妇女和家庭组成的内部世界与由市场和清真寺组成的公共男性世界之间。

乍看上去,卡拜尔人村落似乎代表了这种根本性的分别。每座房子的围墙确实将一个内部空间与外部分隔开来,一面对应着女性世界,另一面则对应着男性世界。但如果我们更仔细地观察一所房子,或干脆将我们自身置于其中(因为其建造方式并未向外部观察者提供观察角度),这固定的分别就开始颠倒过来并坍塌了。首先如我们所见,女性内部世界自身由"男性的"地势较高的部分和"女性的"地势较低的部分组成。但布尔迪厄告诉我们,仅在夜里情况才如此,尤其是在男性于室内睡觉的冬天。当夏天男性于外面的院子里睡觉时,整个房子就构成了一个"女性的"内部世界。而在白天,通过将男性排除在外,院子也暂时变成了一处属于妇女的空间,男性则被限制(confined)在门廊、集会场所或田地里。(以此为例,只有按照

"男人也被限制在田地里"这个说法中"限制"一词的含义,才可以说女性被限制在内部世界。)因此对男性空间与女性空间、内部与外部的区分,随时间、季节、要做的事情以及其他力量与需求的变化而变化。正是此种不稳定的力量与需求使空间极化,且每一极都仅仅作为对其自身对立面暂时性的排除(exclusion)或推迟(postponement)状态而存在。

如果我们从村庄转向城镇,事情第一眼看上去相当不同。安德烈·雷蒙德(André Raymond)①关于18世纪大型阿拉伯城市的著作强调毗邻主要街道、由清真寺和市场组成的公共世界,与围绕房屋庭院——其在封闭的小巷而非街道上设置出口,这些小巷通往街道的门在晚上都是关起来的——闭合起来的私人世界之间的区分。在奥斯曼帝国时期的开罗,这些通向庭院的死胡同据说几乎构成了开罗街道总长度的一半。⁶⁹商业街作为公共空间,被和类似的死胡同区分开来,来到开罗的外地人可以进入这些街道并在其中做生意。牵涉到外地人的纠纷需要公共官员的干预,而这些官员永远不会对庭院或小巷中的私人纠纷加以干预。

但在上述情形中,公共外部空间与家内封闭空间之间的区分仍不是某种固定的界限。商业街是从城市外部穿入的线条,外部道路由此延伸到了城市内部。如罗伯托·贝拉尔蒂(Roberto Berardi)②写到的那样,这些道路塑造了一处类似庭院的"中空的封闭空间"(hollow enclosure),它们以线条的形式延伸出来,将来访的外地人纳入其中。它们也设有大门,这些门将城市分隔成各个区。晚上,城市的所有门都向其外的世界封闭起来,死胡同的门向街道和巷子封闭起来,街巷的门向主要街道封闭起来,主要街道的门向邻区封闭起来。贝拉尔蒂

---

① 安德烈·雷蒙德(1925—2011),法国学者,阿拉伯世界城市史研究专家。
② 罗伯托·贝拉尔蒂(1947—   ),意大利建筑师、学者,曾对突尼斯城老城区进行长期研究。

写道，在伊斯兰世界，城市是"一张由封闭空间、禁行与被授予的通行权组成的网络。这里存在的仅仅是准许时段与禁行时段之间的滑动。事实上日常实践中人们所经历的，正是这种在不同程度的开放与可到达性、封闭与排斥性之间的滑动"。[70] 这里所存在的，并非一条将城市分成两部分——公共与私人、外部与内部——的固定界限，而是由牵涉其中之人相互间的关系、时间以及具体情形所决定的不同程度的可到达性与排斥性。

内部生活（The *vie intérieure*）

开放与封闭之间的动态联系，是拒绝使某些事物作为其框架分离于其外的城市生活的必然结果。城市中若没有一个框架产生影响，就不可能有内部与外部之间的固定区分。接下来与此种区分相呼应的，就是关于这个城市"意义"的问题。无论如何，一座没有固定外部空间的城市，通常是一座没有"门面"的城市。这一现象的引人注目之处可从欧洲参观者的经历中得见。无论是游客还是学者，欧洲人均希望发现一种秩序，此种秩序的形式是一条将内部与外部区分开的、明确的界限，就如同博览会的大门或图书的封面一般。欧洲人正是借助此种区分来理解和解读某些事物的。让我们以下述对阿尔及尔城的解读为例，这是阿历克西·德·托克维尔（Alexis de Tocqueville）1841年自海上看到的景象：

> 眼前的整体最大限度地展示了内部生活的一个侧面。建筑描绘出了需求与风俗——其形态不仅源自炎热的气候——还很好地展现了穆斯林和东方民众的社会与政治状况：一夫多妻制、对女

性的禁闭、政治生活的缺席、专制且多疑的政府——它强行遮蔽个人生活，并否定一切自家庭产生的内心愉悦。[71]

57 　　不同于我们所见的开罗，阿尔及尔恰是一座对外部观察者——来自海船中的观察者——而言清晰可见的城镇。事实上，阿尔及尔如此的清晰可见，以至于1830年一些来自马赛的企业家将一艘汽船改造成了浮动的旅馆，载着一群游客去观看阿尔及尔被法国人轰炸与占领的景象。（因此自其最初的暴力行径起，欧洲殖民活动就已经牵涉到新兴的旅游产业了。）正是为了检视该占领行动的进展，托克维尔于十年之后来到了阿尔及尔。他此时已是法国国内的阿尔及利亚"专家"，并且是阿尔及利亚征服与占领事业在国会内最为坚定的鼓吹者之一。[72]

58 　　从外部并且从一定距离以外，托克维尔将这座城市视为一个"整体"，也就是说视为一幅图像或表象。他通过假定阿尔及尔的建设基于外部与内部——外部可见，而内部不可见——的对立来解读这幅图像。可见的外部——或者说"建筑"——被当作不可见的内部生活（*vie intérieure*）的表象。建筑"描绘出了"内部生活——事实上是穆斯林和东方民众的普遍生活——的"需求与风俗"。在一种独特的智性视角（intellectual gesture）下，生活被解读为一种借由外部物质形式而变得可见的内在意义。仅对以分立姿态站在一旁、将世界视作表象的外部观察者，该意义才变得可见。

　　此种解读的问题并不在于托克维尔进行了误读。误读意味着对阿尔及尔被建设来代表的事物，有一种正确的解读。然而阿尔及尔同开罗一样，并不是根据简单的表象神话而建设的，并未提供一种看上去就能够"描绘"其内部生活的"建筑"或外部框架。对它的理解需要其他视角，而非自海上观看这座城市的游客的视角。但托克维尔无法逃脱游客的客体化习惯，他所见内部生活的那些特点——遮掩、可疑、缺乏政治或公共生活——如此便利于其所捍卫的殖民活动，但这些仅仅是将阿尔及尔解读为一幅表象所带来的结果。

自托克维尔以来，西方的中东社会研究者通常都不会提出这一关于表象的问题。相反，他们常常将被视为中东社会特有城市形态的事物——或者说事实上是城市形态的缺失——作为中东文化最具独特性的特征。《剑桥伊斯兰史》（Cambridge History of Islam）将城市生活描述为处于伊斯兰教中心的一种模型或理想型，但该理想型在现实中东城镇中怪异的物质化体现成了伊斯兰教社会的一个"悖论"（paradox）：

> 伊斯兰教的城市生活理想型没有形式，没有城市结构……它以一堆不符常规的、缺乏组织的、彼此全然不同的区域和要素取代了共同体的一致性。这是一种非常引人注目的悖论：这一具备城市生活理想型的宗教引发了对城市秩序的完全否定。[73]

这些对中东之描述的令人不满之处，并非它们为其作者常见的智识假定（intellectual assumption）所扭曲，抑或它们是曲解。这样的说法暗示存在着一个纯粹的原始客体，可以对后者做出精确的表象，但对表象与原型之间绝对区分的特殊性和历史性仍然视而不见，而正是这种视而不见造就了伊斯兰教社会中所谓的"悖论"。上述引文中缺失的"城市秩序"或"城市结构"被设想为秩序或结构自身，而不是被视为——如我们已在巴黎看到的那样——建设技术所带来的效果，此种技术看上去将世界分隔为想象中的结构与其物质性的现实存在、表象与纯粹的原型。并不存在这样纯粹的原型，所存在的仅仅是一个决定假装这里有此种原型，随后再忘掉这一决定的过程。

我们有时被告知，此种不符常规的城市生活所特别缺乏的，乃是正式的机制（formal institutions）——即"物质性"城市的"内部结构"。[74] 当我们谈到一种机制时，在我们脑海的某处常常潜藏着一座建筑或一条街道的图像。那座建筑代表了一种机制，赋予了不可见的"内部结构"一个可见的外部，思考一套公共机制，却不去思考表达这套机制的建筑或街道是格外困难的。"缺乏机制"的中东城市所更为缺乏的，乃是能容纳或代表一套机制的宏伟公共建筑，或许值得从这个简单的问题出发来思考一下我们关于城市结构的假定。我们可在伊本·赫勒敦与其他阿拉伯历史学家和地理学家的著作中寻求进一步帮助。在类似的著作中，甚至在从开罗这样一座城市的前现代过往中留存下来的日常档案与通信里，官方活动从未借由提及一栋宏伟的建筑而被指代；我们得知，在手抄本的插图中"对公众开放的官方建筑看起来并没有一幅可辨识的建筑形象"，在书面文献中，城市生活"借由功能而非位置"被理解和提及。[75] 或者可以说，我们在示范村中看到，功能的概念依托于一套框架体系所做的分隔，但开罗的城市生活则借由实践活动的发生与再发生被理解，而非通过一栋物质性或机制性的、与生活本身相分离的、包含且代表所发生之事意义的"建筑"被理解。

一个先验性预设（A transcendental presupposition）

托克维尔的例子引出了我想提及的"集置"过程的第三个方面，那就是它如何提供了一个可供个体进行观察的位置。如我们在第一章所见，19 世纪欧洲的新式首都如同位于它们中心的世界博览会一样，被有意地环绕着个体观察者而建设。奥斯曼[①]对巴黎的主要街道进行了布局，以在处于恰当位置、被具有"集置"功能的建筑赋予了外部视角的个体眼中营造出一幅精确的景观。一位突尼斯访客写道，观察者"感到自己处于这座城市的中心，被它的建筑、街道和花园所环绕"。[76] 但不只这个特别的位置是全新的，这样一个位置所带来的效果才是真正的全新之处。其奇异的新奇感是属于现代主体性（subjectivity）的新奇感，这种主体性并非人与世界之间的"自然"联系，而是一种精心的、不寻常的建构。主体如一场博览会的参观者那样被安置于"门面"之外，但又为其所环绕和容纳。这是一个同时位于内部和外部的位置。与此相反，卡拜尔人的村落或前殖民时代的中东城镇并未提供类似的位置。由"门面"所营造的欺骗性建筑外观以及视角都不存在，个体并未作为客体世界所面对的对象处于其外，也并未如在我们看来的那样，作为对其而言存在一种秩序或意义的主体处于客体世界中央。

正是"集置"技术、确定内部与外部的技术，以及安置观察主体的技术创造出了一种秩序的表象（an appearance of order）——或者说一种依靠表象（appearance）而起作用的秩序。世界在观察主体面前作为某些事物的图像被搭建起来。秩序作为观察者与图像之间的关系而存在，表现为并被体验为图像与其所代表的规划或意义之间的联系。随之而来的是，秩序的表象同时也是一种关于表象的秩序（an order of appearance），一种等级序列。世界对观察者表现为图像与现实存在的关系，前者是表现的主体，但却是次要的，仅仅是一种表象，后者仅是被表现的对象，但却是更优先、更原初、更

[①] 乔治-欧仁·奥斯曼（Georges-Eugène Haussmann，1809—1891），法国官员、城市规划师，1852—1870年主持巴黎城市改造，奠定了今日巴黎城市形态的基础。

真实的。此种表象的秩序或许可称为真实性的等级序列（hierarchy of truth）。[77] 如我们在第一章跟随前往东方的欧洲游客所见的，正是借由这样一种图像与其所代表之物之间的等级性区分，一切现实存在与真实得以被理解。制造出此种区分的秩序建构、分配与"集置"手段由此成为将现代个体经验营造为千真万确的现实存在（really real）的常规途径。在中东建造秩序化的村镇是在中东政治中引入此种效果的一种特定方式，就如同其被引入现代欧洲政治时的方式一样。

从哪方面来讲此种表象的秩序是全新的？我将尝试再次运用卡拜尔人村落的例子对此进行解释。我曾提及，在布尔迪厄所描述的世界中出现的或呈现自身的任何事物，都是作为一种丰饶或贫乏、生活之充足或空虚的潜力出现的，现实生活则是对这种潜力的关注。它要求对一件事物影响或刺激另一件事物，以及并置之物相互取代或交织的实际途径予以关注，它还要求关注某些东西如何在一事物中制造出优势，却又在另一事物中制造出弱点，以及事物如何渗透或允许被渗透。换言之，人们需要理解事物间的相同或相感（sympathy）关系，以及相斥与相异关系。人们需要理解胆汁之苦涩与苦艾之苦涩之间，或土壤中膨胀的种子与在妇女子宫中隆起之物之间的类比关系。如我们将要谈到的那样，类似的关系并非一个客体与其意义之间的关系，或一个象征符号与其所象征的观念之间的关系。

在这个世界中，并没有什么东西是象征性的。胆汁并非因为其象征着苦涩而和苦艾联系在一起，其自身的存在即带有苦涩的印迹。谷物并不代表着繁殖力，妇女也是如此。谷物自身即是可以繁殖的，并在它自己身上复制了一个怀孕妇女腹部的隆起过程。无论谷物还是妇女，都不仅仅是指代另一方的一个符号，因此两者均不具备原型的地位，也不是"真实的"所指之物，抑或另一方仅仅是其符号的某种意义。因此，此种联系不应从象征或文化"代码"——即我们想象类似符号所从属的那个分离的领域——的角度进行解释。它们完全产生于自身的特定情形，产生于制造这种情形的差异与相似之处中，并且与类似情形同样多样与多变。这是代码这一概念——就定义而言，代码是与特定情形相分离的——绝对无法容纳的事物。布尔迪厄告诉我们，胆汁与苦涩联系在一起，并因此等同于苦艾，但其同样也和夹竹桃与柏油联系在一起（并因此和蜂蜜对立起来）；在其他情形中，它又和绿色联系在一起，并因此等同于蜥蜴与绿颜色；而在另外一些情形中，它又和愤怒联系在一起（这是一种内在于前两种情形的品质）。蜥蜴接下来又和蟾蜍联系在一起，并因此和更多的品质联系在一起，并如此延伸下去。类似的相似与差异并未构成一个独立的意义之域，一个与事物自身相分离的代码；因此，此种"事物"的特定概念并不存在。基于同样的原因，并不存在"本质"，即我们所理解的伟大的所指之物，而正是相对于该所指，类似的一套代码才被区分出来。更确切地说，在一个任何事物都与其他事物相似、相异，或是作为对其他事物的模仿或重现而存在的世界中，起作用的是一些必要的联系。[78]

这种回声与重复的交响总是带有属于此类重复的悖论——所发生之物总是与其所重复的对象相同却又相异。而且面对此种悖论，没有什么是确定的，没有某种单一的真实性的等级序列被接受。当每样事物都是作为其之前或之后某物的痕迹而存在时，没有什么可被确定为原型。没有什么东西独立于与其相同或相似之物，作为纯粹的、自我确认的（self-identical）的事物而存在，就像我们所认为的现实世界在博览会以外的那种存在方式一样。并不像在博览会或其他任何表象系统中那样，存在某种由模仿者与被模仿对象组成的等级秩序。每样事物都既是模仿者又是被模仿对象。并不存在复制品秩序与原型秩序、图像与其所代表之物、展览与现实存在、文本与现实世界、能指与所指的简单二分——那种对现代世界而言"构成秩序"的简单的、等级化的区分。这个世界的秩序并非某种表象的秩序。[79]

让我们在结论部分再回顾一下，当欧洲访客到达阿拉伯世界时，他们为一种不可动摇的思维习惯所控制，一种在博览会的世界中养成的思维习惯。当他到达时，他带有一种形而上的信仰，一套神学观念，或一种马克斯·韦伯（Max Weber）在他关于"社会科学中的客体性"的论文中称为"先验性预设"的东西，即"我们是某种**文化存在**（cultural beings）"。通过这一术语，韦伯所想表达的意思是我们是某种"对世界采取某种有意为之的姿态并赋予其**意义**（significance）"的存在。[80] 得益于这种独特的姿态，类似的"意义"可显现为某种与外部世界"缺乏意义的无穷无尽"（meaningless infinity）——如韦伯所称的那样——相分离的事物。意义栖居于开放的空间中、世界博览会的场地内，以及外部世界人的主体性与世界无生命的事实性（facticity）之间类似的秩序建构中。韦伯告诉我们："不存在任何神秘的、不可计量的力量在发挥作用，原则上人们可以借由计量掌控一切。这意味着世界被祛魅了，人们不再需要像野蛮人那样，诉诸巫术手段来掌控或祈求神灵，对于原始人而言，类似的神秘力量确实是存在的。"[81]

现代个体坚信在博览会和一切表象过程之外，存在着一个被称为"外部世界"的无生命的、被祛魅了的领域——即伟大的所指、被指代之物，那个空洞的、缺乏变化的东方——而现代个体却由此陷入了一种全新的、更加微妙的魅惑（enchantment）之中。这个世界无生命的客体性是其秩序建构过程及其作为博览会被布置起来所产生的效果，此种布置使得看起来存在一个与类似的"外部现实存在"相分离、被称为文化的先验性实体，该实体是一套代码、一份文本或一张认知地图，正是借助其神秘的存在，"世界"被赋予了"意义"。因此那些前往中东的欧洲访客——他们不再是野蛮人，而已被驯服为学者、士兵和游客，和世界博览会的上百万参观者一样驯顺、一样好奇——对中东的城镇和生活摆出他们有意为之的姿态，并开始祈求意义之神开口说话了。

第三章
秩序的表象

1867—1868 年的冬天，阿里·穆巴拉克（Ali Mubarak）——一位训练有素的埃及官员、教师与工程师——为埃及政府的财政事务前往巴黎旅行，并参观环球博览会。如其日后所详细描述的那样，他在巴黎停留了数周，对巴黎全新的教育体系和排污系统进行了研究。他检视了新式学校的建筑、教科书与课程表，并和其他参观者一道，沿着建于奥斯曼规划的新城市主要街道之下的排污系统那庞大的管道观览。回到埃及后他被任命为学校事务大臣和公共工程大臣，在随后的十年，他规划并开始建设现代开罗城与现代教育体系。[1]

规划一座城市的街道和设计教育体系同时发生，并不仅仅出于偶然或一位杰出人物职业生涯中的某些机缘。阿里·穆巴拉克的职业生涯显示了其所处时代的关切。街道和学校是作为智性层面的秩序性、社会层面的齐整性与物质层面的清洁性的象征与成就而被兴建的，这些都将被视为埃及政治实践的基本要求。军队和示范村的新秩序将拓展至城市与民间社会，在这一过程中，这个现代国家的政治形态得以形成。这种全新的政治形态兴起于 19 世纪 60 年代至第一次世界大战的五十年间，其性质将是本章和下一章的主题。在本章中，我将从城市的重建开始，随后将篇幅集中于学校教育的推广，我希望借此探究我称为"集置"的秩序建构手段与施加于民众的一种新型政治规训手段之间的关联。

在一部创作于该时期，意图在民众日常空闲时间（这种时间现在变得可见，并需要被填充）中对其加以教育和提高的小说中，阿里·穆巴拉克借由对埃及和法国生活状况的比较，说明了空间秩序与个体规训之间的联系。他故事中的主人公乘汽船从埃及前往法国，到达马赛后，这些访客对数量巨大且多样化的商店、商品、交通与生产活动，以及马赛民众在从事他们的生意时如何地"勤勉、主动并怀抱创造财富的热忱"发表了看法。法国生活的特性蕴含于其街道的秩序性以及穿梭其中之人的训练有素中。最令这些旅行者震惊的是"看到一大群人，但听不到他们如埃及人所习惯的那般尖叫和大喊……相反，每个人都专注于自己的生意，按部就班地做着他的事，并留心不要伤害或打扰到其他任何人。尽管活动与行业种类繁多，参与其中的人数量巨大，但却没有一点儿冲突或争执，仿佛他们是为了祈祷或聆听某位统治者的通告而聚集到一起的。除了做生意所必需的词语，从他们那里听不到一点儿声音"。[2]

当他们继续前往巴黎时，情形与此相似。他们对这座城市的第一反应是"震惊于其良好的组织、数量众多的人口、街道的宽阔与秩序性、商业活动的活力以及商业场所的典雅与整洁"。在商店当中，他们"惊异于其良好的组织"，以及如何在不交谈、争论或提高声音的情况下完成交易。他们还参观了巴黎和凡尔赛的公园，在那里甚至儿童的游戏也是干净、安静、有秩序的。正是街道与公共场所生活的平静、勤勉与富有秩序表明了法国的物质繁荣与社会进步，并使此种繁荣与进步成为可能。这与开罗和亚历山大的街道毫无相似之处，在那里"几乎每个小时都有人受到干扰或打断，并伴随着大量的喊叫、尖叫、诅咒以及愚蠢的话语"。[3]

从开罗街道的喧嚣与混乱中，穆巴拉克的主人公径直指向问题的根源所在：纪律与教育。"埃及人思考了这一巨大差异的根源，发现其来自基本的纪律规则和对年轻人的教育手段，其他所有问题都可以归结到这些上面。"

做现在必须做的事（Doing what now had to be done）

如果要选择一个标志着埃及这个现代国家全新政治形态出现的时间，那就是 1867—1868 年的冬天。那个冬天阿里·穆巴拉克自巴黎返回后，在位于开罗中心的达勒卜·贾迈米兹（Darb al-Gamamiz）街区取得了一处宫殿，并在那里建立了他的办公室和学校。[4] 他写道："我撸起袖子，开始着手做必须做的事……在做了一些必要的改造后，我在会客厅建立了学校事务部（Bureau of Schools），而将学校本身置于宫殿的每一翼。我同样将宗教遗产部（Bureau of Endowment）和公共工程部（Bureau of Public Works）安置到该宫殿，这样我可以轻易地对它们加以管理。"[5]

他还将全新的政府预备学校和工程学校置于该宫殿，并于同年在其中开设了一所行政管理与语言学校以及一所测绘与会计学校，稍后又增设了一所医院、一所皇家图书馆、一间供公众演讲与考试之用的阶梯教室以及一所教师培训学校。在同样的地方他还设立了公共工程部——该部门将负责城市重建——以及宗教遗产部——该部门负责监督大部分宗教房产及其收入，这些房产或将被摧毁以建设穿过城市的新街道，或将被征收以建设村镇与省级学校。

随之而来的，是自 14 世纪马穆鲁克王朝以来开罗兴建与拆除活动规模最大的时期。[6] 在现存城区的北缘、西缘以及其通往亚历山大与欧洲的新门户——火车站——之间，一块新街区被规划出来，它被分割成一块块建设用地，供任何想要建设一座带有欧式"门面"建筑的人使用。如一位负责人所描述的那样，"从审美角度对开罗城进行改造"需要"对开罗城周边闲置土地进行填充与平整，开辟主要大街与新干道，建设广场与开放空间，植树，硬化道路，建设排水沟，定期清洁与供水"。此种空间秩序建构过程反过来需要"将某些人造建筑群从内部移除"，因为如下页的地图所示，新街道并非对既有城区毫无触动。[7] 自赫迪夫伊斯梅尔的阿布丁（Abdin）新宫——其位置靠近达勒卜·贾迈米兹街区容纳新学校的那所宫殿——出发，穆罕默德·阿里大街（Boulevard Muhammad Ali）呈对角线穿过旧城区。这条大街全长近两千米，沿途矗立着近400座大房子、300座小房子，以及大量的清真寺、磨坊、面包房和浴池。[8] 这些建筑都被拆毁或一分为二，像没有外墙的玩偶之家那样矗立在那里，以至于当这条路完工时，情形就像"一座近期遭受了炮轰的城市——房屋尽管仍有人居住，但都处于不同程度的损毁状态中，出现了家庭内部场景暴露在外这一最奇怪的景象，这些房子仿佛都在向你皱眉叹息"。[9]

如果说这些措施看上去有些无情，那么我们必须记住一点：如同我稍后将加以检视的教育政策一样，它们是与当时流行的医学和政治理论相符合的。开放的大街所消除的街道的那种无序与狭窄，被视为生理疾病与犯罪的主要原因，正如同埃及民众的无纪律与缺乏学校教育被视为这个国家落后的主要原因一般。上述医学论证是根据接触传染的瘴气理论做出的，在19世纪欧洲，该理论作为一种疾病传播理论曾暂时取代了针锋相对的细菌理论。[10] 接触传染现在被认为不能通过隔离与禁闭——这是包括埃及在内的整个地中海世界的通行做法——得到控制，英国的自由主义者最近数十年一直在与此种暴政做

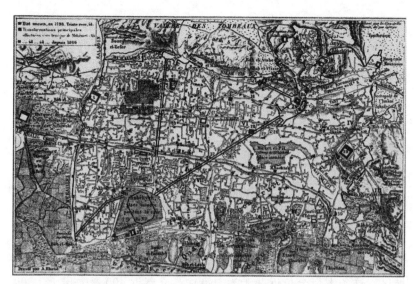

66 开罗规划,展现了新街道

67 斗争。真正需要的是从城市中清除那些散发着有害的致病瘴气的处所——如"墓地……污水沟、粪坑以及一切朽坏与腐败之地"——并拆毁房屋以允许空气和阳光不受窒碍地通过。新理论使得上述措施成了紧要事项。事实上仅仅考虑到所埋葬的尸体数量,就会有问题浮现出来,那就是全埃及的土地已经充满了腐败物质,以至于那些腐败物质不能再进一步腐败分解了。

除了上述紧要的医学和政治原因,开阔的城镇还与经济和财政方面的考虑相契合。开阔且采光良好的街道不仅有利于健康,而且有利于商业,因为它体现了可视与监控原则(principles of visibility and inspection),上述原则的商业用途已在世界博览会上展现出来。清除人造建筑群后,城市黑暗的"内部"将变得易于进行治安管理,而灯光则将使新式商店与娱乐场所在入夜后依然能继续营业。就财政方面而言,街道的清洁需求反映了新形成的城乡关系,在其中城市是消费场所,而乡村则是生产场所。据说通过组织一套污水处理系统,政府将释放每个人的排泄物的价值。"城镇必须以肥料形式返还给乡村其以消费物形式接收到的东西的等价物。"在这些新兴消费经济下的交换中,每样东西都变成了一种确定价值的表象,甚至城市的臭气都被纳入了意指体系下的经济(economy of meanings)中,有人写道:"房屋、街巷、城镇中的每一丝腐败气息……都意味着乡村肥料的损失。"[11]

尼罗河三角洲城市坦塔(Tanta)——在伊斯梅尔统治期间这里设立了一处颇有规模的欧洲殖民地——是开罗以外经历了此种全新"组织"手段的若干省会城市之一。"坦塔的小巷狭窄而缺乏组织,因为空气无法流通,阳光也无法射入,它们潮湿并且散发出腐臭气息。"新设立的学校事务部在其所撰写的一部埃及地理教科书中如此解释。这里所需要的是"坦齐姆"(*tanzim*),这是一个在该时期常常被翻译成"现代化"的单词,尽管其更多意味着如"组织"或"规范"这样的意思。在具体情境中,它可能仅仅表示"规划街道",还被用在了公共工程部的名称之中。坦塔和该时期埃及多数大城市一样,接收了两名开罗任命的官员:一名规划工程师,一名医官。在他们的命令下,房屋被推倒以打通先前通向庭院的死胡同,穿越城市的大街也开通了。[12]

开罗及其他城市的"无序"突然变得可见了。埃及人穿梭其中的城市空间已变成一个政治问题,变成了某种有待处理的物质,它将借由自城市地理与政治中心放射出来的大街的建设而获得"组织"。与此同时,埃及人自身——当他们穿梭于这一空间时——也变成了类似的物质,他们的头脑与身体被认为需要规训与训练。在一个由秩序和纪律组成的经济共同体中,空间、头脑和身体都同时被物质化了。

新式学校不寻常的位置表明了城市秩序和个体规训之间的关系。这些学校位于城市空间的中心,从这里新式大街呈放射状向外延伸。根据19世纪的新观念，政府的教化场所应位于城市的中心。50多年前——即1816年——穆罕默德·阿里建立了埃及第一所军校，它位于开罗东南边缘的萨拉丁城堡（Citadel），其他军事训练场所随后在布拉克（Bulaq）、埃尼堡（Qasr al-Aini）、尼罗河水坝（Nile Barrage）、吉萨（Giza）、汉卡（Khanka）、罗达岛（island of Rawda）和阿巴斯亚（Abbasiyya）建立起来。① 它们都没有建在开罗城内，而总是像新式兵营一样建在远离城市中心的村子里或郊区。然而当穆罕默德·阿里的孙子伊斯梅尔于1863年掌权时，他祖父的军校多数已被废弃、关闭。[13]

在掌权后的一周时间内，伊斯梅尔就重建了学校事务部。曾于1839—1849年负责管理官办学校、工厂、兵工厂和作坊的易卜拉欣·阿扎姆（Ibrahim Adham）——那位因对彩色眼镜的喜爱出现过的政府督察官——得到任命专门负责学校事务，他开始在开罗与亚历山大建立官办初等学校与预备学校。[14]1867年10月，阿里·穆巴拉克被任命为学校事务部副大臣。他接到的指示是"监督开罗、其他主要城镇以及各行省内现存的官办与民办学校，关注他们的发展与组织情况，观察它们是否得到妥善管理"。[15] 他随后前往巴黎观看环球博览会，并在返回后于开罗城新中心的宫殿里建立了他的办公室和学校。

将学校置于城市的中心可作为一种新政治形态在这个现代国家出现的标志。从这个中心，一个前所未有的领域将延展开来。教育将

---

① 布拉克位于开罗老城区西北郊，尼罗河东岸，穆罕默德·阿里统治时期为外来劳工聚居区；埃尼堡位于开罗老城区西郊，尼罗河东岸，为马穆鲁克王朝时期埃尼姆夏的宅院；尼罗河水坝位于开罗老城区以北的尼罗河上，建于19世纪上半叶；吉萨位于开罗老城区以西，尼罗河西岸；汉卡位于开罗以北，属盖利比耶省；罗达岛位于开罗老城区以西的尼罗河上；阿巴斯亚位于开罗老城区以北，是科普特人聚居区之一。随着时代发展，这些地点现今基本都已纳入开罗市区。

被设定为一种独立自主的、带有特定目的的实践活动,并在"整个社会"推广开来。19世纪早期于穆罕默德·阿里统治下引入埃及的新式学校教育意在创造一支军队,并培养与之相关联的特定技术人才,现在的学校教育则意在培养个体公民。为理解民众学校教育体系所欲达成的前景,我们可选取两项始自19世纪40年代的创举作为标识,即开罗的"示范学校"(model school; *al-maktab al-unmudhaji*)与巴黎的埃及学校。我的讨论将从示范学校开始,易卜拉欣·阿扎姆于1843年在一间与军事初等学校相连的大房间里设立了该校。[16] 其目的在于将所谓的兰开斯特教学法(Lancaster method of schooling)引入埃及。

无条件服从(Implicit obedience)

兰开斯特式学校或"相互提高式"(mutual improvement)学校是针对英国劳工阶层的教育而发展出来的。19世纪20年代,20名埃及人曾被派往约瑟夫·兰开斯特(Joseph Lancaster)[①]位于伦敦的中心学校进行学习,1843年,阿扎姆自己刚刚自英国学习工厂组织方法归来。同工厂一样,兰开斯特式学校由一间大屋子组成,其中包含一排排的板凳,其上有可供多达1000名学生使用的编号座位。每条板凳构成一个由8—10名学生组成的"班级",处于一名高年级学生的监管之下,该生负责监督其他学生的行为和课业。在一声哨响或铃声的命令下,每个班级都从他们的板凳移动到挂在屋子四壁的黑板之中的一块前面,沿黑板前地板上的一条半圆线站定。这些黑板根据逐渐提

---

① 约瑟夫·兰开斯特(1778—1838),英国教育家,兰开斯特教学法发明者(详见后文),该教学法盛行于19世纪最初的几十年。

升的难度序列编号,在每块黑板上面都有手写的字母、数字或单词,另一名学生辅导员被分配来教授这些内容。

班级成员被教导"相互靠近地在学校中行走时,默默地度量他们的脚步,以防止人数众多时常常发生的事情,比如互相踩到脚后跟或推搡。在这个例子里,度量他们的脚步需要对一个客体加以关注,并防止无序的行为。这并不要求精确的度量或**固定的步幅**(*regular step*),但每位学生都应努力与他前面的那位学生保持一个几乎恒定的间距"。[17] 每个班级的辅导员还要负责"洁净、秩序及其中每个男孩的成长"。[18] 除了在某些特定时间段回到他们的板凳并坐下进行书写练习外,学生都要站着接受教导,据说这对健康更有好处。上述书写练习根据编号指令进行(辅导员记下了这些指令),所有的学生书写同样的单词或同一个字母,同时开始并同时结束。

……9:手放到膝盖上。该命令通过一声铃响传达;10:手放到桌子上并抬起头;11:清理写字板——每人用一根小狗尾草清理他的写字板,或最好是使用一块抹布;12:展示写字板;13:辅导员检查。辅导员检查他们助手的写字板,然后检查他们自己那条板凳上学生的写字板,助手们检查他们各自板凳上学生的写字板,每个人都返回自己的位置上。[19]

类似的指令数量不多且常常重复。这确保了权威将"系统地扩散到整个学校,并能不打折扣地委托给任何代理人",[20] 而非集中于一位校长的个人命令中。

为协助权威扩散,命令通过臂板信号装置(semaphore telegraph)发布。"该臂板信号装置置于学校楼顶,由6块板子组成,每块板子规格为4×3英尺。这些板子依靠嵌于木头框架边框内的枢轴转动,在板子的每一面都有一个字母：例如 F 表示'前方'（front），当看到这个字母时，整个学校的学生都面向校长，而当两块板子都显示 S 时，则表示'出示写字板'（show slates），当看到这一信息，整个学校的学生都展示他们的写字板。整个学校的注意力都被一个固定于装置上的小铃铛吸引，其声音不大但却尖厉而清晰。"这一信号装置训练学生"无条件服从"，从而创造出一个"秩序体系"。从位于整个学校顶点的校长的视角来看，此种秩序的视觉效果是很可观的。比如：

> 如果希望知道学校里每个孩子的手是否干净，"展示手指"的命令就会发出，每个学生立刻举起他们的双手并展开手指。辅导员从他们各自班级的课桌间穿过，每个人都对自己的班级进行检查。在 5 分钟之内，一个对全校清洁状况的检查就这样施行了，这一监督活动——学生对此有所预料——会促进清洁习惯。在一所三百名学生组成的学校中，三千根手指一瞬间就展示了出来，这一视觉效果是非凡的，该检查也是有益的。[21]

除了进行指导和监督的学生辅导员，还有调整学生位次的辅导员，检查写字板的辅导员，提供铅笔和削尖铅笔的辅导员，核查不在位置上的学生的辅导员，以及一名负责督察辅导员们的总辅导员。[22]

兰开斯特式学校是一套完美的规训体系，学生不停地完成一个又一个任务，每一个动作、每一处空间都经过了规训并被利用起来。每一个时间段都受到控制，这样一名学生每时每刻不是在接受或重复指令，就是在进行监督或检查。这是一种技术，在其中每个个体在每一刻的确切位置和任务都经过了协调，以使他们在一起如一台机器那般运转。权威和服从一点不打折扣地在整个学校扩散开来，将每个个体都卷入一套秩序体系中。示范学校就是完美社会的一个缩影。

开罗的示范学校于 1847 年——即其建校 4 年之后——拥有 59 名学生。尽管兰开斯特式学校——其几何布局与数学般精确的运转可以在世界几乎每个角落原样复制出来——在海外作为一个样板受到其英国倡导者的积极推广,但我们不知道开罗的学校多么忠实地模仿了英国的原型。[23] 开罗的示范学校由阿卜杜·拉合曼·拉什迪(Abd al-Rahman Rushdi)督办,他曾经在英国学习兰开斯特教学法,并在日后担任学校事务大臣。无论如何,该实验被视作一项成功的事业,1847 年当局发布命令,在开罗城 8 个区中的每一个都根据兰开斯特模式建立一所学校。[24] 这些学校并不是为了培养士兵,而是旨在培养群体中被规训的成员。这些学校被称为国民学校(national school; *makatib al-milla*),以示与军事机构相区分,当局计划在全国建立此类学校。

巴黎的学校(The school in Paris)

在同一时期,埃及政府于 1844—1849 年在巴黎建立了一所学校,该校由法国战争事务部(Ministry of War)负责组织和运转,该部在其中引入了一种与上文相类似的秩序和服从机制。被送往那里学习的埃及学生包括埃及未来的统治者伊斯梅尔帕夏,他未来的大臣阿里·穆巴拉克,以及相当一部分未来的教育家与官员,这些人自 19 世纪 60 年代起将尝试在埃及建立一套全新的规训性权力体系。[25] 1844 年 10 月,法国战争事务部协助埃及负责官员起草了这所新学校的规章,其内容如下:[26]

　　巴黎埃及学校规章,1844 年 10 月

　　1. 学生应尊重教师、教师助理及学校职员,服从他们的命

令，并以军礼向他们致意。

2．每天早上起床15分钟后，学生将被召集起来。缺席学生的名单将报告给校长。如果所有学生均出席，这将被记录下来。

3．响铃的时刻取决于一年中的时令。任何未回应铃声者都将在一个离校日被羁留在学校，第二次出现此种情况时将被课以罚款。

4．没有特别许可，任何书籍和图画都不能带入学校。

5．双陆棋、纸牌与概率游戏①均在禁止之列。

6．每名学生都只能进入分派给他的班级。

7．无论在学校内还是学校外，所有学生均应穿着他们的特别制服，并注意他们的着装。

8．除非取得许可，学生不得雇用仆人在校外办差事。

9．投递给校内任何学生的包裹或信件必须经守门人检查。

10．任何化学物质、食品、酒或其他酒精饮料都禁止带入学校。

11．每周日上午10点后、每周四下午3点半后学生可离开校园，但必须于晚10点前返回，除非自校长处取得更晚返校的许可。没有学生可以在没有许可的情况下于其他任何时候离开校园或晚归校园。学生必须在守门人办公室的登记簿处签上自己的名字，并写明返回时间。获得特别许可离开学校的人也必须在离开时登记名字。

12．禁止任何学生将陌生人带入校园。

---

① 概率游戏（game of chance），指一切结果受随机概率强烈影响的游戏，多数赌博游戏均属此类。

13. 无论出于何种目的，学生均不得在城内租房居住。

14. 对学生的惩罚为离校日羁押在校一日或多日，或罚款。

15. 最严重的惩罚包括让学生于周日上午 10 点至下午 3 点半学习，或周四晚 7 点至 9 点半学习。

16. 任何给校长的请求都必须递送至中士（sergeant）处。

17. 学生在教室内必须保持安静，他们在每个教室中的位置通过抽签进行永久性指定。

18. 未经许可，学生不得在任何教室内随意调换位置，所有班级均需遵守该命令。

19. 在上课期间，学生应停止一切游戏活动，不发出声音，不进行任何可能引起他们对课程分心的事情。

20. 上课期间学生不能离开教室回房间，或在走廊、花园行走。

21. 在课程结束、课间信号发出以前，任何学生都不能离开教室。

22. 所有书面作业都必须由学生签名，在完成后由老师收集起来……

如同在兰开斯特示范学校中一样，在巴黎埃及学校中学习是一个规训、监控和持续服从的过程。如同军队一样，该学校提供了史无前例的技术，借由此种技术学生可被"固定"在他们的位置上，他们的生活也受到详细的规范。一天中的每个小时都被标注出来，并被分解成一个个相互独立的活动，这些活动间的界限并不由活动的进展界定，而是由小时、分钟构成的抽象维度界定。巴黎埃及学校的学生生活有着如下的日常结构：[27]

　　　　　5：15：起床

　　　5：15—6：45：学习

　　　6：45—7：45：早餐

　　　7：45—9：45：军事科学与防御工事

　　10：00—10：45：午餐

　　　　　10：50：铃声

　　11：00—1：00：数学、地理、历史

　　　1：15—3：15：法语

　　　3：15—5：15：重炮设计

　　　5：15—6：45：晚餐

　　　7：00—9：00：军事训练

　　　　10：00：熄灯

在开启了一天的起床与标志着一天结束的熄灯之间,"时刻"被写了出来,标注在每一天的表面。时刻表为一天分离出可度量的尺寸,形成了一个框架,学习、进餐以及训练等活动均包含在这个框架之中。

通过一个与此相类似的过程,个体被有意分配到提前安排好的位置中,在每个教室中都被分派到一个"永久性指定"的桌子上,"未经许可,学生不得在任何教室内随意调换位置,所有班级均需遵守该命令"。与此相类似,每个学生都被指定了一个军衔——下士、中士或上士。[28] 对于涉及军衔和位置的纪律,学校有着一丝不苟的关注。这里真正要紧的并非特定的位置——桌子可以通过抽签进行分派——而是确定位置并使学生固定在位置上这一行为。

惩罚是此种对于秩序的关切更为明显的表达。斥责和惩罚错误行为并非新鲜事,事实上较之早期军校——本书第二章曾对其有所提及——的惩罚措施，这里的惩罚措施暴力程度更轻。学生被剥夺离校的权力并禁闭在他们的房间中，而不是遭受皮鞭的抽打。通过这种方式，惩罚变成了规训手段——此种持续性控制技术的措施包括确定位置、区分以及确立界限——的一部分。[29]

如同在兰开斯特式学校中一样，此种规训手段的一个基本部分是监控。每天早上5点15分学生被唤醒并接受检查。他们的书面作业也需要接受类似的检查，他们的学业和行为处在持续的监控之下。在教室中他们要保持注意力集中，任何分散注意力的行为都将受到惩罚。在没有授权的情况下，甚至交谈也是完全禁止的。其后果是对行动、声音和姿势的严格控制。这些相互独立的监控和规训行为结合在一起，确定了每个个体的位置，并明确表达了个体的存在。个体被赋予了一种个体性（individuality），其仅仅由于服从行为或个体在一定序列中的位置才得以存在。一个人被反复要求重复他的名字，这名字已变成了某种新事物——一个客体上面的标签、一件书面作业的责任人或铃声响过之后的一个时刻。

在阿巴斯帕夏（Abbas Pasha）[①]掌权并事实上废除了全部官办教育后，1849年开罗的示范学校与巴黎的埃及学校均遭停办。[30]当赛义德帕夏（Sa'id Pasha）[②]于1854年继承阿巴斯之位时，易卜拉欣·阿扎姆再次提出参照兰开斯特模式组织"国民学校"的建议，这一次他选择和另一位曾在欧洲接受训练的学校管理者里法阿·塔赫塔维（Rifa'a al-Tahtawi）合作。[31]该方案再次遭到驳回，但并未被完全驳回。阿扎姆获得许可，可在现今第一次被招募为官员与军队士官——从而得

---

① 阿巴斯帕夏（1812—1854），穆罕默德·阿里之孙，1848—1854年担任埃及总督。其施政方针保守，任内废除了大部分穆罕默德·阿里时代的改革措施，包括关停新式工厂、学校，缩减常备军规模等。
② 赛义德帕夏（1822—1863），穆罕默德·阿里之子，曾在巴黎接受教育，1854—1863年任埃及总督，任内进行了多项改革。

以与土耳其精英阶层成员及欧洲人成为同侪——的埃及人当中组织初等教育。为实行该计划，阿扎姆征召阿里·穆巴拉克参与工作，他已结束在巴黎埃及学校的学习回国，现担任官员与军事工程师。穆巴拉克开始采用一套以兰开斯特教学法为蓝本的方法在兵营中为士兵们授课，开始仅仅教授数名学生，之后以他们作为辅导员教授更多的学生。在没有一排排的板凳或教室围墙的情况下，他以小棍在沙地上，或以木炭笔在石板铺就的地面上标出辅导员将要教授的字母或数字，借此凑合着开展工作。[32]

没有外在表现的权力
（A power without external manifestation）

开罗的示范学校与巴黎的埃及学校当中精确的监控、协调与控制手段，预示着19世纪60年代伊斯梅尔掌权后——那时易卜拉欣·阿扎姆、阿里·穆巴拉克与里法阿·塔赫塔维将被重新授予官职——将形成的全新实践手段的倾向与风格。现代学校教育的秩序与纪律将成为一种全新政治权力的标志和手段；如我先前所提示的，这是一种该时期逐步确立的私人土地所有制与面向欧洲市场的生产活动所要求的权力。如新兴大地主阶级的一员所表述的那样，他们的要求是在埃及引入"欧洲元素与生产要素"。据说生产要素包括"贸易公司、激励与财政便利"以及"新观念与新方法"在民众当中的普及。换言之，它所要求的是农业生活中的新方法与新型社会关系，这种农业生活是以面向市场生产为目的组织起来的。接下来就需要一套关于政治权力的新技术，一种持续地作用于民众中每个个体的手段，从而使他们变成生产进程中有效率的部件。"在这些新观念和新方法的普及过程中，权威本身并没有权力，权力存在于劝谕之中。一个人不可能把四百万或五百万民众一个个拎出来，使他们相信某件事物好于另一件事物。"³³ 正是出于制造一种能够"一个个"作用于全体民众的权力手段的目的，新兴地主阶级——其最有权势的成员就是伊斯梅尔自己——的代表开始鼓吹和资助建立新式学校体系。

> 我们这些领主应当在我们臣民青年时代的早期就对他们加以控制，我们应当改变全体民众的品位和习惯，我们应当从最基础之处重新锻造民众，并教导他们根据我们的法律模式过一种节俭、单纯、忙碌的生活。³⁴

上述文字引自费奈隆的《特勒马科斯历险记》(Aventures de Télémaque)①，该书由里法阿·塔赫塔维译为阿拉伯语，并于1867年出版。³⁵ 欲改变全体民众的品位和习惯，政治形态必须能对个体加以控制，并通过教育手段使他或她成为一个现代政治下的臣民：节俭、单纯并且——最重要的是——忙碌。

最先采取的步骤之一是于1866年召集咨询议会（Consultative Chamber of Deputies），议会的75名代表自埃及最重要的地主与行省官员中选出。该议会赞成将日益沉重的赋税加到"节俭的"农民头上，并批准了一项覆盖"埃及全部小村落、营地与村庄"的人口普查来提高赋税征收与军事征募的效率，从而达到帮助政治权力扩展至乡村人口中的目地。³⁶ 议会自身被视为权力体系的一部分，这套体系的手段是规训与教育。当局解释道："我们的议会是一所学校，较民众

---

① 弗朗索瓦·费奈隆（François Fénelon, 1651—1715），法国神学家、诗人、作家，《特勒马科斯历险记》为其代表作，出版于1699年，以奥德修斯之子特勒马科斯的游历为背景，对贵族文化进行了批判，对卢梭等启蒙思想家产生了重大影响。

更为进步的政府借助它教育民众,并使他们文明化。"[37]议会很快开始了对民众的教育工作,此处的"教育"不仅仅是对相关政治进程的一种比喻,也是该进程的主要实施途径。

在第一次会议期间,一位与政府关系密切的代表建议在各省建立小学。[38]与此同时赫迪夫伊斯梅尔宣布将图米拉河谷(Wadi Tumilat)——这是由伊斯梅利亚运河(Isma'iliyya Canal)的修建造就的贯穿东部沙漠的河谷,该运河将淡水输往苏伊士运河沿岸的新城镇——全部新开垦农田的收入捐献给该项目。在这一做法的激励下,一群来自下埃及村镇的地主和本地官员也联合在一起,在他们自己和其他地主中间募集类似的捐款。这获得了声势浩大且高度公开化的回应,在接下来的几个月中,超过两千名来自尼罗河三角洲地区的中等地主和大地主向政府规划中的学校建设项目捐献了资金。[39]

与此同时,一份在全国建立初等教育的全面方案起草成型,并成为伊历1284年7月10日(公历1868年11月7日)法案。《组织法》(Organic Law)——该法案被如此命名——对学校教育的对象、学校的教学人员、学校的管理者、学校使用的教科书、教学时间表、学生着装、建筑规划、教室布局与家具、每所学校的位置、资金来源、考试日程安排、学生注册以及需要被排除的肢体残疾人员做出了规定。[40]教育——从各方面来说都是如此——突然成了国家主动为之的重大事项,一个需要被组织的领域,被称为"国家"(the state)的主体存在于其中并建构权力关系。

在本章的开头,我提及了位于重建后的埃及首都中心宫殿中的、新设立的学校事务部,并以之标示学校教育这一新领域的诞生。随着学校的建立,新秩序也被印刻在了其他一些方面。首先,学校自身的分布成了对一种行政等级序列——新兴民族国家的等级秩序——的有意表达。知识组织委员会(Commission on the Organisation of

Knowledge；*Qumisyun Tanzim al-ma'arif*）①于 1881 年 12 月规定初等学校将根据规模列为三个等级，学校规模与村庄或城镇的规模相对应。每个人口介于 2000—5000 之间的村庄或村落群将拥有一所学校（1 名教师、40 名学生），每个人口介于 5000—10000 之间的城镇或村庄群将拥有一所二级初等学校（2 名教师、2 个班级），每座大城镇将拥有一所三级初等学校，每座省会将拥有一所中等学校，并在每 10000 名居民中设立一所初等学校，而在开罗的最中央，在新设立的学校事务部中，则坐落着等级最高的学校。41 学校被根据规模和等级进行了仔细的分配，这被视为对各种分立元素——个人、村庄、城镇以及省会和国家首都——之间正确秩序的表达，就这一秩序建构过程而言，一个民族国家可被视为聚合并联结在一起的统一体（integrated and bounded totality）。因此有人宣称，那些由《组织法》所规范的、分布于全国的互相独立的教室，将"通过它们之间的相互协调形成一个整体"。42

其次，学校教育被划分为三个阶段：初等、预备与最终阶段。通过明确规定各个阶层的人有资格接受这三个前后相继的学校教育阶段中的哪一个，一种社会秩序以严密的社会阶级金字塔的形式呈现出来。初等教育将面向所有孩子——男孩女孩、穷人富人均一视同仁。"他们需要初等教育就如同他们需要面包和水一样。"课程表包括通过研读《古兰经》学习读写，以及基本的算术与语法。43 还包括"游泳、骑术、投掷与持握标枪、剑术以及其他战争器械的使用，以训练孩子们掌握保卫国家并为其战斗的技艺。这些东西具有普遍性的益处，孩子们必须在年青时接受这方面的训练"。44 预备教育或者说中等教育较之初等教育"等级更高"，相应地在民众中普及程度也更低。

---

① 根据埃及内阁（majlis al-nazarah）命令于 1880 年设立的负责教育问题的专门委员会。

里法阿·塔赫塔维写道:"鼓励和敦促民众参与此种教育是有组织的政府的责任,因为它能使整个社会文明化。"不幸的是,由于中等教育所牵涉的困难,民众对其兴趣寥寥。另一方面,高等教育是面向政治精英(arbab al-siyasat wa-l-ri'asat)的。每个寻求接受高等教育的人都必须拥有财富和地位,这样将他的时间投入到学习中才不会对国家造成伤害。对于拥有某一赖以为生的职业——且其他人从该职业中获益——的来人说,抛弃该职业并进入高等教育领域是有害的。[45]

第三,考试提供了一种特别的实践,在其中学校教育呈现了民族国家全新的等级序列。考试成了具有重大社会与结构显著性的事件。1867年的法令规定了本地学校中的学生必须在每月末接受他们老师的考试,在每学期结束时接受学校负责人、政府督学及其他官员的考试,在每年结束时接受地区长官、本地法官和其他政府官员与顾问的考试。在更高层次的学校教育中也规定了同样的结构,具有恰当职级的官员被引入来主持层级逐步提高的每一阶段的考试。根据法令,年终考试结束后将举办一场颁奖典礼,以及一场穿制服学生的队列行进式。在省会的学校,上述活动中将演奏军乐。在金字塔顶端的达勒卜·贾迈米兹的官办学校中,年度考试将在宫殿内巨大的阶梯教室中举行,赫迪夫及这个国家层级最高的官员与要人将出席考试。[46]

如同看上去那样,在学校自身内部,相似的秩序将作为一种结构被印刻到表面,写入规章之中并被建构进桌子、板凳与教室的墙壁。在所有学校中,教室的布局与家具配置都是一样的:一排排没有靠背的板凳,一个矮台子和一个恰当尺寸的黑板,一把供教师使用的椅子。[47]一所学校中的各栋建筑之间呈几何形态布局,以达到同样的"秩序"。据描述开罗的官办初等学校布局如下①:围绕着一个大院子

---

① 此处所说初等学校(primary school)和下一段所言初等学校(elementary school)重复,按上下文疑为中等学校或预备学校之误。

矗立着四栋主要建筑,后部那栋最大的楼供教室使用;右侧那栋建筑供厨房和食堂使用;左侧那栋建筑供医务室和洗衣房使用;剩下那栋临街的建筑容纳了宿舍。这种几何布局为接下来数年在亚历山大、本哈(Benha)和艾斯尤特(Asyut)建设的其他初等学校所效仿。[48]

初等学校——截至1875年,埃及全国已建设了约30所此类学校——表现出一种类似的几何布局。知识组织委员会发布了12组独立的建筑方案。每所学校应根据其是一级、二级还是三级学校,以及其坐落于一个四面均与其他建筑毗邻的地点,还是只有三面、两面、一面与其他建筑毗邻,或完全不和其他建筑毗邻(这是为了确保合宜的空气流通与采光)来选择恰当的建设方案。这些方案被用于——兹举数例——吉萨(1880)、宰加济格(Zagazig,1883)、希宾库姆(Shibin al-Kum,1883)、达曼胡尔(Damanhur,1883)、苏伊士(1888)、法尤姆城(Madinat Fayyum,1888)以及伊斯纳(Isna,1900)的新式学校建设,所有这些学校都根据方案四建设(一所一级初等学校,坐落于完全不和其他建筑毗邻的地点)。[49]

每座建筑供就餐和睡觉的内部空间都根据同样的规则设计和布局。"在食堂中有17张桌子,每张桌子有30个座位,在宿舍中床被间隔摆放,确保每人有21立方米可供呼吸的空气。"据说每座建筑都应拥有"令人愉悦的秩序的表象"。[50]

所有这些描述的共同特点是一种建构秩序的尝试,此种秩序形成之时,本身已包含其目的(end)。城市的新街道、物理空间——甚至可供呼吸的空气——都已变成了可供分割并标注成一个个位置的面积和体积,个体则被安置在这些位置中。[51]类似的行为创造出了抽象意义上的秩序,这不仅仅依靠标出一个个区隔空间并决定事物应当被置于何处而实现,还依靠呈几何形态布列且等距的间隔对事物进行的分配。间隔的规则性(每21立方米)与角度的精确性(床被摆成一个正方形的四条边）创造出一个框架，其表现得先于——并因此而分离于——被实际分配的客体。

无论示范村的建筑还是示范学校的布局与时刻表，被视为"结构"之物的本质都是如此："结构"与分配至其中的"内容"相分离。结构与其内容相分离这一印象的生成——或者说由这种分离所构成的现实存在——恰是规范化的分配行为所造成的效果。根据一系列精确且等距的间隔一遍又一遍重复的、对物体进行分配并将其固定到位置上的行为制造出这样一种印象：间隔本身——而非分配这一实践活动——就是存在之物。这重复性的秩序建构过程使人们感到，事物之间的间隔是一种抽象存在，是某种无论是否有特定物件放置在那里都会存在的东西。正是这样一种存在某种预先存在（pre-existent）、非特定（non-particular）且非物质（non-material）之物的结构性效果被体验为"秩序"或"观念"，这二者实为同一件事，因为它们看上去均分离于物质现实而存在。

通过让它们所"分隔"的对象看上去尽可能相似——比如让他们穿上一样的服装（"衬衫为单排纽扣、深蓝色；裤子为浅红色；皮质镀金徽章佩戴在衣领前；头戴土耳其毡帽；不同的学校仅根据其制服领子、翻领以及裤子的条纹颜色进行区分"）[52]——间隔得到了进一步凸显。在统一的外表、等距的间隔以及几何角度中，分配行为——尽管它被安静地、不间断地、一成不变地执行着——几乎从视野中消失了。随着分配技术制造出一种结构的表象，技术自身将变得愈发不可见。

于 1873 年 3 月受命组织一套国家学校监督体系的学校事务总督察（Inspector-General of Schools），将这些秩序建构和监控技术与磁流（magnetic fluid）不变且不可见的力量相比较。他写道："教师对学生的教学影响就像磁流，以一种缓慢、隐蔽而持久的方式传导自身……而没有外在表现。当你突然想捕捉到它时，它或许就不见了，因为它不喜欢处于监视之下。你离开后它又将回来，重新开始起作用，磁流将被重新建立起来。"⁵³ 秩序的显现意味着权力的消失，权力将越来越以一种缓慢、持续且没有外在表现的方式运作。

随着控制进程变成了一个获得结构或秩序的持续性表象的问题，突然出现了一个同样持续存在的威胁："无序"的问题。无序作为一种自然且不可避免的不利因素显现出来，需要给予持续的警惕。尽管无序和秩序一样，都是在分配实践活动中产生的概念，但只是在现在它才表现为一种对现实的威胁。

无序（Disorder）

每当描述起旧式缺乏协调、不加分别的学习方式时，"无序"一词看起来就要蹦出来，或已然占据上风，尤其是在描述著名的清真寺－学校（teaching-mosque）艾资哈尔①时。我们被总督察告知："艾资哈尔最令人惊异之处就是其大厅中聚集的人群，上千名年龄、肤色各异的学生……分散成一堆一堆，穿着各式各样的服装。"⁵⁴ 一名作者抱怨那里的"混乱"与秩序（order, discipline；nizam）的缺失，他注意到教师除了坐到清真寺的柱子边上授课外什么也不做，更不会费心去记录学生的出勤、缺席或他们在各门课程中的进展情况。⁵⁵ 另一位作者描述了当"缺乏方向的学生在对教师所评述的段落一窍不通，对教师所使用的语言毫无头绪，以致最终对所有东西都感到混乱、困惑的情

---

① 艾资哈尔（al-Azhar）清真寺位于埃及首都开罗，始建于970年，是伊斯兰世界最古老且最负盛名的学术中心之一，1961年根据埃及政府命令，其所属教学机构被分离出来，并增设非宗教院系，成为国立艾资哈尔大学。

况下盲目地从一位教师转向另一位教师,从一个文本换到另一个文本"时的"嘈杂"(the brouhaha)。[56] "这里所最缺乏的是高度以及空间,一个人会在无尽的天花板下面感到窒息。"但比这更糟糕的是"噪音,以及无尽的移动"。[57] 我们得知,有些人睡在他们的垫子上,有些人在吃东西,有些人在学习,有些人在进行争论,小贩在他们中间漫无目的地游荡,兜售水、面包和水果。组织性消失了,混乱在飘荡,一阵胡闹会突然升级成一场斗殴,一位教师必须赶快进行干预。他分开斗殴者,施以两三下鞭笞"以重建秩序"。[58]

正如示范学校提供了一套现代权力体系的范本,这种旧式教学场景也是现存埃及社会的缩影。行动是无目的的、未经规训的,空间是拥挤的,交流是不确定的,权威的在场是断断续续的,个体间是互不相同、未经协调的,无序有可能在任何地方发生,秩序只能通过权力迅捷的、物理性的展现重建。

对于参与了将有组织的教育系统引入埃及的欧洲人和部分埃及人来说,传统学习方式明显的无序呈现了一个悖论。必定存在某种起作用的方式,使得人们能够应付有组织框架的缺失。学校事务总督察提供了一种解释,他写道:"表面上的嘈杂与无序……是教学方法的结果。"他将这种教学方法描述为一种个体指导技术,这种技术甚至被应用于对一大群人的教学中。他解释道,教师"总是在进行个体指导,也就是说他从未面对整个班级进行教学,而总是对单个学生进行教学。每个学生轮番走到老师那里,坐到老师身边,背诵他已经学到的内容,展示他写的作业,接受一个新任务后返回他的同学当中,重新坐到他的位置上"。[59]

尽管存在无序、权威薄弱、规则和体系缺失,以及声音、颜色、年龄、着装、活动混杂的问题,但据说这一教学方式仍设法维持了某种秩序。其形式是老师和学生之间一对一的交流,这样的关系既被视为此间社会秩序的局限，也被视为其长处。被视为局限是因为所有的指导、修正、鼓励和申斥都必须被单独给予并向每一位学生重复。与将取代它的系统化教学——教师在其中可以对所有个体同时且持续地进行指导、修正、鼓励和申斥——相比，这种教学方式极为无效。[60] 尽管存在这种局限，但师生间的一对一关系也被视为其长处，因为其以某种方式遏制了否则将不可避免的无序。

82　　混乱被隔绝了出去，在缺乏一套规训体系的情况下，欧洲观察者将此归结于一系列分离的、一对一关系的作用，在这种关系中，老师单独面对、指导和规训每一位学生。此种秩序必须不断地重建，并因此显得脆弱、可协商且处于不断的变化当中。这样的秩序当然是脆弱的，但此种秩序的形象是为一系列范围更广的假设——秩序自身正是依存于此种假设之中——所规定并赋予价值的，这是一系列关于秩序之于无序（order versus disorder）的假设。这一形象无法与我们当代的秩序观念割裂并被历史化（historicise）。仅仅以有序作为镜像，这一形象中的无序才被观念性地制造出来。它只有被视作缺失几何线条、等距间隔以及规范化行动的秩序体系（*nizam*）才变得可视与可设想，而此种秩序体系是最近才出现的新观念。"无序"并非一种先于思考而存在的境况，也不是一种需要思维针对其不断地组织观念化秩序的、对人类境况的根本性威胁。无序始终作为某一特定世界的对立面与边界同秩序如影随形。进一步而言，尽管无序看起来作为秩序的另一半——一种对等又对立的境况——而存在，但它和秩序并不具有相同的价值。它是两级中不平等的一端，是负极。它是将秩序置于中心位置的虚无，其存在仅仅是为了使"秩序"具有观念上的可能性。

艾资哈尔清真寺-学校内的生活不需要围墙来分隔教室，也不需要桌子、秩序化的等级、制服、时刻表以及张贴出来的课程表。简言之，如同开罗城一样，这里没有人们所期望的那种秩序，那种作为一套框架、代码或结构而分立存在的秩序。为了进一步理解此种新秩序那特别的历史怪异感，我想简短考察一下艾资哈尔清真寺－学校这样的体制曾经可能的运作方式。

文本的秩序（The order of the text）

如同伊斯兰世界其他地方一样，开罗与埃及其他大型城镇那些规模巨大的清真寺－学校并非教育中心，甚至都不是**本来意义上的**"学习"的中心，而是书写技艺与权威的中心。这些清真寺由那些掌握政治权力的人在先前数个世纪中建造，以借助那些研习法律、语言与哲学之人尽力获取并扩展对他们的话语的权威性支持。对此种文本的研习和解读被称为"绥那"（sina'a），即一门专业或技艺。为了强调这门技艺的专业性、政治性和经济性，我将其指称为"法学"，尽管这个词应被理解为一门包含大量语言学、哲学和神学内容的综合学问。[61] 艾资哈尔不仅是一所特定清真寺的名称，也是聚集于开罗老城区的一片清真寺与宿舍的总称，它并非一所法学院，而是伊斯兰世界最古老也最重要的、作为一项职业的法学的中心。同其他技艺或职业一样，厕身法学领域之人的一项持续且普遍的活动是对法学技巧的学习和传授。学习是法学实践的一部分，正是从这种实践中——而非从任何规章或结构中——法学取得了次序与形式。

法学学习进程总是以对《古兰经》的学习为开端，这是法学的根源性文本（original text；事实上这是唯一的根源性文本，唯一不能在某种意义上被当作对先前文本的阐释或修改进行阅读的文本）。学生们随后继续学习圣训（hadith），这是对被归于先知穆罕默德的言论的汇编，其对《古兰经》中的信条进行了阐释与扩展，接下来再继续学习对《古兰经》的主要注释，以及其他与阐释《古兰经》相关的科目，比如《古兰经》背诵技艺与对各种诵读法的研习。从那里他们再转向与阅读圣训相关的学习，如阅读传述家的传记，之后是神学根源（usul al-din）、教法根源（usul al-fiqh）、各个教法学派的不同阐释等等。这些学习根据阅读和阐释教法——这正是他们正在研习的这门技艺的本质——过程中一个给定的次序进行。尽管对次要文本的选择或许会有所变化，但并不需要一个课程大纲或课程表。学习的秩序——该秩序是由阐释的逻辑所决定的——在文本的秩序中揭示了自身。

遵循同样的逻辑，这里并不需要一份日常时刻表。一天中课程的通常次序在更小的规模上反映了同样的文本秩序。最早的课程紧接着晨礼①进行，由教授《古兰经》的教师授课。紧随其后的是关于圣训的课程，再之后是关于《古兰经》阐释学的课程，以此类推，最后扩展至对神秘主义学说的研习，这部分课程留给了昏礼之后的时段。换言之，教学的秩序乃至一天的秩序与各种文本和注释——它们构成了法学实践——之间的必要联系不可分离。实践并非某种根据时刻表那超然物外的秩序组织起来的事物，它在自身有意义的次序内展开。

学习的次序也是学术的次序。我们得知，一名艾资哈尔的学者在准备一种法学观点、一门课程或一场辩论时，会将所有讨论他想阐释之问题的书籍摆放在他面前的一张矮桌上，将它们按一定次序由中心向外呈放射状放置："中央是根源性文本（matn），之后是关于该文本的注释（sharh），再之后是对这些注释的疏证（hashiya），最后是对疏证的解释（takrir）。"[62] 书籍自身常常重复这种安排，如本书第五章插图所显示的：一个文本上或许会有书写于行间甚至插入语词中间的注释，页边则写着对注释的进一步疏证，这些注释将文本四面环绕起

---

① 晨礼，穆斯林每日五次礼拜之一，在黎明与日出之间进行；下文的昏礼在日落后进行。

来，正如桌面上的一圈圈注释文本将中心文本环绕起来一样。

在其他一些活动中，上述学习模式也以法学实践的方式被重复。研读法学著作的课程进行时，参与者坐成一圈，每位参与者相对于教师的位置是由其对研读文本的掌握程度决定的。在这里，依旧是掌握法学这项技艺的进程赋予了学习活动以秩序。事实上，参与者围成一圈是清真寺内进行的所有法学专业活动的共有形式。其以各种方式应用于听取案例、发表意见、讨论法学问题、发表演说、口授与讨论文本等活动中。[63] 换言之，学习活动仅仅是包含在日常法学实践内的一个方面。它自这些法学实践取得形式，并未被单独的规范、位置、时间或教师团队所区隔出来。

一方面，与兰开斯特教学法所代表的现代规训式学校教育体系相比，这种学习方式明显松散且缺乏强制力。在所有技艺中，学习活动都作为一种关系而发生，这种关系存在于几乎任何位置上的任何人之间。初学者在向老师学习的同时，也根据各自不同的禀赋互相学习，甚至老师也在继续向那些拥有其他技能、掌握其他文本的人学习。教学手段是论证与争鸣式的，而非讲授式的。在恰当的时候学生会表现出尊重的态度，但绝不是被动的接受者。任何惩罚都可能施加于桀骜不驯的学生，但从没有一套规训体系使学生处于持续的督导或监控之下，迫使学生跟随某位特定教师学习、保持在位置上或在特定时段内持续从事某项特定任务。[64] 无论其弱点如何，这些手段使艾资哈尔清真寺 - 学校成了全世界持续运作至今的最古老的学术和法学中心。

另一方面，过分夸大我刚刚描述的这种秩序的齐整或高效也是错误的。它也具有我在前面曾经提及的、其所属的政治权威特有的局限和弱点。和政治权威一样，19世纪这种学习方式也在瓦解之中。法学是埃及各个地区重要家族所赖以取得、维护其在城市和乡村权威地位的专业，在艾资哈尔或其姊妹机构学习若干年后，领导家族的儿子

第三章　秩序的表象

们会返回当地，并在那里取得权威地位，充当社区领袖、教士、解经者和法官的角色。例如，阿里·穆巴拉克——在本章我已对这位教育家兼城市规划者的工作进行过介绍——就是这样一位官员的儿子。他父亲的家族已至少三代担任新比尔巴勒村（Birnbal al-Jadida）的地方法官和礼拜主持者。如同阿里·穆巴拉克家族的不幸遭遇所表明的那样，截至19世纪中叶，这套政治权威体系已处于巨大的压力之下。埃及外省的重要职位依然保留给日益不受欢迎的、操土耳其语的精英阶层（正如阿里·穆巴拉克的职业生涯所表明的那样，一个本土的、操阿拉伯语的官僚集团正在开罗崛起，行省中的局面也将发生类似的变化），压迫性的税收水平已迫使像阿里·穆巴拉克父亲那样的人逃离他们的村庄，由于政府对其宗教捐赠财产的侵吞，清真寺－学校的收入大幅下降，艾资哈尔周围已沦为面向逃避兵役之人的、过分拥挤的庇护所。艾资哈尔的学习活动所代表的那套关于秩序与权威的技术，已不能应对正在发生的政治和经济巨变。[65]

村庄中的学习活动（Village learning）

在我刚刚对艾资哈尔中的学习活动如何获得其秩序——一种无须求助于规章或结构的秩序——的描述中，某些学习活动的普遍特征浮现了出来，对这些特征可总结如下：首先，学习活动发生于对作为学习对象的特定专业或技艺的实践中，无法作为"学校教育"单独区分出来。法学是一门这样的专业，其实践集中于清真寺，其他专业和技艺以类似的方式在它们各自的场所中被研习。其次，在专业内部，学习活动并非一种将实践者分为学生和教师两个不同群体的关系（relationship）。在执业群体内部几乎任意两名成员或更多成员之间都存在师生关系（尽管比较资深的执业者当然会通过多种途径将自身与群体其他成员区分开，这其中就包括他们提供指导的方式）。最后，学习体现于一门技艺实践中的任何环节，并不需要明显的组织活动，而是在实践自身的逻辑中找寻其次序。

作为一种独立进程的教育——儿童于其中获得一系列指导并习得自律——在19世纪诞生于埃及。在此之前没有供此种活动进行的特定场所或机构，没有成年人以此作为职业，且语言中也没有词语指代这一进程。将艾资哈尔这样的学术中心指称为"传统教育"场所是一种误植，是对直到19世纪最后三分之一时间仍然存续的共同体生活实践的误解。此种误植实际是拿来一种在19世纪末期和20世纪占主导地位的实践活动，将其回溯至一个其尚不存在的世界当中，这导致了一种无意义的观察："传统教育"场所的"课程表"具有局限性，且那里缺乏秩序和纪律。教室、课桌与纪律的引入并非对所谓传统学校教育的改革，当秩序建构的新技术使得对类似"结构"的需求一下子明显起来的时候，这些创新就突然出现了。学习被设置为一种与生活自身相分离的进程，同世界的一分为二——一面是事物自身，另一面是事物的意义或结构——相对应，我将在本章末尾进一步检视此种对应关系的原因。

我刚刚提出的关于传统学习的观点不仅要求对城市中的清真寺-学校进行重新说明，而且还需要对村庄中的《古兰经》学校——或者说"私塾"（*kuttab*）——进行重新说明。如同清真寺-学校一样，私塾的秩序是围绕着话语的意义与权威建构起来的，以迎合对话语进行阐释和恰当把握的需求。事实上，不仅仅是清真寺和私塾，市镇、村庄、城市社会生活的相当一部分——无论是在市场上还是在庭院里，在家庭内还是在工作中——都依赖于与书写权威相联系的各类实践。村庄中的私塾和城市中的清真寺-学校代表着两种进行这类实践的场所。进一步而言,他们对相同文本和话语的不同处理,是城市中的当权者与村庄大众生活之间政治关系的一部分。

对于普通埃及人的生活而言,被恰当书写或表达的词语(在多数情况下是《古兰经》中的词语)是一项重要资源。如我曾提及的那样,生活就是和那些并不总是为人所知的力量讨价还价,或是这些力量之间的相互妥协,如果对这些力量予以恰当的观照,它们就是有利于你的,但如果对它们把握不当,它们就会成为贫乏与不幸的源泉。最常见的关于某个人易受此类力量伤害的表达,是说这个人暴露了。暴露的风险尤其借由人们的目光注视或眼睛的力量表达出来。[欧洲人在他们自己的语汇中将此称为"邪恶之眼"(evil eye),尽管在阿拉伯语中,其仅仅被称为"眼睛"(al-ayn)。]对此种与人类目光注视相联系的风险的重视,导致了一套实践方法的建立,其可对抗陌生人或更有力者可能带来的伤害,并降低弱者及小孩子遭受伤害的可能性。在死亡、出生及患病的情况下,目光注视的风险同样导致了一系列特别的程序与解释。⁶⁶应对这些不可见的力量与暴露的威胁,需要不同的取悦、保护和隐藏策略。普通民众可为类似目的寻求的特定资源之一,就是词语的力量。迈克尔·吉尔斯南(Michael Gilesnan)①关于现代阿拉伯世界宗教的人类学研究,描述了"祈祷、学习、护身符、唱诵经文、齐克尔(zikr,苏菲派的纪念仪式)②、数念珠、诅咒、社会礼节以及一百种其他活动中关于词语的观念和共同经验,如何构成了作为一名穆斯林最为本质的体验之一。对于由印刷物及指代具体事物的词语所主导的社会的成员而言,通过词语以及它极为抽象却又极为切实的力量与真主建立起直接联系,这种体验是极难唤起的,更别提对

---

① 迈克尔·吉尔斯南(1940—),英国伊斯兰研究专家、人类学家。
② 齐克尔,一种反复念诵真主美名或出自《古兰经》、圣训语句的仪式,念诵时多以念珠计次。

其进行分析了"。⁶⁷

以上述方式和其他方式运用词语是属于"菲齐"(*fiqi*)的特定技能与专业,其身兼本地大夫、诵经人与圣人三重身份。⁶⁸菲齐的工作之一是教授村中儿童作为其专业源泉的那门技能,即正确背诵和书写《古兰经》的词句。出于该原因,他常常被描述为村庄学校的教师,但他在村庄中的角色并非"教育",而是在恰当的时候以书面或口头形式提供《古兰经》中的词句。他被要求书写护身符或治疗符,并在婚礼和葬礼上、家中和本地圣人的坟墓旁,以及寻求一位丈夫或达成一桩生意时背诵恰当的词句。⁶⁹

如同其他技艺的从业者一样,菲齐也会提供关于其技艺的指导,由于神圣词语在社会生活中的重要性,菲齐的技艺具有一种普遍的显著性与价值。此种指导可能在清真寺、房间中或本地圣人的墓地旁进行,在较大的城镇,指导也可能在一座装饰有公共喷泉(*sabil*,在词句的力量和用水祈求好运之间,存在重要的关联)的建筑中进行。这样一处地方可能被称为私塾,尽管该词所传递的意思不只是一处地点,也是一种实践,这种实践与书写相关,更与《古兰经》相关。将菲齐解释为一名学校教师明显是不恰当的,而且不可避免地引向这样一种观察:"学校"的课程局限于对单一文本——即《古兰经》——的记忆。在19世纪最后三十余年以前,埃及并不存在学校教育,给予组织化的教导不是任何个人或机构的目标。菲齐的角色形成于这样一种环境中:对词句的力量存在某种惯有说法(idiom);人们在面对未知力量时,存在易受伤害且缺乏力量(vulnerability and powerlessness)的问题。教育体系所反对的,正是这种"缺乏力量"的惯有说法,而代之以——如我们已看到的那样——一套"缺乏纪律且无序"的惯有说法。

第三章 秩序的表象

教育的功用（Instruction for use）

学习现在要和它交织于其中的那些实践活动相分离，它将划归到学校这样一个特定场所，以及青年时期这样一个生命中的特定时段。"公共教育"（L'instruction publique；al-tarbiya al-umumiyya）是关于这种实践的新说法。据说其指代的是"男孩儿、女孩儿在学校、学院以及一切特定数量的民众聚集其中接受教导的机构中学习的内容"。[70] 学校教育将成为一处自主的领域，并不为其对象或手段所定义，而是被定义为在一处特定场所和在一群处于特定年龄段的民众当中发生的活动。里法阿·塔赫塔维写道，组织（tartib）教育活动需要在城镇的市场和重要街道选取一间房屋，开辟出来专供教学之用。儿童将不会继续在具有其他功能的场所中接受教育，尤其是在清真寺中。[71] 1868年4月，与这种场所的分置同时发生的，还有被称为"国民学校"（civil schools）的机构和军校在行政管理上的分离。[72] 新兴的民众教育将彻底与军事项目相分离，就如同其分离于清真寺中的生活与学习那样。这种教育的目的是对每个个体的规训和提高。

此种意义上的"教育"（tarbiya）一词自身也是新用法。在里法阿·塔赫塔维出版于1834年的名著《披沙拣金》（Takhlis al-ibriz）①——这是现代第一部对欧洲进行描述的阿拉伯语著作——一书中，除了一两次以该词的通用意"抚育"或"培养"见诸书中外，"教育"一词并未出现，如对巴黎综合理工学校（Ecole Polytechnique in Paris）的一处描述就用到了该词的通用意："数学和物理在综合理工学校内被教授，以培养工程师（li-tarbiyat muhandisin）。"在书中也没有哪个词替代该词来指代作为独立社会实践活动的教育。[73] 如同该

---

① 该书全称为《对巴黎进行概述并从中拣取金子》（Takhlis al-ibriz fi Talkhis Bariz）。

书对欧洲的整体描述一样,书中对学习活动的描述的主题也是秩序与组织。该书开头几页是针对那些批评穆罕默德·阿里利用欧洲专家建立军事秩序的人的,他写道:"看看那些作坊、工厂、学校以及诸如此类的地方,再瞧瞧军队中士兵的纪律……秩序。"[74] 这本书的主题就是同样的纪律与秩序如何体现于法国的各个方面。

该书详细讨论巴黎学习活动的部分以"巴黎人在知识、技能、制造等领域的进步,以及他们的组织性"为题。塔赫塔维著作 1973 年版的编辑将同一部分改题为"法国人的知识、技能和教育",以"教育"(*tarbiya*)一词替换了发音相近的"组织"(*tartib*)一词,并删掉了已不再合宜的"制造"一词。[75] 在进行这一替换时,编辑重复了在 19 世纪的埃及实际发生过的一场词汇和思想转变。具有诸如"安排(进各个等级)""组织""纪律""统治""管理"(因此甚至可表示"政府")等含义的 *tartib* 一词,在学习领域被替换,人们将普遍使用发音相近的 *tarbiya* 一词进行表达。直到 19 世纪大约最后三分之一时间,*tarbiya* 一词都仅仅表示"抚育"(to breed)或"培养"(to cultivate),如同在英语中一样,它可以应用于任何需要帮助来成长的事物——棉花作物、牛或儿童的品行。但它将具有"教育"——这一发展于 19 世纪最后三分之一时间内的全新实践领域——的含义。[76]

随着学校教育被推广开来以获取此种纪律性,那些对此负有组织与督察责任的人纷纷撰写图书或手册,在其中对此种全新实践活动进行讨论。例如,1872 年塔赫塔维关于教育的主要著作——《给男孩女孩们的指导手册》(*al-Murshid al-amin li-l-banat wa-l-banin*),在书中他从人性的角度解释了对全新教育实践的需求。"人从娘胎中出来是什么也不知道、什么也不会做的,只有依靠后天的教育(*al-tarbiya wa-l-taʿlim*)。"人维持自身发展、使用语言、思考的能力都依靠教育进程。对此塔赫塔维解释道:"他需要在很长一段时间内进行数不清的操练、实践与练习。"⁷⁷ 这句话很快使人联想到，教育是最初引入军事领域的那些技术的延伸。而塔赫塔维的言语所导向的，正是国家在军事和政治方面获得强大实力的可能性。通过教育中数不清的操练和练习所习得的能力，使得民众能够互相协调并联合起来，从而创造出一个共同体。通过将这种能力提升到最大限度，该共同体获得了力量，并取得了统治其他群体的能力。⁷⁸

由此塔赫塔维对"教育"（*tarbiya*）一词的两种含义进行了区分。第一种含义他称为对"人类种族的教育"，这里使用了该词"培养、养育或生产某种特定事物"的较老的含义。在该例句中，其所指的"对人类种族的教育的意思是使人的身体和思维器官生长"。第二种含义是"对个体的教育，这意味着对共同体和民族的教育"。第二种含义是全新的，并将具有显著的意义。出版于1903年的政府关于教育的官方教科书开宗明义："对事物的教育不是让它们在尺寸上有所增长。"确切地说，教育指的是对个体的规训和训练，这将使他们相互协调，表现得像一个整体。"这意味着将他置于准备就绪的状态，对他加以强化，使得需要时他能够以最有效率的方式履行他的职能。除了对他在履行职能方面加以反复训练和操练，直到他能顺畅、快速、精确地完成其职能，没有任何途径可对某物或某人加以教育和强化。"这本教科书的作者是阿卜杜·阿齐兹·扎维什（Abd al-Aziz Jawish），他曾在伦敦的拜罗路学校（Borough Road School）①受训三年，该校由约瑟夫·兰开斯特建立，目的是为他那些监控式学校（monitorial school）培养教师。扎维什随后成了教育部的总督察，并在日后成为埃及国民党（National Party）②创始人之一和该党报纸《旗帜报》（*al-*

---

① 该校正式名称应为拜罗路学院（Borough Road College），原文如此。
② 埃及国民党是1895—1952年存在于埃及的一个民族主义政党，政治上反对英国殖民统治，拥护穆罕默德·阿里王朝。

Liwa'）的编辑。[79]

扎维什的例子提醒我们，教育全新的规训性不单通过组织化的学校教育实现，学校教育仅仅是关于规训和教育的更广阔的政治进程的一部分。侯赛因·马尔萨菲（Husayn al-Marsafi）——他是新设立的官方教师培训学校的资深教授，该校与其他新式学校设立于同一时期，用来为乡村学校培养教师——解释道，教育的含义包含三部分——即对个体的全新控制所借以发展的三种机制：学校、政治集会以及出版业。[80]马尔萨菲在教师培训学校那位更著名的同事、伟大的改革思想家穆罕默德·阿卜杜（Muhammad Abduh）①就教育发展出了一种类似的看法。对他而言，教育表明了知识分子的必要政治角色，知识分子应利用新兴的出版机构作为他独特的"学校"。[81]在对官方学校和政治集会加以探讨后，我想简短地讨论一下新兴出版机构的重要性。

1868年，穆罕默德·阿里夫帕夏（Muhammad Arif Pasha）于开罗建立了一个被称为有益图书出版知识协会（Society of Knowledge for the Publication of Useful Books；*Jam'iyyat al-ma'arif li-nashr al-kutub al-nafi'a*）的组织，他本人就是巴黎埃及学校的毕业生之一。该协会或许是在效仿布鲁厄姆勋爵（Lord Brougham）②的有益知识传播协会（Society for the Diffusion of Useful Knowledge），该组织建立的目的是教导英国劳工阶层自律、勤勉。穆罕默德·阿里夫是一名高级政府官员，其他许多参与该协会建立的人也是如此。该协会通过公开募集股份建立，660人作为股东参与了进来，其中多数人是地主或政府官员。[82]作为"教育"进程的一部分，政府也开始出版杂志、报纸和图书。

---

① 穆罕默德·阿卜杜（1849—1905），埃及宗教学者、改革思想家，伊斯兰现代主义思潮奠基者之一。
② 亨利·布鲁厄姆（Henry Brougham，1778—1868），英国政治家、改革家。

自 1828 年开始，埃及政府开始出版一份名为"埃及事务"（*al-Waqa'i' al-Misriyya*）的官方杂志，用来宣告决定、法令、任命、公共工程以及其他内政，该杂志一直到 19 世纪 50 年代赛义德统治期间才停止出版。[83]1865 年 12 月，埃及政府决定重新出版该杂志，但这次是以一种新形式，并带有全新且更为周详的目的。一份内部政令宣称："政府已决定将出版该杂志的权力交给一位编辑，而非通过自己的官员向世界宣布政府事务，该编辑将在没有政府干预的情况下出版该杂志。"该决定标志着一种技术上的改变，而非对权力的放弃。两位公务员——来自外交部（Office of Foreign Affairs）的艾哈迈德·拉斯赫阿凡提（Ahmad Rasikh Efendi）与来自赫迪夫侍从队伍的穆斯塔法·拉斯米阿凡提（Mustafa Rasmi Efendi）①——被任命到新成立的杂志事务办公室（Office of the Gazette），财政部长收到指令："他们应继续被视为政府公务员，并被给予政府雇员的工资与福利，他们不会从其他任何途径收取报酬。"[84]

这种技术上的改变是与出版物性质的改变相对应的。该杂志将不再仅仅是对政府命令与指令的书面通告，恰如政府自身不再仅仅被视为发布与落实命令的机构。信息与指令将成为政治手段，某种政治进程将出版并公开"有用"之物。一个完全关于思想、意义的领域将公之于众（与此同时，这些公共知识的作者将变得更加隐蔽，把自己伪装起来）。

随着该官方杂志的重新出版，埃及政府越来越多地参与到杂志出版活动中。1867 年，一份名为"尼罗河谷"（*Wadi al-Nil*）的杂志在阿卜杜拉·阿布·萨欧德阿凡提（Abdullah Efendi Abu Sa'ud）的编辑

---

① 阿凡提（Efendi）是奥斯曼帝国时期用来称呼政府官员或学者的一种头衔，意思近于"老爷""大人"。

下出版了,这是埃及第一份非官办杂志,然而阿布·萨欧德是学校事务部的一名官员,且该杂志实际上是由政府建立和资助的。[85] 三年之后的 1870 年 4 月,另一份名为"学校园地"(*Rawdat al-madaris*)的杂志面世了,这次的杂志是由学校事务办公室直接公开出版的。这份月刊致力于传播一些现代知识学科,印刷出版后向所有新式官办学校中的学生免费派发。该杂志由里法阿·塔赫塔维主管,他之后的所有作品均在这本杂志中首次发表。

由内及外工作(Working from the inside out)

我将在稍后一章中回到关于书写的组织、性质与发行之转变的问题上,我刚刚尝试对这一转变的开端进行了概述。如同学校教育一样,书写内容现在看上去成了某种与生活自身相分离的事物,一个关于教导、表象与真理的独立之域。在艾资哈尔的学术世界中,无论书写下来的词句被赋予何等重要性,书写从未自成一表象、意义或文化之域。在"文本"和"现实世界"之间从来没有根本性的区分。如我们将要看到的,只有在上述语境下,19 世纪艾资哈尔学者对印刷技术不懈的反对才能被理解。不过就目前而言,在本章结尾我只想对新出现的教育领域或知识领域——这里的知识是一套需要被教授的操作代码(a code of instructions)——与创造一套结构化秩序(order as a structure)的新手段之间的关联略做提示。我将论证,我在本章与上一章中加以检视的,关于集置、容纳与规训的新手段,不仅使现代学校教育方式成为可能,而且实际上创造了对这种学校教育的需求。为说明这一点,我将回到示范村的结构化世界。

整个 19 世纪,示范村在埃及持续地兴建,尤其是在被称为"依兹巴"（*izba*）①的新型大规模私人庄园和欧洲商业利益集团控制的"公司庄园"（company estate）中。⁸⁶ 20世纪上半叶，一位在埃及乡村工作，名为亨利·阿鲁特（Henry Ayrout）的耶稣会士注意到，那些被迫居住于这种组织化村庄中的民众通常视之为"几何状的监狱"（geometric jail）。对于这点他是如此解释的：

> 农民具有儿童般的性情，在向他们展示示范居所时，必须以仁慈的方式教授他们关于这种居所的"说明"，即使用新设施的方法，以及为何新居所好于他们的旧居所。此种教育较之对新居所的物质化实现（material realization）更为重要。

看起来示范村在建筑的物质性与居住于其中所需的"使用说明"间引入了一种区分。这是某种新鲜事物，这样一种区分在布尔迪厄所描述的卡拜尔人村落——我曾表示这个村子可用来代表殖民秩序所寻求取代的那种建筑、居住与思考方式——是不可想象的。如我们所见，在卡拜尔人村落的建筑或生活中，并不存在某种可被人为区分出来的，对一系列单独分离出来的说明、意义或方案——如我们所说的那样——的单纯"物质化实现"。卡拜尔人居所的建筑并非对某个方案的实现，而是通过类似于将一根"女性"柱子接到一根"男性"房梁上的过程，对构成这个家庭的那种结合的复现。⁸⁷ 居所从不仅仅是一处生活设施，且不会如现代设施那样，向他的居住者提供单独的使用说明。事物中并没有某些与其单纯的物质性相区分，且可作为象征之域、人类学家不时提到的文化代码或需要学习的说明单独被分离出来的东西。

---

① "依兹巴"一词来自俄语，指俄罗斯乡村农民居住的传统木屋，在"依兹巴"庄园中，地主会向佃农提供类似的居住场所，但所有权仍为地主所有。

示范村的新秩序引入了关于代码或方案的概念，以及关于物质性的概念。如我们在本章中曾加以检视的教室，示范村的几何结构将世界呈现为某种可简单地一分为二的事物：一个由我们称为"物"（things）的东西组成的世界，其存在体现为对另一个单独分离出来的、由意图或说明（intentions or instructions）组成的领域的物质化实现。新秩序这一神秘技术，是突然产生对组织化教育的需求并使之成为可能的原因。突然之间，在这些"物"之外，看起来似乎出现了一套文化代码、一组说明，每个孩子、每一位现在看起来"具有儿童般的性情"的农民都需要被教授这些代码和说明。阿鲁特神父继续说道："除非建筑计划和教学、教育以及指导结合起来，否则没有模范村能够获得实现并保持体面。简言之，我们应当与农民一道工作。埃及村庄的重建需要对其居民——尤其是妇女——进行再教育，我们必须由内及外工作。"[88]

我以阿里·穆巴拉克的故事开启了本章，他从巴黎归来，着手建设一座焕然一新的首都和一套全新的教育体系。在本章中间的那些篇幅内，我对街道与学校之间、新型空间框架与协调并控制在该框架内移动之人的手段之间的联系进行了探究。这些协调手段是某种独特的、物质性的事物，提供了米歇尔·福柯曾称之为微观物质性权力（microphysical power）的东西。这种权力通过以精确的维度重新建构物质空间秩序，并对客体的身体施加持续性控制起作用。但与此同时，我试图表明，这种权力一定程度上是超乎物质存在的。它通过创造出一种秩序的表象，一种作为独立的、非物质的领域而存在的结构的表象而起作用。正是这种形而上领域的创生，使得对个体的教育一下子变得至关重要起来——正如那些微观物质手段使得类似的教育成为可能。权力现在不仅寻求作用于身体外部，而且试图通过塑造个体的思维"由内及外"起作用。

第四章
我们控制了他们的身体之后

迈克尔·吉尔斯南在他的著作《认识伊斯兰》(*Recognizing Islam*)中，援引了一位驻阿尔及利亚法军军官关于一场暴动的报告，暴动发生于1845—1846年，被这位军官所在的部队镇压。这位军官写道，在一个国家的民众中间建立政治权威有两种方式，一为镇压，一为教化。前者作用于身体，必须首先使用；后者作用于头脑，影响更为长远：

> 事实上，最根本的事情是把这些无处不在却又无所在之处的民众聚拢成群体，使他们成为某种我们可以掌控的对象。在把他们控制到我们手中之后，我们将能够完成许多今天对我们来说完全不可能的事情，这些事情或许能使我们在控制了他们的身体之后，进一步控制他们的头脑。[1]

在前面两章中，我已对一些有关军事控制、建筑秩序和学校教育的新手段进行了检视，这些手段使得谈论"控制一个国家全部民众的身体"第一次成为可能。我曾援引米歇尔·福柯的著作，试图表明在埃及兴起了一种政治权力，它不仅寻求控制个体的身体，还试图对个体进行殖民并维持一种持续性在场（a continuous presence）。法国军官的话指出了此种殖民权力某些更深层的东西。如我在前一章结尾所提到的，这是一种看上去将其对象建构为某种被分成两部分——身体与头脑——之物的权力。接下来，我将论证此种区分是新出现的，它由全新的权力手段所创造，而这些手段的本质实际上就导致了这样一种分离。对头脑与身体二元性的分析，将把对规训性权力的研究与"呈现为博览会的世界"这一更为宏大的主题联系起来。

如那位法国军官一样，我将以对身体的控制开始本章。监控体系并非始于校园或军队，而是从人们出生时就开始了。紧随1882年英国对埃及的军事占领，当局设立了一间中央办公室，以在所有埃及村庄组织官方出生登记。这需要英国政府驻埃及代表克罗默伯爵（Lord Cromer）①称为"系统化的英式督察"（systematic English inspection）的做法，这正是殖民主义所试图巩固的日常权力手段。克罗默伯爵向伦敦的英国外交部报告说："就人口登记和系统化的英式督察的价值而言，没有比最近贝尼苏维夫省（Province of Benisouef）②的一个案例更好的例子了。英国督察办公室有理由相信，在属于一位埃及富人的'庄园'（*esbeh*）内，一定存在大量未被登记的成人与儿童。负责登记的谢赫（Sheikh）③证明说，这个村庄隶属于庄园的人当中，没有应服兵役者或未被登记者……巡查官率领一支由警察和守夜人组成的力量于夜间包围了该村庄，截至早晨发现超过400人未进行登记，谢赫将接受军事法庭的审判。"对埃及新生人口进行登记的直接目的是为了组织征兵——对军队自身的监督与控制手段我已在前文加以讨论。不过如克罗默伯爵本人在

---

① 艾弗林·巴林（Evelyn Baring, 1841—1917），第一代克罗默伯爵，英国殖民官员，1883—1907年任英国驻埃及特命全权领事，代表英国对埃及进行实际控制。
② 贝尼苏维夫省，埃及中北部的一个省区，濒临尼罗河。
③ 谢赫，阿拉伯语"长老"之意，即第二章提到的村庄头领"村老"。

提交给外交部的报告中所解释的那样,此种"英式督察"具有更广泛的价值。督察"对征兵委员会的军事和医疗工作施加了系统的监督,并间接对行省政府(Mudirieh)的众多民事工作进行了监督"。²

就资本主义生产的新方式——尤其是棉花种植和加工而言——在地方层面也需要类似的监督与控制手段。大庄园的私人所有制和欧洲资本的投资正在创造出一个无地劳工阶级,他们的身体需要被教授受薪劳动者那些经过规训的习惯(disciplined habits)。两名在新兴城市宰加济格拥有一家轧棉厂的英国人雇用了一位英国小伙子来监督他们的埃及工头"曼苏尔"(Mansoor)。根据这位英国小伙子的回忆,曼苏尔的工作是"在工作时监督本地人并使他们保持秩序,因为他们中多数人都天生具有懒散的性情……由于道德说教作用很小,他随身带着一根皮鞭或长鞭,借助这一工具,他在那些男人和男孩儿中激发勤勉的品质。而当任何人被发现偷盗或犯下更严重的罪行时,他会被扭送到警察局接受惩罚,而我则需要跟着他一起去警局,向警官解释其罪行,并确认他接受了与罪行相应的鞭刑"。³

资本主义生产还要求创造出大量的流动劳工(migrant workers),并对他们加以管理,以及建设并维护遍布埃及乡村的新基础设施——道路、铁路、灌渠、水坝、桥梁、电报线和港口。如开挖苏伊士运河这样的大工程需要对成千上万人进行迁移和监管,规模更小一些的劳工团队从埃及南部招募而来,以满足北部全新永久性灌渠网络——棉花种植依赖该灌溉网络进行——建设维护方面的季节性雇用需求,英国人将这样的劳工团队置于持续的警察监控之下。他们还引入了一种"票证"制度,在劳工前往北方之前,他们会在自己的村庄中拿到此种凭证,只有那些本地警方认定不会惹麻烦的人才能获得该凭证。⁴

或许发放"票证"的做法借鉴自埃及正在快速扩张的铁路体系,这是史无前例的规训机制的又一个着力点。截至19世纪末,无论是以人口数量平均还是以可居住领土面积平均,埃及的铁路里程数均位居世界前列。1890 年,埃及铁路共运送了 470 万旅客,1906 年这个数字达到了 3000 万,而且铁路系统拥有埃及最大的非临时性劳工群体。除对这一劳工群体进行监督和控制外,铁路当局还必须组织发放和回收数百万乘客的车票,并运转自己的卫队、警察和督察员队伍,"以维持乘客们的纪律"。⁵

如同教室与城市一样,埃及乡村将成为一个随处都可进行持续性监督与控制的地方,一个由票证与登记簿、警察管理与监控组成的地方。除了对田地、工厂、铁路以及劳工群体的特别监控,政府还希望建立一套全面的警察管理体系,这个体系应当是"智能、活跃且无处不在的"。⁶首先,如克罗默承认的那样,随着 1882 年政府权威的崩溃,国家需要一套"相当于实施戒严法(martial law)"的体系。所谓的"盗匪治理委员会"(Brigandage Commissions)——政府试图依靠它来摧毁乡村的地方武装团体——采用了所有现在已为人熟知的技术来镇压农民对现代国家新型权力的抵抗:武装突袭、秘密警察、线人、大规模监禁(该国监狱中的囚犯达到其容量的四倍)以及对酷刑的系统性使用。使用酷刑自嫌疑人处获取供词的例子包括将其用铁项圈吊起来,以及如马哈茂德·阿里·赛义迪(Mahmud Ali Saʿidi)事件中那样——他于 1887 年 4 月在坦塔的一家咖啡馆中被两名秘密警察逮捕——用烧红的铁钉炙烤人的身体。⁷

在被引入十年之后,盗匪治理委员会为一套更富纪律、涵盖范围更广且更持久的警察管理体系所取代。埃及军队中的一名英国军官赫伯特·基奇纳(Herbert Kitchener)①上校被任命为埃及警察总监。如同

---

① 赫伯特·基奇纳(1850—1916),英国殖民官员、陆军元帅,1883—1899 年在埃及和苏丹担任多个军事与民政职务,于 1890 年被任命为埃及警察总监,1911—1914 年任英国驻埃及特命全权领事。

摩洛哥的利奥泰①一样，基奇纳代表了19世纪晚期的新型军人－管理者（soldier-administrator），他们将监控、通信和训练方面的现代军事技术转化成了持续性的政治权力进程，在更早一些的尝试——我曾对它们加以讨论——失败的地方取得了成功。克罗默伯爵描述他是"一位一流的军事管理者，其所借以工作的那台机器的每个细节都受到了足够关注。在可预见的范围内，这台机器的每个部分都经过了改造，以履行分配给它的任务"。[8] 除了组织起一支警察力量，一套由英国主导的全面监控体系也建立了起来。这套体系置于内政部（Ministry of the Interior）系统内，如这个新官僚机构名称所显示的，埃及乡村生活的"内部"（interior）就这样被纳入了持续的监控之下。为了协助这一体系运作，数量达5万人的村庄本地守夜人都被纳入了政府工资名单内，并随后被召集到省城接受军事训练和武器配给。守夜人将配合"警方对罪犯及嫌疑人的监控"——事实上是对所有"引人注意的坏分子"的监控。最后，一系列意在进一步压制乡村"无序"状态的政府规章被引入，其中包括禁止除"政府官员、地方官员、大地主及大商人"外的所有人携带枪支。新的控制手段取得了巨大成功，乡村抵抗团体被击垮，它们的领导人遭到击毙或逮捕，对新兴私人地产的攻击被遏止了，"大地主及大商人"的权力获得了保障。[9]

卫生及其他原因（Sanitary and other reasons）

新的权力手段寻求对一个个的个体进行警察管理、监控与指导。这是一种寻求对付"为人所知者"与"引人注意者"的权力，这些人

---

① 于贝尔·利奥泰（Hubert Lyautey，1854—1934），法国殖民官员、元帅，1912—1925年担任法国驻摩洛哥保护国总监。

将被登记、清点、监控并向上汇报。第一次人口普查在1882年进行，伴随着出生登记与医疗检查而来的对政治主体身体的关注，既是出于军事原因也是出于经济原因。进一步而言，来自军队的全新医疗－数据统计实践（medico-statistical practices）提供了一套政治权力借此运作的、关于身体的语言，涵盖了它的数量、状况、发育情况以及保护措施。[10] 此类语言可用来控制和限制任何难以渗透或监管的大型运动或集会。比如，它可通过打压能标示社会和经济生活节律的集市起作用。

埃及最为盛大的年度集市——事实上是整个地中海世界最受欢迎的集市之一——是在尼罗河三角洲城市坦塔举行的赛义德·巴达维节（feast of al-Sayyid Badawi）。① 该节日是一场人数众多的活动，随着坦塔在1856年接入铁路系统，人流进一步显著增长。据说在19世纪60至70年代，参观者每年超过50万人。[11] 在这一时期，该节日已开始受到批评：节日中的宗教活动与法律相抵触；节日对国家有害，因为它使人们离开他们的工作岗位。当时回应类似批评的方式是指出该节日是一场大型年度集市，与世界各地的大型集市没什么两样，商业贸易会借此繁荣。[12] 然而此种观点并未占据上风，19世纪最后30年间，整个节日活动以卫生的名义遭到压制。19世纪70年代，每年伴随着该活动都会产生对"疾病与瘴气盛行"的担忧。当时该问题被归咎于坦塔城的结构，这导致了拆毁诸多建筑以建设开阔的街道——我们已在上一章的开头部分讨论过。然而对于维护卫生这一目标而言，这些措施显然是不够的，因为到19、20世纪之交，政府已"出于卫生及其他原因"在某种程度上彻底禁止了这一节庆活动。[13]

---

① 赛义德·巴达维节，为纪念葬于坦塔的苏菲派圣人赛义德·巴达维（1200—1276）所举办的活动，于每年10月巴达维生日时举行。

作为对身体的全新规训的一部分,关于健康与卫生的话语也应用到了官办学校之中。有关个人卫生的教学和配套的教科书当然意在促进个体的干净整洁。但其话语和手段的目标,却是消灭普通埃及人——尤其是埃及乡村居民——对个人遭受伤害的整体看法,并代之以一种19世纪关于身体的观念。人的身体被视作一台纯粹物质性的机器,疾病则被视作纯粹由因果链条构成的机械作用过程。[14]这些教科书的作者之一论证到,乡村习俗依旧在埃及顽固地保留着是"因为它们尚未被充分地斗争",而他希望看到这些习俗——用将其部分作品翻译成英文的东方学家的话说——"被封进关于人类错误的档案中去"。[15]这位作者是一位25岁左右、来自三角洲地区一座村庄的年轻人,曾在开罗的官办医科学校接受医生培训,并受教育部委托为官办学校撰写了两部教科书。第一本教科书是关于卫生的,以"针对埃及人习俗的若干健康措施"(*Health Measures Against the Habits of Egyptians*)之名出版;第二本教科书出版于1896年,是关于更为普遍意义上的习俗和道德的。[16]

这类书籍的论证手段并不仅仅是让活动于穷人间的那些本地行医者信誉扫地——尽管这些人全部被直截了当地称为"骗子""假行家"和"公开行抢者"——而是引入一套替代性的解释术语和医疗实践手段。事实上,这位作者承认许多民间医学的治疗方法是成功的,但他解释道,它们取得成功"并非是由于其中含有任何有疗效的成分,而是由于它们对想象和意志作用的操弄,而根据晚近一些生物学家的看法,这种作用对精神是极危险的"。[17]在其他一些案例中,作者承认本地疗法从科学上来讲是正确的,但他抨击了民间医学对于这些疗法如何作用于身体的理解,而代之以对这种作用的"真实解释",此种解释是以一套援引自19世纪医学的替代性术语进行的。例如,他以"电磁作用"来解释"邪恶之眼"的力量。"我们称之为'**嫉妒**'

(envy)的邪恶的电磁力,借助人的感官导出自己。"他引述某个村庄一名行医者的例子,该行医者通过凝视儿童和其他对象"嫉妒"他们。"每当嫉妒者将他的凝视投向被嫉妒的对象,当情绪波动之时他的毒素就会影响到该凝视波(current),从而削弱动植物体内的生命活动,这些动植物会日益虚弱,直至死亡。这种危险的强弱与嫉妒者相对于被嫉妒者力量的大小相对应,这导致了轻重不一的疾病、死亡、树木折断或高大宫殿的坍塌。"最后这位作者甚至承认,某些进口的欧洲药品就化学成分而言和它们所取代的民间药品是一致的,但这并未阻止他对使用此类本地药品的谴责。他仅仅补充道:"科学是多么伟大啊,它先是宣告废除作为自然产物发挥效力的本地药品,然后又通过工业途径找回了这些药品(或某种假冒它的东西)!"[18]

在这一时期的文献中,某些治疗实践不断被提起,并被批评为不仅错误,而且有害。在一部穆罕默德·欧麦尔(Muhammad Umar)所著,名为"埃及人现状及其落后之原因"(*The Present State of the Egyptians and the Causes of their Retrogression*)的广为人知的阿拉伯语著作中,作者将埃及落后的大部分原因归咎于穷人那些无知的行为方式,其中就包括表现了此种"无知"(ignorance)的齐克尔与扎尔(zar)①等带有催眠性质的活动。此外还有若干对类似活动持批判立场,且涵盖范围更广的著作出版,比如穆罕默德·希尔米·宰因丁(Muhammad Hilmi Zayn al-Din)的《扎尔之危害》(*Madar al-zar*),该书出版于1903年,专门对类似扎尔这样的活动提出了批评,因为它具有能使妇女控制她们丈夫的危险力量。

---

① "扎尔"为一种起源于埃塞俄比亚地区,并在埃及、伊朗等地广为流传的驱魔仪式,其目的是驱除人体内名为"扎尔"的邪恶精灵,在埃及该仪式逐渐演变为一种流行于妇女间的娱乐活动,参与者会连续数晚演奏乐器。

政治科学(Political science)

推广作用于身体的新手段的尝试,只是正在发生的变化的一个方面。通过将身体视作一台需要持续性监督与控制的机器,政治实践将个人处理为由两部分组成的事物,就如同其将世界处理为某种具有两面性的事物一样。在政治实践中,机械化的身体将与个体的心灵或心智区分开,就如同物质世界将被当作某种与观念秩序——或在19世纪的法国常常称为"道德秩序"的事物——相区别的存在。努巴尔帕夏(Nubar Pasha)是新兴的地主精英集团的一员,曾在英国占领埃及后三度担任首相,他即从上述二元区分的角度来理解政治进程。他在一份备忘录中提及"在军队、铁路……道路桥梁、健康卫生服务"领域中取得的成就,并提出"在**物质秩序**(*l'ordre matériel*)领域所做的工作,也必须在**道德秩序**(*l'ordre moral*)领域进行"。[19]努巴尔的备忘录与引入一套欧洲法律体系相关,该体系将巩固私人财产权。这里的"道德秩序"指的是现代意义上的法律,意为对一个社会各种规则的系统化汇总(这与现存伊斯兰法的含义有很大区别,伊斯兰法从未被理解为一套对"行为"设定界限的抽象规章,而是被理解为对特定活动的一系列评论,以及对这些评论的评论)。然而道德秩序还更宽泛地指向一个社会的普遍道德规则。在这种更为宽泛的意义上,道德秩序是一个在19世纪用来谈论"意义"领域——我们今天会如此称呼这个领域——的专门术语。这是一个用来指代抽象规则或结构的名称,在"呈现为博览会的世界"中,此种规则或结构被设想为某种与世界的物质性分立存在的事物。截至19世纪末,道德秩序已为指称这一抽象概念的新名称所取代——比如"社会"或"文化"。

为了考察这些抽象概念的政治性,我希望借由对人的进一步讨论接近这些概念,因为关于"人"的新概念——其由身体与头脑这相互分离的两部分组成——可以与类似"道德秩序"这样的抽象概念联系起来。与此同时,当其指向社会领域时,道德成了某种可以为个人所拥有的事物。家庭与学校教育不仅意在规训身体,而且还要陶冶儿童的道德——也就是他的头脑。关于文化的新概念也具有同样的双重意义,它既指向社会的道德秩序,也指个人要习得的一套规则或价值观。因此道德或文化既是世界的一个维度(即与世界的物质性相区别的观念秩序),也是属于个人的一种空间或进程(即个体的心灵或心智,与他或她的身体相区别)。"呈现为博览会的世界"的政治手段,即通过在个人表面上的二元性和世界表面上的二元性之间建立起此种相似性获得实现。

学校教育是一套以此种二元化方式对待个人的进程,其进行监视和教导的权力旨在使思维和物质领域都处于监控之下。1880 年一份讨论"督察的性质"的政府报告解释道,作为"教育部的眼睛"的学校督察们的任务是"同时从物质和道德层面"检查每所学校的状况。[20] 与此相应,学校教育的目的是同时塑造儿童的身体和头脑。在阿卜杜·阿齐兹·扎维什于1902年写给学校管理者的关于埃及教育实践的标准著作里,这两个目标被清晰地区分开来。扎维什写道,教育既意在训练儿童的身体,也意在塑造他们的心灵和品性。后一过程更为关键,因为正是品性确保了社会(mujtama')的存在并使各项社会事务的秩序固定下来。扎维什解释道,学校对个人心灵或品性的塑造是达成社会秩序的手段,因为学生"被教导服从学校的纪律和规则,从而变得习惯于尊重规则、纪律以及国家的法律"。扎维什由此得出结论,学校在确保社会秩序这方面为政府提供了巨大帮助。而且学校与家庭不同,它"是一个竞争性活动的场所,可以在学生的精神中注入对工作的勤勉态度"。[21]

如我在先前章节所指出的，示范学校所提供的作用于个体的那种力量，将成为政治实践自身的标志与手段。政治将被视作与学校教育同样的进程，并以相同的方式同时作用于身体与心灵。关于"政治"的新观念自19世纪60年代起出现于埃及的著作中，首先是作为某种在新式学校中被教授和实践的内容，在这些学校中，关于"政治"的观念将提供里法阿·塔赫塔维称为"一种普遍的统治力"（a general governing power）的事物：

> 文明世界的习俗是这样的，在伊斯兰国家中，儿童被教授《古兰经》，而在其他国家中，儿童则被教授这些国家自己的宗教典籍，在这之后儿童会被传授一门技艺。此种习俗本身是可以接受的，然而伊斯兰国家却忽视了教授它们的儿童关于主权统治及其应用的基本知识，这些知识构成了一种普遍的统治力，对于乡村居民来讲尤其如此。[22]

当然，此种意义上的"政治"并非某个先前被忽视的学习领域，这是一个全新的概念，是随着学校教育的推广和其他实践活动——其中包括那些新式学校组建者和管理者的写作活动——而出现的。塔赫塔维解释道：

> 国家治理所凭借的那些原则和观念以统治术（Art of Sovereign Government; *fann al-siyasa al-malakiyya*）、管理术（Art of Administration, *fann al-idara*）、治国学（Science of Statecraft, *ilm tadbir al-mamlaka*）等名称为人所知。对此种学问的研究、对它的一般性讨论、会议与议会中与此相关的辩论和申说，以及报章中对它的检视，所有这些都被称为"政治"（Politics, *bulitiqiyya*），也就

是统治（government，*siyasa*），从这个词衍生出形容词"政治的"（political），意为"与统治有关的"。政治是所有与国家（*dawla*）及其法律、协定、盟约相关的事物。[23]

关于政治的现代观念通过选取阿拉伯语词 *siyasa*，并将其与欧洲的"政治"（politics）一词联系在一起而获得定义。在此之前，*siyasa* 一词意味着对权威或权力的行使，即统治活动意义上而非统治机构意义上的"政府"（government）一词。通过将 *siyasa* 一词与欧洲的"政治"这一术语联系在一起，它由指代统治活动的若干语词之一，转变成了对一个明确的知识、辩论与实践领域的代称。但这种转变绝不仅仅是靠一个欧洲语词的影响完成的，某些特定实践活动已获得发展，而 *siyasa* 则已用来称呼这些活动。该词曾用在类似"身体健康管理"（*siyasat sihhat al-abdan*）以及"知晓政治事务之人"（*arif bi-umur al-siyasa*）这样的19世纪词组中，前者在翻译为法语时仅仅用了"卫生"（*hygiène*）这个词，后者则在1864年被一位阿拉伯学者以"法学家"（*criminaliste*）之名引入法语，*siyasa* 一词还可以仅仅指"监督执行"（to police）。[24] 与此相类似的还有 *tadbir* 一词，它可表达安排（arrangement）或管理（administration or management）之意，在前文定义"政治"一词的引文中该词出现了两次，但该词曾用来表达"治疗（某种疾病）"之意。[25] 换言之，"政治"（politics，*siyasa*）这一概念的出现，既不仅仅是对一个欧洲舶来词的采用，也不是某个概念凭空创造出了自己的存在空间。政治是一处实践领域，借由对民众健康的监控、对城市街区的警察管理、对街道的重组以及——这一点最重要——对民众的学校教育形成，以上所有措施都被视作——总体而言自19世纪60年代以降——政府的职责与本质。

这些活动要求精心制造一个新概念，用以指代与此相关的整个实践及思想领域。而使用 siyasa 这个久已存在的词可以与过去建立一种表面上的连续性，从而使其所指代的那些知识与实践活动看起来不是对某些先前无法设想之物的引入，而仅仅是对某些"被忽略"之物的再推广。如我在第二章所提及的，在更早的时代，对埃及的统治在实践中体现为对某些特定事物——身体、谷物、金钱——的聚集，统治家族需要这些东西来充实他们的府库和武装力量。相关政治进程是断续的、不规则的，且被迫以扩张作为唯一提高收入的手段，并总是关注集体。如福柯所论证的那样，现代政治是伴随着对个体而非集体的关注诞生的，在一个以个体秩序和健康为重点的经济制度下，个体可以单独地被关注、教育、规训并保持干净。

塔赫塔维在介绍"政治"这一观念时写道，政治"是世界的组织结构借以转动的轴心"（fa-madar intizam al-alam ala al-siyasa）。²⁶ 世界的组织结构，以及该结构的秩序和运转良好与否现在被当作政治议程对待。根据塔赫塔维的观点，政治分为五部分，前两部分——"先知的政治"（prophetic, al-siyasa al-nabawiyya）与"君主的政治"（monarchic, al-siyasa al-mulukiyya）——传递了 siyasa 一词通用且更为古老的含义，即领导或统治。在第三和第四部分——"公共政治"（public, al-siyasa al-amma）与"私人政治"（private, al-siyasa al-khassa）——政治实践的新含义显现了出来。"公共政治"被定义为"对团体的领导（如君主对国家或军队的领导），对提高民众境况的必要事务的组织，适当的管理（tadbir）以及对法律、秩序和财政的监督"。²⁷ 关于领导权的较为狭窄的观念被扩展至对一国各项事务的规范、管理与监督。

在也被称为"家庭的政治"（siyasa of the house）的"私人政治"与第五类政治——"自身的政治"（siyasa of the self, al-siyasa al-dhatiyya）——当中，政治的定义进一步拓展，被从卫生、教育和纪律的角度表述。"自身的政治"是"个体对自身行为、情势、言语、性情与意愿的督察,以及利用理智之缰绳对上述各方面进行的控制"。塔赫塔维补充道:"人事实上是他自己的医生——有些人将此称作身体的政治(the *siyasa* of the body, *al-siyasa al-badaniyya*)。"[28] 这些说法将 *siyasa* 的意义从领导或统治拓展到了有关"政治方针"的各项实践——即对个人身体、心灵和性情的督察与监控(这里使用的阿拉伯语单词 *tafaqqud* 具有军事方面的含义)。

民族志与懒散习气(Ethnography and indolence)

新的政治形态将以学校教育进程为模仿对象,对个体的身体和心灵同时予以控制,克罗默伯爵则从殖民权威建构过程的角度,对控制个体心灵的需求进行了解释。克罗默解释道,英国在埃及的殖民政权的问题在于,统治者与被统治者之间的那些传统社会纽带——即"基于种族、宗教、语言与思维习惯的共同体"——已不存在。因此对殖民政府而言,有必要塑造一种克罗默称之为"人工纽带"(artificial bond)的事物来取代传统纽带的功能。这些人工纽带将主要基于政府对其统治对象信息的掌握与理解,克罗默称此种理解为"理性的、经过训练的同情心"。他坚持"不仅英国政府应对埃及人展现出理性的、经过训练的同情心,而且每个参与埃及管理的英国人都应展现出同样的情感"。这种基于理解的人工纽带如何形成?如何使上述理解成为某种"理性的、经过训练"的事物?这需要"以对埃及现实和埃及人性格的精确了解与认真研究为基础"。[29] 埃及人的性格——这一概念此后将被诸如"文化"这样的术语所取代——将受到详细检视,因为一套规训式政治(disciplinary politics)建基于此。此类检视本身即是权力的规训机制的一部分,此种规训机制将民众置于监控之下,并持续对其进行窥视。

就像对身体的登记、清点与监控那样，针对心灵的政治实践也需要从登记开始，从而将其对象建构为某种分立的存在。埃及学校的一个总督察写道，政府的首要任务是"对民众性格的全部缺陷进行概述，探寻它们的根源，通过与造成缺陷相反的途径治疗这些缺陷"。[30] 因此在1872年，这位督察撰写了一本关于埃及学校教育的著作，其中前50页用来描述"埃及人的性格"。在这本著作的第一页他解释道："描述公共教育，需要同时对国民的习俗与性格进行描述。"他用清晰的政治术语进行了此项工作：埃及人是胆怯的，却又爱公然作对；他们易为激情所裹挟，却缺乏行动力；缺乏确定性的未来和不稳定的财产，造就了他们漠然而无动于衷的性格，扼杀了他们的勤勉精神与获取财富的欲望。[31]

在类似上文的民族志描述中，埃及人的"心灵"或"性格"被塑造成了一个确凿无疑的客体，作者所参与的教育实践能够作用于其上。"民族学（ethnology）向我们揭示影响，历史告诉我们原因。但对那些能够从其经验中吸取教益的人，民族学也揭示了那些由先前时代的疏忽或有害影响造成的病症的疗法。""民族学"的描述与学校教育的规训实践就以此种方式共同作用，塑造出了殖民政治的全新客体——个体的性格或心智。如同那些将要取代它的更为精细的概念——首先是"种族"，之后是"文化"——性格这一概念通过呈现作为民族学研究对象的个体与社会在历史中形成的"性质"（nature）而获得其解释力。那位总督察援引当时的主要科学生物学与地质学做比喻，如此写道："民族性格是该民族所曾经历的历史事件缓慢但持久的产物，如同那些冲积平原——每次洪水经过都会在其上叠加一层堆积层——这种性格也是逐渐形成的。而且正如每个不同的地质层都向我们指出一种新自然现象，每种生理特性也将我们导向该性格形成过程的一个新阶段。"³² 现代的教育性政治实践是一个民族学过程，建基于对上述民族性格的塑造与维持之上。

政治可塑造并弥补个体的特性。进一步而言，此种特性的本质是成为一名生产者。民族学在19世纪早期兴起并不仅仅是为了描述人的本质，而是一个更为宏大进程的组成部分，该进程将人从本质上描述为生产性的。有关中东的第一部严肃民族志——爱德华·莱恩的《现代埃及人风俗习惯记述》——由有益知识传播协会在英国资助出版。如我在前文提及的那样，该协会由布鲁厄姆勋爵建立，其目标是向新兴的工业劳工阶级提供图书和学校教育，从而培养他们勤勉与自律的美德。莱恩的著作中有连续数章是关于"性格""勤勉""烟草、咖啡、大麻与鸦片等的使用"的，这些篇幅描述了"除那些被迫以繁重体力劳动为生的人以外，懒散习气如何弥漫于各个阶层的埃及人当中"，以及"甚至那些急需收入的体力劳动者，也通常会花上两天时间从事他们可以在一天内轻易完成的工作"；埃及人如何地"极端顽固且难以统治"以及"自古以来就臭名昭著……因为他们拒绝缴纳赋税，直到遭到狠狠的责打"；"一名埃及劳工很少能够被说服严格按照顺序完成一件事：他通常会按照自己的意思来，而非听从雇主的意见，且几乎从未按照他承诺的时限完成工作"；"就沉溺于性欲这方面而言，埃及人和其他气候炎热地区的居民确实超过了更靠北地区的居民"；最后，埃及人对烟草、咖啡、大麻和鸦片过度成瘾，这使得他们"较之早先的时代更加懒散，导致他们浪费了……太多的时间，这些时间本可被更好地利用"。³³

将懒散视为非欧洲人心智的基本特点并不稀奇。19世纪早期，法国学者乔治·伯恩哈德·戴平（Georg Bernhard Depping）① 提出

---

① 乔治·伯恩哈德·戴平（1784—1853），法国历史学家，对法、德、黎凡特地区历史均有研究。

第四章　我们控制了他们的身体之后 | 141

应对其他民族的风俗习惯进行深入的经验性研究——他将这一研究称为地理学和历史学的"道德部分",还提出了"民族志"这一新名称——并强调此种研究可揭示相对于勤勉,懒散习性会造成的负面影响。他写道:"当你将亚非民族与欧洲民族相比较时,一定会发现他们之间存在着显著差异。前者看上去已陷入如此显著的懒散状态之中,以至于无法从事任何伟大的事业。"事实上,懒散习气是戴平该著作的主题,前者被视为开化程度较低民族的性格特点,以及他们境况的根源。此类论点是不折不扣经验性的,他注意到:"美洲的野蛮人是如此懒散,以至于他们宁愿忍受饥饿,也不去耕种土地。"与此同时,另一些野蛮人因懒惰沦落到食用炙烤过的同类的肉,或甚至——如一个南美部落那样——以泥巴和黏土为食(先揉成团,然后用小火炙烤,有时会添加一条小鱼或蜥蜴调味)。从对开化程度较低民族的习俗与道德的研究中,戴平得出了一个明确的结论:"要避免懒散习气(idleness)……你一定无法想象,在懒散与缺乏思考司空见惯的国家,人们可以同其他国家的人民一样幸福。"一个民族的衰落,应归咎于那些在田间工作之人的懒惰,"为了生产居民维系生存所必需的产品",他们应自年青时就被教导"不要把任何时间浪费在无所事事上,这些时间可以有效地利用起来"。[34]

19世纪20年代到巴黎学习的埃及学生被给予戴平的著作阅读。其著作的主题"生产性劳动构成人的真正本质"处于埃及政治经济转型法国方案的核心。该项目法方主管请求里法阿·塔赫塔维——这些埃及学生中最杰出者——将戴平的最新著作《诸民族风俗习惯概述》(*Aperçu historique sur les moeurs et coutumes des nations*)翻译成阿拉伯语。[35] 1831年塔赫塔维返回埃及时,携带了多部法语作品的翻译手稿,戴平的著作是他最先予以校订出版的。[36] 与此同时,他试图获得许可在开罗建立一所学校,来教授地理学和历史学的"道德部分"。尽管塔赫塔维这次尝试失败了，但他不久之后获准建立一所翻译学院，在满足翻译军事教育著作的需求之余，他还可以教授与"道德部分"相关的学科。[37]

塔赫塔维曾写道，他希望将余生投入到将全部法语地理、历史著作翻译成阿拉伯语的工作中。然而政府职务阻挡了他这一愿望的实现，直到1850年的一次政权更迭后他被派往苏丹开办一所学校——他将此视作一种流放——这一愿望才得以实现。在喀土穆，塔赫塔维翻译了费奈隆的著作《特勒马科斯历险记》，该书以流行于较早时期的道德故事的形式，表达了和戴平著作相同的主题，即民众需要勤勉精神。在他的旅行中，特勒马科斯无论前往希腊以外的什么地方——底比斯（Thebes）、提尔（Tyre）、克里特——他发现民众都"勤勉、耐心、勤奋、整洁、认真且节俭"，并享受着"按规定进行的治安管理"（une exacte police）。他发现"没有一块田地没留下勤勉的劳动者双手的印记，耕犁在每一处地方都留下了深深的犁沟：黑莓灌木、荆棘或任何占有土地却不产生收益的植物都无处寻觅"。[38]

正是从"勤勉"的角度，人们才能够理解塔赫塔维的著作《埃及人的心理历程》(Manahij al-albab al-misriyya)，该书是现代阿拉伯世界第一批重要政治著作之一，其重要性在于通过扩展对"公共利益"(the general good, al-manafi' al-umumiyya) 这一表达的阐释，引入了"生产"(production) 的概念。在解释了"公共利益"的含义后，该著作对其三个组成部分——农业、制造业和商业贸易——进行了考察，随后检视了它们在埃及从古至今的发展过程。"公共利益"指农业、制造业和商业贸易的物质生产过程所创造出的公共财富，但同时这种表达也指作为创造社会的过程的生产活动。在其著作中的某处，塔赫塔维宣称"公共利益"这一表达对应于法语词汇"勤勉"(industrie)，埃及现状的根源被诊断为此种勤勉习性——它是生产性个体与文明社会的特征之一——的缺失。这种缺陷使埃及人变得懒散，懒散习气成了他们"性格"的根本特征之一。利用欧洲文献，塔赫塔维将此种懒散性格一直追溯到古埃及人身上。[39] 在塔赫塔维著作的末尾，"勤勉"这一主题再度出现，塔赫塔维主张每个村子都应有一位政府派来的教师，"以教导村民政府和公共利益的基本原则"。[40] 为了塑造个体的正确心智并使每个公民都变得勤勉，新式官办学校是必需的。

自助（Self-help）

所有曾参与组织学校教育的作者——包括上文引述过的总督察以及阿里·穆巴拉克——均在讨论埃及人的心智时引出了有关懒散与勤勉的主题。他们的讨论受益于源源不断翻译成阿拉伯语的关于同一主题的欧洲图书，这些译著中最有影响力的或许是由发行于开罗的杂志《文摘》（*al-Muqtataf*）① 的编辑叶尔孤卜·萨鲁夫（Ya'qub Sarruf）② 翻译的作品。1880年，当萨鲁夫还在贝鲁特当教师时，就将萨缪尔·斯迈尔斯（Sameul Smiles）③ 的名著《自助：关于行为和坚持不懈的例证》(*Self-Help, with Illustrations of Conduct and Perseverence*) 翻译成了阿拉伯语。[41]

《自助》一书的主题恰与正在埃及出现的那些实践活动相契合。斯迈尔斯写道："一个国家的价值与强大，对国民性格的依赖远较对

---

① 《文摘》，出版于1876—1952年的阿拉伯语科普杂志，1876年在贝鲁特创刊，1884年起改在开罗编辑出版，对近代阿拉伯世界的科学与社会论争产生了重要影响。
② 叶尔孤卜·萨鲁夫（1852—1927），黎巴嫩记者、小说家、翻译家，《文摘》杂志创始人之一，1885年起迁居埃及。
③ 萨缪尔·斯迈尔斯（1812—1904），苏格兰作家、政府改革倡导者，《自助》是其最负盛名的著作，被译为多种语言发行。

其体制形式的依赖为多。因为国家的状况仅仅是个体状况的总和，而文明不过是……[这些国民]个人发展的问题。"[42]《自助》一书是关于"性格"（阿拉伯语译为 akhlaq）以及"道德训练"（tarbiya）的——通过此种训练，那些性格懒散者会变得"勤勉"（industrious, mujtahid）。勤勉（industry, al-ijtihad）是国家存在与进步所依赖的道德品质："国家之进步是个体勤勉、活力与正直的累加，国家的衰落则是个人懒惰、自私与不道德的累加。"[43]

这本书将"性格"作为其研究主题，进而提出三个论点，每个论点都有利于该书在埃及发挥巨大作用：(1)统治者的政治任务是塑造个体的习惯与道德；(2)政府不应因此过于关注法律或权力，这会导致"过度统治"（overgovernment），且无法使懒散之人变得勤奋；(3)使懒散之人变得勤奋需要教育提供规训与训练——教育的目标并非提供那种被视为"引人注目的财富"（marketable commodity），或可使人处境"变得更好"（better off）的知识，而是训练那些必须从事社会所需日常工作的人，使他们具有勤勉和坚持不懈的心态。[44]

该译著被用作萨鲁夫任教的位于贝鲁特的叙利亚新教学院（即日后的贝鲁特美国大学）①的读本，其语汇和观点影响了那里的一代学生。[45] 19世纪80年代，因为拥护达尔文的理论，这些学生中的一些人——以及萨鲁夫本人——被他们的美国雇主逐出了贝鲁特。他们随后前往埃及，在英国人的庇护下工作与写作。这一时期，再也找不到比埃及的英国官员更虔诚的"自助"理论信仰者了。英国人认为他们的任务是把埃及从过度统治的恶行下解放出来，这样埃及农民的生产力就能得到充分释放了。[46]

---

① 叙利亚新教学院（Syrian Protestant College），由美国传教士建立于1866年的高等教育机构，1920年更名为贝鲁特美国大学（American University of Beirut）。

第四章　我们控制了他们的身体之后　|　145

若干事件表明了斯迈尔斯的著作在埃及的影响力：1886年，一家自助协会在亚历山大成立。[47] 1898年，反英民族主义运动的年轻领袖穆斯塔法·卡米勒（Mustafa Kamil）①建立了一所私立学校——他声称该行动是自己对自助信条的实践。[48]"自助"一词和其他一些来自斯迈尔斯著作的格言一起被刻在了这所学校的墙上。[49]穆斯塔法·卡米勒的庇护者赫迪夫本人据说走得更远，把萨缪尔·斯迈尔斯的话刻在了自己宫殿的墙上。[50]在实践自助理念建立了一所私立学校两年后，穆斯塔法·卡米勒成了第一个公开呼吁在埃及建立一所大学的人，在提出该主张时，他还批评了埃及人在处理他们的事务时依赖政府而非靠自己的习惯。[51]与此同时，他还创办了《旗帜报》，该报将成为埃及国民党的政治喉舌。《旗帜报》早期常常提及教育话题，主张学校的建立主要不是为了教授学生知识，而是为了塑造他们的性格。[52]《旗帜报》也如此看待自己的角色，每天都以一整个专栏讨论埃及人的"性格与习惯"。

伴随着诸如《自助》这类著作的翻译，埃及人的性格或心智开始被视为一个可辨识的、构成问题的客体，社会的存在与强大据说就依赖于此。埃及为英国所占领就可归咎于埃及人性格中的缺陷，弥补这些缺陷是埃及的政治任务。[53]随着日本人在战争中先后打败中国人和俄国人，20世纪初叶的那些年中，埃及民族主义作家常常将他们国家所遭受的殖民占领与日本的情况相比较。使得日本成功击败亚洲和欧洲最大国家的主要原因，就是日本人和埃及人心智不同。这些作家详细解释道，日本人组织教育，并将精力集中于"性格的塑造"；[54]埃及人漫不经心、懒散且喜欢虚度光阴，与此同时日本人却"认真而勤勉"。[55]更早一些的1881年，《文摘》杂志曾将日本人的勤勉认真

---

① 穆斯塔法·卡米勒（1874—1908），埃及律师、民族主义活动家，埃及国民党创始人之一，与赫迪夫阿巴斯二世（1892—1914年在位）关系密切。

与埃及人的漫不经心对比，在诸多事例中还特别提到日本人在翻译欧洲著作方面的勤勉，并给出了一份日本人所译著作的名单——这些著作中的头一本就是萨缪尔·斯迈尔斯的《性格》(*Character*)。1889年，该杂志又对日本人与埃及人的心智进行了类似比较——这次是比较这一年巴黎世界博览会中的埃及馆与日本馆。[56]

在《自助》一书被译为阿拉伯语后，下一部在埃及与阿拉伯世界具有类似影响力的译著或许就数埃德蒙·德莫林（Edmond Demolins）①的《盎格鲁－撒克逊民族的优越性从何而来》(*A quoi tient le supériorité des Anglo-Saxons*)了，该书又是一部从个体性格问题的角度来理解政治进程的著作。[57]该书试图揭示英国何以成就了最伟大和最成功的殖民霸权，在北美、印度和埃及取代了法国，在贸易、工业和政治领域支配着世界其他地区。[58]该书将盎格鲁－撒克逊民族的成功归功于其独特的道德性格，这种性格是风格独特的英式教育所创造和传承的。与此相反，法国及其他国家未能找到对现代性格与生活方式进行代际传递的手段，人们看到的结果就是这些国家中"普遍的社会危机"。[59]

作为塑造现代性格的手段——因此也是在一个一切"都处于混乱之中"的世界创造秩序的手段——该书的写作不仅仅是为了鼓吹英式学校教育，也是为了鼓吹教授一门新颖独特的知识：社会科学。在巴黎担任《社会科学》(*La science sociale*)杂志编辑的德莫林将社会科学描述为"当下唯一未被类似的混乱所扰动的事物"。他解释道，社会科学知识不仅正确，而且涵盖范围广泛，其采用的分类与比较方法为世界赋予了秩序，此种秩序所采取的特殊形态就是对世界一分为二。德莫林继续谈道，社会科学"借由它所分析、比较、分类的所有事物了解到，当下世界正在转向一种全新的状态，此种转变不仅必要，而

---

① 埃德蒙·德莫林（1852—1907），法国教育家，"主动式学习"倡导者。

且是有利于世界自身的,其所达致的新状态不是过渡性的,而是永久性的,其看起来将世界分成了两部分——过去的时代与将要到来的时代"。⁶⁰

进一步而言,世界"看起来分成了两部分"不仅是一种时代的区分,也是一种心智的区分。德莫林写道,就像野蛮民族和我们之间存在区别一样,一道道德或心智上的鸿沟也已在那些头脑受到社会科学塑造的人与其他人之间划出。⁶¹ 德莫林在书的结尾部分总结道,此种区分带来的结果是"红种人相对于东方人,东方人相对于西方人,西方的拉丁民族与日耳曼民族相对于盎格鲁-撒克逊民族的一种道德上的落后性"。⁶²

在德莫林该书阿拉伯语译本的导论中,译者艾哈迈德·法特海·扎格鲁勒(Ahmad Fathi Zaghlul)① 对上述心智落后性序列给予了关注。他说他翻译这本书的目的就是通过比较埃及人的"性格"与占领他们国家的英国人的性格,使人们意识到这种落后性的根源。⁶³ 他列举了他所认识到的埃及人性格弱点所在,这其中包括了情爱、交友、决断、尊严以及从事慈善工作的意愿等各方面的弱点。最突出的则是他们事事依赖政府的习惯,而政府真正的职能只是提供秩序与安全,并主持正义。在上述弱点之外,埃及人的性格弱点还有不少,而埃及的财富与各项事务现已掌握在外国人的手中。但外国人不应因此受到责备,因为他们是靠自己的努力与社会科学知识获益的。⁶⁴

在埃及的特定社会阶层中,德莫林著作的译本产生了广泛影响,很快在媒体中引发了大规模讨论。⁶⁵ 若干年后一位埃及知识分子领袖回顾到,该书"在大众中传播了发展的科学基础,因此人们可将书中的原理应用到他们的实际情况中",这样的著作寥寥无几。⁶⁶ 该书在

---

① 艾哈迈德·法特海·扎格鲁勒(1863—1914),埃及律师、民族主义政治家,曾任埃及司法部副部长,译有多种欧洲社会科学图书。

埃及受教育群体中变得广为人知,即使在外省也是如此。一位上埃及的行省长官告诉一位法国旅行家,在德莫林的著作出版之后不久,他就阅读了该书。他已决定送自己的儿子——他是开罗官办预备学校的学生——去德莫林新近在巴黎附近创办的学校完成学业。[67] 在其关于益格鲁-撒克逊民族的著作获得成功后,德莫林创办了著名的奥诗学校(Ecole des Roches)。在他的另一部著作《新教育》(*L'Education nouvelle*, 1898)中,德莫林介绍了该校的组织原则,哈桑·陶菲克·迪吉维(Hasan Tawfiq al-Dijwi)——一名受雇于法特海·扎格鲁勒的本地法庭职员——几乎立即将该书译成了阿拉伯语。[68]

一代母亲(A generation of mothers)

从这些关于埃及人心智的政治讨论中,可以抽绎出一个独特的主题,那就是埃及的"道德落后性"与该国女性地位之间的关联。可以这么说,埃及发展的滞后是与妇女发展的滞后相对应的。这是英国殖民统治者最喜欢的话题,克罗默伯爵写道:"对伴随着欧洲文明的输入应予改进的思想与性格而言,埃及妇女的地位是最要命的障碍。"他论证道,如果"妇女在欧洲取得的地位被从总体目标中抽离",那么欧洲文明就不可能在埃及取得成功。[69] 英国人脑子里所想的妇女"地位"是现代母亲的地位,因为埃及所需的政治经济转型离不开家庭的转型。[70] 如果说现代政治权威通过对"性格"的塑造与规训发挥作用,那么随之而来的是,单个家庭必须转化为此种规训进行的场所。为达成这一目标,有必要打破家庭中现存的联结和分隔模式——这种模式已在诸如"闺房"这样的标签下被神秘化和浪漫化。克罗默的东方事务秘书哈里·波义勒(Harry Boyle)写道:"不健康的——

且常常是堕落的——旧式闺房生活中的联结，应让位于一代母亲——她们了解自己在孩子的道德训练与福利方面的责任——健康的、积极向上的影响。"[71]通过此类途径，政治权力希望渗透进对"警方的监控"不可见的那些"无法进入"（inaccessible）的空间，并由此开始——借用前面一章的话——"由内及外工作"。

打开女性那无法进入的世界，并由此造就"一代母亲"的需求是埃及作家——尤其是卡西姆·艾敏（Qasim Amin）[①]——常常提及的一个主题。艾敏出身于大地主家族，和扎格鲁勒一样，是受雇于新式的、欧洲化的法律体系的年轻公诉人之一。他写道，如果男人们要研究埃及妇女的境况——就像男人们已经在欧洲做过的那样——他们将会发现妇女是"他们衰朽和毁灭的根源"。[72]在19与20世纪之交，艾敏针对上述主题出版了三部引发广泛讨论的著作，这三部作品中的第一部《埃及人》（*Les égyptiens*）出版时艾敏才20多岁，该书以法语撰写，是对阿尔库尔公爵（Duc d'Harcourt）[②]一部著作的回应——阿尔库尔在该著作中攻击了"英国正在使埃及人文明开化"的论断。[73]阿尔库尔断言，埃及人的落后应归因于某些心智特征，任何英国人的治理改革都无法显著改变这些特征。这些特征包括驯服性、对痛苦的麻木不仁、不诚实以及思维不活跃，最后一点尤为重要，正是这种思维上的不活跃使得所有东方社会趋于停滞，无法进行任何真正的历史或政治转型。今日阿拉伯人的观念、习俗与律法都和一千年前一模一样，阿尔库尔写道，此种了无生机的状况部分可归因于埃及令人窒息的炎热气候，但更是因为整个地区所共有的一项要素——伊斯兰教。伊斯兰教教义

---

① 卡西姆·艾敏（1863—1908），埃及法官、伊斯兰现代主义倡导者，被视为阿拉伯世界最早的"女权主义者"之一。

② 弗朗索瓦·阿尔库尔（François Harcourt, 1835—1895），法国政治家、军人，第九代阿尔库尔公爵。

创造出了一种被深刻改变了的道德感,它摧毁了所有智识方面的探索欲。阿尔库尔断言,上述特征是如此的深刻与持久,以至于在开罗街头与我们擦肩而过的人都已与法国人不同,这种不同不仅体现于他们飘动的长袍那炫目的颜色上,更在于他们的人之本性。[74]

一名埃及作家对上述观点做出回应并不稀奇,真正令人感兴趣的是此种回应的形式。卡西姆·艾敏并未质疑阿尔库尔将活力视为西方的根本特征,而将长达千年的停滞视为其祖国的根本特征这一区分,或对将上述区分归因于某些特定心智特征提出辩驳。事实上,艾敏更进一步,断言这些心智特征在今日埃及所造成的后果不仅仅是一种相对的衰落状态,而是"绝对的无序状态"(*désorganisation absolue*)。他和阿尔库尔的分歧在于,在他看来,此种无序与引发这种无序的心智特征不应归咎于伊斯兰教,而应归咎于对伊斯兰教的背弃。伊斯兰教提供了一种关于秩序的基本原则,但这种秩序现在已经失落了。结果埃及面临着一种选择:或是通过回到伊斯兰教的基本原则尝试重建秩序,或是在社会科学的律条与原则之中,彻底为社会秩序寻求一种全新的基础。事实上通过在过去若干年中开始吸取来自现代欧洲的观念,埃及看起来已经选择了第二条道路。艾敏感到,不论其到底能带来什么好处,这一选择都是不可避免且无法抗拒的,因为欧洲文明的活动"在所有地方都具有一种侵略性"。他断言,欧洲文明是"文明发展的最后一个阶段",它具有"持久性,我可以说它是不可逆转的(*irrévocabilité*)"。[75]

艾敏的目标是克服此种"绝对的无序状态",这将通过使社会科学成为社会新的组织原则而实现,这为埃及对科学知识的需求注入了新的重要意义。在实践当中此种政治需求如何被满足?送一批学生去欧洲学习并带回科学知识这样的老办法已不能满足需要,解决方案之一是在埃及建立一所国立大学,以在国内培养受过教育的精英群体,但卡西姆·艾敏却提议从塑造一个远较知识分子阶层人数为多的群体着手：受过教育的埃及母亲。艾敏在《埃及人》一书中宣称："我坚决提倡向妇女提供相关教育。"卡西姆·艾敏否定了阿尔库尔对闺房与内侍那充满想象色彩的描述，并解释在埃及家庭内部是妇女而非男性掌握权力。正是这种家庭内部的权力应当利用起来，以将科学确立为埃及社会的秩序原则。他写道，女孩儿必须获得教育，以使她们成为母亲时能为孩子那无休止的提问提供科学的回答。[76]艾敏在其后的著作中反复论及，创建现代政治秩序的进程应始于母亲的膝盖之上。

此种书写试图将妇女单独列举出来，作为埃及落后的集中体现。她们是某种权力的执掌者，而这种权力将为国家的新政策所打破，转化为一种社会和政治规训的工具。家庭将被组织为规训场所，从而能够与我已提及的学校教育、军事等领域的实践手段一道塑造埃及人的正确"心智"——据说实现社会秩序的可能性就依赖于此。

我现在要回到社会秩序的问题上。同有关心灵或心智的那些概念一样，社会秩序也是一种抽象概念。如同心灵一样，它所指向的是思维或者观念之域，该领域与由"纯粹的事物"（mere things）组成的可见世界分立存在，乃是属于秩序或结构的领域。在第二章和第三章讨论军队、示范居所和学校时我曾提及，在每个事例中全新的规训和分配手段都造成这样一种后果：一个非物质结构分立于事物自身而存在。比如在军队当中，对人员的协调和控制使一支军队看起来像一台机器——某种超越其各组成部分之和的存在。新式军队看起来像一台机器，一下子使旧式军队中类似结构的缺失变得清晰可见，旧式军队现在看上去就像"娱乐场所的人群"。与此类似，如我们已见到的那样，现代学校中的规训手段一下子使谈论清真寺-学校中的"混乱"与"嘈杂"成为可能。一旦设想同样的协调和控制手段应用于民众与城市，现存的城市也在同样的对比中一下子看起来充斥着熙攘的人群了。通过这种全新的体认人群的方式,人们也同样会突然发现社会秩序的问题。

社会问题(The problem of society)

在埃及人对欧洲之旅的描述中,有关人群的问题已被提及。巴黎和马赛的引人注目之处,不仅在于其建筑和商店的布局,还在于其繁忙的街道中个体那受过规训的、勤勉的举止态度。"每个人都专注于自己的生意,按部就班地做着他的事,并注意不要伤害或打扰到其他任何人",这样的描述让人想到埃德加·爱伦·坡(Edgar Allan Poe)笔下的"人群中的男人"(Man in the crowd)①,他通过咖啡馆的玻璃窗观察到"到现在为止,越来越多的过路人都怀着一种心满意足的、务实的态度,看起来只想着穿过这熙攘的人群。他们眉头紧锁,眼睛快速地转动着;当受到其他路人推搡时,他们也未流露出不耐烦的神色,而是整理一下衣服,继续匆匆赶路"。[77] 事实上,街道中的人群成了西方和埃及作者书写中共有的传统主题(a common topos)。本雅明注意到:"再没有什么事物比这更能受到19世纪作家注意的了。"[78]

城市街道中的人群是19世纪末一部埃及小说的主题。如同我在前面章节中曾经考察过的作品那样,这个故事也是以游记形式撰写的。尽管故事的主角最终来到了巴黎(我应当补充一下,他们是去那里观看1900年的世界博览会),但这是现代埃及小说第一次将主要情节设置于开罗而非欧洲。故事的两位主角——一位名叫以撒·本·希

---

① 《人群中的男人》为爱伦·坡于1840年发表的短篇小说,描述了一位无名叙述者尾随一位老者穿行于伦敦城时的所见所闻,引文为叙述者在小说开篇于咖啡馆中所见景象。

沙姆（Isa ibn Hisham）的年轻作家和他年长且令人尊敬的同伴：一位帕夏——自旅行一开始就被人群推到了一起。他们在开罗城外的一处墓地相遇，在那里50年前曾生活于开罗的帕夏死而复生，并将带着震惊与不解探寻自那时起这座城市发生了什么。当他们启程进城时，一位驴夫试图在费用方面欺骗帕夏，一场争论由此爆发。帕夏称呼这位驴夫为"无礼的农民"，他回敬帕夏："我们生活在一个自由的时代，在驴夫和王公之间没有区别。"我们得知，在他们身边一群人已经聚集起来。一位警察到达现场，但他对贿赂的兴趣胜于"维持秩序"，他把帕夏带往警察局——作者在这里补充道——一大群人尾随其后。[79]

在接下来的章节里，这两位主角在开罗的现代化街道和全新公共生活空间中穿行。他们到过法庭、监狱、旅馆、餐厅、剧院、舞厅、酒吧、咖啡馆和妓院，全程都伴随着不停歇的、喧嚣的人群。"这巨大的喧嚣声是什么？……这大叫的人群？"一次当他们在夜晚走过开罗市中心时，帕夏如此问道，他以为那里必定有引人注目的节庆活动或葬礼。以撒·本·希沙姆答道："不，只是人们聚集在公共场所而已——伙伴们一起度过夜晚，酒鬼们则喝得醉醺醺的。"[80]

在这部小说的几乎每一幕中，难以驾驭的喧嚣生活与道德政治规则的缺失反复出现。他们不仅在妓院和咖啡馆中遭遇了熙攘的人群，而且甚至在他们此行参观的最后一站——剧院——也遭遇了人群。剧院在欧洲（一位同伴向帕夏解释道）是一处人们观看以戏剧形式呈现的历史或其他主题，从而改善道德的场所。但在这里情况完全不同，演员们在舞台上跳舞、叫喊、狂欢作乐，而来自各个阶层的观众不像欧洲人那样安静地坐着当一名观赏者，而是加入进来，粗鲁地大笑和鼓掌。[81]

这部名为"以撒·本·希沙姆的故事"（*The Tale of Isa ibn Hisham*）

的作品被此后的作家描述为那一代文坛中最为重要的幻想文学作品。[82]该书受到广泛阅读,一个删节本此后被教育部用作全部官办中等学校的课本。[83]该书曾被解读为一部社会批判小说,表达了该时期在政治思想中兴起的自由主义思潮(liberalism)。"自由主义"一词可能带有误导性,驴夫关于"自由的时代"的声明曾被引用来说明该书的主题,即埃及人必须被教以法律面前人人平等的原则。[84]但这些话是出自一个"无礼的农民"之口的,该书所关注的并非权利的平等,而是社会的混乱,此种混乱在开罗街头的无纪律(indiscipline)中——农民表现得和帕夏平起平坐——一下子变得清晰可见。无纪律并不经常被视为自由主义思想的中心关怀,但相较于彻底抛弃自由主义标签,我更倾向于使用这些来自埃及的作品来理解殖民语境下的自由主义。埃及的自由主义者固然谈论公正与法律权利,但此种关切是被限定在范围更广阔的问题中的:只有在一个由遵纪守法且勤勉的个体组成的社会中,权利才可以被享受,而如我们已经看到的那样,埃及人现在所缺乏的正是此种特质。自由主义是一个全新社会阶层的语言,这个社会阶层正感受到勤勉与服从的思维习惯——这种习惯使得社会秩序的存在成为可能——缺失所带来的威胁,《以撒·本·希沙姆的故事》清楚地表达出了这个阶层在政治方面的恐惧。

这部小说是由 30 岁的穆罕默德·穆瓦伊里(Muhammad al-Muwailihi)撰写的,于 1898—1902 年刊行于其父创办并编辑的报纸《东方明灯》(*Misbah al-Sharq*)上。其父出生于开罗一个显要的商人之家,这个家庭是希贾兹(Hejaz,阿拉伯半岛毗邻红海的海岸地区)一个从事纺织品贸易的富有家族在埃及的分支。该家族的历史值得一提,因为其说明了该家族所属商业阶层的财富来源。穆瓦伊里家族伴随着埃及红海贸易的繁荣在 18 世纪兴盛起来,19 世纪他们已经变成了埃及统治家族的亲密政治盟友。然而这种同盟关系却不能在欧洲贸易的扩张面前为埃及的大商人家族提供保障。19世纪70年代,在被赫迪夫从贸易事业毁灭的危机中解救出来后,穆瓦伊里家族成了反对欧洲列强控制埃及贸易与财政的民族主义运动的领导者之一。[85] 到19世纪90年代,穆罕默德·穆瓦伊里受雇成为英国殖民统治下的一名政府官员,而英国对民族主义骚动的回应就是在1882年将埃及置于军事占领之下。

穆罕默德·穆瓦伊里撰写《以撒·本·希沙姆的故事》的同时,两位与他同龄的颇有影响力的朋友——卡西姆·艾敏与艾哈迈德·法特海·扎格鲁勒——也在撰写我已经提到过的与此类似的社会批判著作,前者将埃及的现状描述为"绝对的无序",后者则将其视为普遍性社会危机的一部分。[86] 这三个人都是同一社交和文学沙龙的成员,在其中他们与同样的公务员、法官、公诉人,以及某些埃及重要土耳其家族的成员、英国官员和来访的东方学家相交往。[87] 19世纪末聚集在类似沙龙中的那些人并不太关心殖民统治,尽管他们痛恨欧洲人的控制,但作为地主、商人和政府官员,他们的家族已开始从这种统治中获益,他们更为关注的乃是外面那些街道和咖啡馆中具有威胁性的人群。

喧嚣与混乱(Noise and confusion)

在19世纪的最后十年间,开罗的咖啡馆、酒吧和游艺室数量翻了三倍多,从2316家增长到了7475家。[88] 对咖啡馆生活的描写频繁见诸这一时期的文献——尤其是那些着力于描述埃及无序状态的作品。此种描写促使作者们跟随人群进入局促的室内空间:

> 开罗的咖啡馆是乌合之众聚集的场所……这空间是如此局促,以至于身处其中之人几乎要被炉灶和水烟管冒出的烟气熏倒了;因此一个走进咖啡馆的人会感觉他进入了燃烧的火焰或狭窄的囚室之中。这里是众多传染病的渊薮,也是无业者与懒汉的避难所——尤其是在那些以吸食大麻著称的场所。一旦身处其中,人们唯一能听到的就是那些让人从耳朵到心底都感到厌恶的词汇,这些地方永不停歇地上演着争吵和斗殴。[89]

在咖啡馆、酒吧和妓院中,人群那独特的"无序症状"(disorders)可以被诊断出来——这些症状中最主要也最普遍的总是懒惰与无业。1902年穆罕默德·欧麦尔(Muhammad Umar)在其撰写的阿拉伯语著作《埃及人现状或其落后之原因》中,详细探讨了懒惰习性和上述新兴社会生活方式的进一步后果,其中包括酗酒、毒品成瘾、滥交、疾病和精神错乱。[90]该书称,所有这些后果都在以令人恐慌的速度扩散,而尤以在穷人中为甚。

在穷人当中,学校教育普及仍然不够充分,且如果任何人想学习阅读,他们能获得的图书中的插图比文字还要多,且充斥着类似"农夫和三个女人"(The Fellah and the Three Women)这种妨害道德的故事。而近来一本这种类型的图书竟然在不到一个月中重印了六次。[91]家庭生活被忽视了,男人们习惯于在声名不佳的咖啡馆中度过白天或整个晚上,女人在其中充当招待,男人们则讲述着唐璜(Don John)①的故事。

精神病是另一种现在可以被诊断出来的病症。欧麦尔的著作警告

---

① 西班牙传说人物,一生周旋于女性之中,莫里哀创作有同名戏剧,后世通常将其作为花花公子的代名词。

说，阿巴斯亚区（Abbasiyya）①的精神病院——一所近来刚由英国人建立的新机构——已经挤满了来自底层的患者，以至于其不得不将数百名仍然发病的患者放到街上，以为其他更严重的患者腾出空间。该书引用了一份来自沃诺克先生（Mr. Warnock）——埃及政府的精神病事务主管——年度报告的1899年确诊患者已知病因清单。其详细的分类至少提供了某种意义上的秩序：

大麻 205	失血 7	失禁 13
酒精 16	伤寒 3	食物不足 13
老迈 10	癫痫 39	愚笨 10
梅毒 27	结核 2	悲痛、贫穷和压力 34
遗传 29	精神衰弱 24	

欧麦尔总结道，酒精与毒品上瘾是意志衰弱整体症状的一部分，相较贫穷本身，其对穷人社会生活的损害更大。[92]

作者自己的阶层——那些为贸易、农业和制造业群体的繁荣而工作的人（欧麦尔解释道，这些人与旧式贵族不同，后者依靠地产收入、津贴或遗产继承过活），以及那些从事学者和作家工作的人——凭借他们的"秩序"感与所有这些恶习保持距离，他们不会为穷人中——甚至极为富有的人当中——常见的懒惰习性所影响。该书强调，这要归功于英国人引入的秩序，这赋予了他们自信和对自身事务的主动性。这种秩序与英国占领埃及前阿拉比革命（Urabi revolution）②引起的混乱形成了鲜明对照。[93]

---

① 阿巴斯亚区，开罗近代发展起来的一个区。
② 阿拉比革命是埃及军官艾哈迈德·阿拉比于1879—1882年领导的民族主义运动，其诉求是结束英法对埃及的控制，该运动1882年在英国的武装干预下失败，此后英国开始了对埃及的直接占领。

"喧嚣与混乱"是欧麦尔所属阶层描述他们周遭境况时所用到的那类词汇。"喧嚣与混乱"这一表述本身,来自作家阿卜杜·哈米德·扎赫拉维(Abd al-Hamid al-Zahrawi)对埃及社会普遍状况的描述。扎赫拉维是该时期生活于埃及的叙利亚人,后来在巴黎担任第一次阿拉伯大会(First Arab Congress)①的主席,是第一次世界大战期间被土耳其政府以"叛国"罪名处以绞刑的数十名重要阿拉伯民族主义者之一。扎赫拉维写道,喧嚣和混乱是一种爆发于群体之中的社会疾病。那些来自学术群体、受过现代科学教育的群体、传统名门望族以及大规模农业与贸易活动经营者之中的智识之士,都处于因这种无序——喧嚣与混乱——变得失语并为其所毁灭的危险之中。[94]

在上述阶层的著述中,开罗的年轻人是另一种被单独列举出来的对"秩序"的威胁。他们受教育不足,就业不充分且心情低落,构成了一种独特且具有破坏性潜质的社会问题。欧麦尔称,这些年轻人缺乏教育的规训,因为学校教育体系未做出任何和人口增长同步的努力,除此以外,埃及基督徒人口中的教育事实上是在退步的。[95]这些年轻人每晚都跑到街上,成群结队地大喊大叫。我们得知,他们最新的风尚(*bid'a*)是恶作剧。这位《埃及人现状》的作者提到,他自己就曾是年轻人恶作剧的受害者:他在俱乐部中被三名陌生人搭讪,其中两人打扮成女人的模样,但他们最后被证明是来自他所工作的政府部门的年轻小伙子,都是富裕家庭的子弟,当时或许是喝醉了。[96]在白天,年轻人像穷人一样在咖啡馆中荒废时光,而不是把精力放在学校教育或工作上,此种状况在下午将要过去时尤为明显,此时正是当日报纸上市的时候,他们就开始漫无边际地围绕路透社的最新报道争

---

① 第一次阿拉伯大会是 1913 年 6 月 18—23 日在巴黎召开的一次阿拉伯民族主义者会议,来自各阿拉伯民族主义团体的 25 名代表出席了会议,会议围绕为奥斯曼帝国境内的阿拉伯民族争取更多自治权及相应改革进行了讨论。

论起来。欧麦尔写道,应当使这些年轻人懂得,就像其他社会科学学科一样,在文明国家中政治也是一门科学,而不是咖啡馆中漫无目的争论的对象。[97]

社会秩序(The social order)

19世纪后期兴起于开罗的民族主义运动——其影响遍及开罗的咖啡馆、年轻人在咖啡馆中阅读的报纸、新兴地主家族和政府官员活动的沙龙、军官宿舍以及露天街道——过去常常被理解为一场"觉醒"(awakening)。这种印象描绘了一个突然间具有了自觉意识(self-aware)的群体——其出现原因常常被归于英国人的刺激。据称此种自觉意识逐渐获得清晰的表达,直到在第一次世界大战结束时演变为一场反殖民起义。但"民族主义觉醒"这种印象是存在问题的——不仅因为其总是在暗示埃及民众先前是不清醒且无意识的(尽管开罗从不缺乏活跃且具有抵抗精神的政治生活),而且因为这看起来意味着民族主义一直存在,它只是有待认识的关于"民族"的单一真理。民族主义是被发现的,而不是被发明的。[98]

民族主义并非单一的真理,而是在不同社会团体中具有不同的意义。我这里所关注的,是那些在英国人治下获得新的财富和政治权力,并且在英国人离开后继续保有这些财富和权力的人。他们的政治著作关注于劳工群体和失业埃及大众令人倍感威胁的在场(presence),此种具有威胁性的在场通常是以人群(crowd)的形式表现出来的。不论以何种方法,这些人群应当被秩序化,并被改造得驯顺且勤勉。其中的个体将被塑造成一个组织化的、被规训的整体。正是这个驯顺的、有纪律的整体将以"民族"之名被想象,并被建构为埃及"社会"。用来指称这一进行规训和塑造的政治进程的词就是"教育"。[99]

"社会"或"社会形态"（social form）的概念在19世纪70年代的著作中被第一次介绍到埃及时，也是从教育的角度进行的。塔赫塔维写道："个体（无论男女）良好的教育状况，以及这种状况在个体间的扩展，将建立起教育状况良好的集体形态（collective form）——整个共同体（community in its entirety）。"[100] 对个体的塑造将成为塑造"集体形态"的途径。为找到一种特定表达或语词来指代此种借由对个体的规训与教育而组织起来的共同体，塔赫塔维进行了多次尝试。类似"社会组织"（social organization，*al-intizam al-umrani*）[101] 和"有组织的联结"（organised association，*al-jam'iyya al-muntazima*）[102] 这样的表达都曾使用过，但成为通行表达的是 *al-hay'a al-mujtama'iyya*——其中 *hay'a* 意为"形态"（form），即可见的形状或状态，其修饰词 *al-mujtama'iyya* 是由 *mujtama'* 派生的形容词，意为"集体的"（collective）。在上述引文中，塔赫塔维在说明 *al-hay'a al-mujtama'iyya*（集体形态，社会）这一不寻常且突兀的表达时，解释其指代的是"整个共同体"。

《以撒·本·希沙姆的故事》中的帕夏在其与人群的遭遇中碰到了上述全新表达。在和驴夫争吵并在监狱中过夜后，帕夏发现自己来到了公诉人面前，处在"一群诉讼当事人"中间。帕夏问道："这个年轻仆役是谁？这群人是谁？"他的同事解释道，这个年轻人出身农民家庭，是公诉人。根据新秩序，他负责"代表社会"（*al-hay'a al-ijtima'iyya*）对罪犯提出指控。帕夏问什么是"社会"，被告知"社会"就是整个共同体（*majmu'at al-umma*）。[103]

"社会"这个新词获得了解释，但帕夏关于新秩序的疑惑依然存在——"民众竟然要被一位农民统治，共同体的代表是一个握耕犁的男孩儿！"。[104] 他的疑惑反映了设想名为"社会"的新事物的困难之处。社会在诸多方面都是全新的，其秩序并不体现为个人地位之间的等级差异，因为农民现在看起来是和绅士地位平等的社会成员。其成员身份的取得并不基于一种自个体血缘联系——无论这种联系多么疏远——向外拓展而成的亲属关系。最重要的是，"社会"是某种以群体形式为人所遭遇的事物。不论如何，这些聚集在法庭中的陌生人现在会被视为他们所从属的社会整体（social whole）的一部分，尽管看起来没有任何事物能把帕夏和这群人联系起来——除了他们在同一时刻占据着同样的空间。体认这种联系，并将这些人建构成一个社会整体，并不一定需要扩展个体的视野或想象空间，其更多地牵涉到采用一系列全新的政治和社会实践手段，这些手段将带来一套全新的假定（assumption）。牵涉到自我与空间、秩序与时间、身体与心智的特定实践手段得到采用——我在本书中一直在对其形式加以描述——这样空间、时间与心智维度看起来就作为一种观念结构（conceptual structure）或一个整体分立了出来。人们将会忘记，它们仅仅是一些表象（appearance）。

　　这一时期在欧洲，人们会发现将"社会"设想为分立于民众自身而存在的政治和观念结构的相同尝试正在进行之中，这一尝试同样与学校教育和对人群的恐惧相关联。为了找寻出人群、学校、关于名为"社会"的客体之观念这三者间关联的独特性质，对该时期一位欧洲主要社会学家的著作进行回顾或许会有所帮助。埃米尔·涂尔干（Emile Durkheim）19世纪80年代曾在巴黎接受师范教育，并于日后在那里教授教育学和社会理论，20世纪对上述全新客体——社会——的诸多科学研究都建基于他的著作之上。涂尔干对于社会科学的重要性在于，他将社会确立为某种"客观"存在的事物——一种独立于个体心智的观念秩序（mental order），并展示了这一想象出来的客体应如何被研究。

涂尔干首先援引那些加入人群之中的个体的行为表明，社会领域是独立于特定个体头脑的存在。他在《社会学方法的准则》(The Rules of Sociological Method)一书中写道："人群当中的热忱、愤怒、怜悯等大规模情绪变动都不是来源于特定个体的意识，它们无缘无故地来到我们身上，无视我们自身将我们裹挟起来……因此一群个体——他们中多数并无攻击性——聚拢为人群时，却可能陷入暴力行径之中。"[105] 这段话的口气已经表明了在确立社会科学研究对象时，其在政治层面上关乎何事：群体潜在的不受限的暴力问题是与不受限的个体天性相关联的。现代自由主义对我们中任何人在"无视我们自身"的情况下会做出的事情怀有与生俱来的恐惧，这是一种存在于自由主义社会科学核心的恐惧。[106] 由对不受限且未经规训的个体的恐惧，生发出了解并强化社会客观存在的需求。

在涂尔干的著作以及其他一切自由主义社会理论中，与社会客观性相对应的，是教育的必要性与普世性。涂尔干写道，教育是"社会不断重新创造其自身存在条件的手段"。[107] 如果社会是一个分立于个体、作为一种**集体意识**(conscience collective)① 而存在的客体，那么它需要一种机制在个体中重新创造出其所奉行的集体道德(collective morality)。集体道德是一套基于"惯例与权威"的规范体系(system of discipline)，现代国家的学校教育所要培养的，就是此种规范。"儿童必须学会协调他的行为并对它们加以控制……他必须学会自我管理、自我克制、自我主导、自我决断，在行为中体会规范和秩序。"对个体进行协调以形成民族国家，所依靠的就是此种共同规范。在关于"初等学校道德教育"的讲座课程中，涂尔干解释道，在世俗国家

---

① 在涂尔干的语境中，集体意识指社会成员某些共有的信念或观点。

中全民教育的目的是使儿童"理解他的国家和时代,让他意识到国家和时代的需要,引导他进入生活,并通过上述途径使他为等待他的集体使命做好准备"。108

一些埃及人曾出席涂尔干在索邦大学举行的关于教育和社会理论的讲座,这其中就包括作家、未来的埃及教育大臣塔哈·侯赛因(Taha Husayn)。但塔哈·侯赛因与其他埃及学生却没有选择将涂尔干有关教育和社会理论的著作翻译成阿拉伯语。他们选择了涂尔干一位更知名的同时代人的著作,其在1895年——《社会学方法的准则》也在同年面世——出版了他著名的作品《乌合之众》(The Crowd)。①

由上等人组成的精英阶层(An elite of superior men)

1910年,埃及《支持者报》(al-Mu'ayyad)② 的一位专栏作者写道:"我曾对埃及感到憎恶,一种我对其他人类社会都不曾有过的憎恶,我已几乎相信是埃及的特殊性格与状况使其成为一个例外——直到我读到了这本书。"这本书指的是《群体精神》(Ruh al-ijtima'),该书于此前一年在开罗出版,是古斯塔夫·勒庞关于群体的科学研究《乌合之众》(Psychologie des foules)的阿拉伯语译本。这位作者继续写道:"该书解释了东西方社会的普遍性质,并确认了一条适用于所有这些社会的单一法则——没有变数或例外。我已了解到,在埃及民众和其他国家的民众之间没有区别。"109 这本确立了"单一法则"的著

---

① 该书中译本通常为《乌合之众》,本书除涉及阿拉伯语译本时,均沿用此译名。
② 《支持者报》是创立于1889年的埃及民族主义报纸,1915年停刊。受阿巴斯二世资金支持,采取反对英国殖民统治的政治立场。

作被德莫林著作的译者——同时也是未来民族主义领袖萨德·扎格鲁勒（Sa'd Zaghlul）①关系破裂的兄弟——艾哈迈德·法特海·扎格鲁勒译为阿拉伯语。对于普通埃及人而言，法特海·扎格鲁勒是尼罗河三角洲村庄丁沙瓦依（Dinshawai）的特别法庭的成员之一，这座法庭在发生于当地的一场冲突后建立，在这场冲突中一名英国占领军的军官身亡，作为对民众针对殖民政权暴力威胁的回应，特别法庭下令绞死了六名村民。②在翻译《乌合之众》时，扎格鲁勒已成为埃及司法部的副部长。[110]至少是在那些对于大众的无序怀有类似恐惧的人当中，扎格鲁勒的译著看起来获得了广泛阅读。仅仅两年之后，埃及大学未来的校长③就写道，勒庞书中的观点"已被埃及人的头脑彻底吸收，正如媒体中作者们所使用的词汇体现的那样"。这些社会科学学者（social scientists, ulama' al-ijtima'）对勒庞研究成果的吸收正在帮助埃及人纠正关于社会的观念。他说道，该书揭示的法则将用于引导埃及进步。[111]

作为以勒庞的研究成果引导埃及进步的努力的一部分，古斯塔夫·勒庞其他的一些著作也被译为阿拉伯语，艾哈迈德·法特海·扎格鲁勒完成了《人类进化的心理法则》（*Les lois psychologiques de l'évolution des peuples*）的阿拉伯语译本，勒庞对学校教育的科学研究——《教育心理学》（*Psychologie de l'éducation*）——也由埃及大学未来校长的门生塔哈·侯赛因翻译为阿拉伯语，而侯赛因这位作家日

---

① 萨德·扎格鲁勒（1859—1927），埃及民族主义政党华夫脱党领袖，1924年1—11月任埃及首相。
② 丁沙瓦依事件发生于1906年6月，一群英军军官因猎杀当地村民饲养的鸽子引发冲突，在事件中一名军官因中暑身亡。殖民当局为震慑埃及民众的反殖民斗争，对村民施加了残酷惩罚，但结果进一步激发了埃及民众的民族主义情绪。
③ 指1925—1941年担任埃及大学校长的艾哈迈德·鲁特菲·赛义德（Ahmad Lutfi al-Sayyid, 1872—1963），埃及著名知识分子、民族主义政治活动家，曾作为村民方律师参与丁沙瓦依事件审判。

后将担任埃及大学教务长和埃及教育与文化大臣。[112] 如我们将要看到的那样，勒庞作为东方学家撰写的著作也同样重要，其中两部书将被译为阿拉伯语：《阿拉伯人的文明》(*La civilisation des Arabes*) 和《早期诸文明》(*Les premières civilisations*)①的第三部分。[113] 这些著作将深刻地影响上述译者所属阶层正在开创的民族主义历史学。总而言之，在19、20世纪之交的开罗，勒庞或许是对埃及新兴资产阶级政治思想影响最大的欧洲人了。

勒庞社会理论的巨大影响力并不出人意料。其关于人群的著作被描述为"可能是社会心理学领域有史以来最具影响力的著作"。[114] 他的著作还影响了政治领导人，其中包括墨索里尼（Mussolini，据说他经常参阅勒庞关于人群的著作）和西奥多·罗斯福（Theodore Roosevelt），当这位美国前总统于1910年访问开罗，并在他于新成立的国立大学发表的演讲中充满争议地宣称埃及人的发展程度尚不足以进行自治时，其随身携带的书籍除了《圣经》，还有一部勒庞关于人类进化的心理法则的著作。[115]

作为一名久负盛名的社会科学家和东方学家，勒庞的著作主要面向两个议题：如何解释进步社会和落后社会间的差异，以及如何解释一个社会中大众和精英的差异。在他的早期著作中，勒庞曾为新兴的智力研究领域做出贡献，而智力被视为与一个种族进步程度关联最为密切的变量。智力可通过头骨的容量和直径度量，研究显示这两项指标会随着大脑在尺寸和复杂性方面的进化而增长［勒庞的这些发现被涂尔干在他的早期著作《社会分工论》(*The Division of Labour in Society*) 中采用］。[116] 勒庞宣称他是头部测量器（cephalometer）的发明者，这是一种供旅行者测量某一人群头部尺寸——从而测定他

---

① 应为《早期东方诸文明》(*Les Premières Civilisations de l'Orient*)，原文如此。

们的进步程度——的测径规（caliper）。[117] 根据上述标准，黑人、黄种人与高加索人种被清晰地辨识为处在进化阶梯上三个不同的阶段。

然而，在解释两个高加索人种分支——即北部的欧洲人和中东的闪米特人——在政治文化发展方面的主要差异时，身体变量（anatomical variables）却并不成功。勒庞反对将语言或制度作为一种可选变量，而是在撰写有关阿拉伯人的著作时引入了关于某一人群心理或精神的观念，即该群体或种族的集体心态（collective mind）。每个民族都有由其感觉、观念和信仰组成的"心理体质"（mental constitution），这种体质是由一个缓慢的、遗传性的积累过程创造出来的，其无疑对应于大脑中的某些身体变量，但现在的科学还没精确到可以检测出这些变量。[118] 正是上述关于集体心态和心理体质的观点被涂尔干——其最初受到过勒庞影响——发展成了有关"社会"的现代观念。[119]

勒庞解释道，民族的集体心态是"一个民族全部过去的综合"，经历许多代人逐渐演化而成。由此得出的结论是，欧洲无法如人们常常提议的那样，仅仅靠教育就能把现代文明推广到世界其他地方。勒庞在其被翻译为阿拉伯语的一部著作中写道："一个黑人或日本人或许很容易获得一个大学学位或成为一名律师，然而他获得的此种体面是很表面化的，对其心理体质并无影响。"欧洲必须不仅仅如时人普遍认为的那样，改变其希望现代化之民族的智力水平，还应改变其心理。"要使欧洲将其文明传授于另一民族，必须将其精神也传授于该民族。"[120]

勒庞同时提出，一个民族的观念和文化并不是在大众当中发展起来的，而很大程度上是从精英阶层中发展起来的。因此，一个类似埃及这样的国家的大众，与欧洲一些地区的大众，他们之间的发展水平差异并不会很大。"欧洲人与东方人区分开来的最重要的原因，在于只有前者拥有一个由上等人组成的**精英阶层**（*élite*）"，勒庞如此解释道。高度文明民族中的这一小群杰出人物"构成了一个种族力量的真正化身。科学、人文、工业领域——一言以蔽之，文明的所有分支——当中取得的进步都应归功于他们"。如同这一时期诸多民族志作品所表现的那样，文明程度较低的社会中，个体之间展现出更大的平等性。由此可以得出一个重要结论——有助于解释勒庞何以在埃及特定阶层的作家中受到欢迎——这一结论就是现代社会的进步必须被理解为一场趋向日益增强之不平等的运动。[121]

社会进步所涉及的，是一个精英阶层的稳定增长，以及该阶层通过世代积累所取得的文明成就。但勒庞提醒道，此种积累尽管在大脑的特定细胞中获得遗传，但仍可能快速且轻易地丧失。如同其他器官的细胞一样，这些细胞也遵循同样的生理法则，当大脑不再发挥其作用时，就会快速衰老。某一先进人群历经数世纪积累的性格特质——"勇气、主动性、活力、企业家精神"——可能会迅速消失。[122]

集体心态（The collective mind）

勒庞在其关于阿拉伯文明历史的著作①中发展出上述理论，该著作在贝鲁特被翻译成阿拉伯语，并在埃及政治精英中获得广泛阅读。[123]（看重此书的人中包括穆罕默德·阿卜杜，这位埃及学者、教育家对伊斯兰历史和教义的重新阐释具有广泛影响。阿卜杜关于革新的伊斯兰教的观点——即将其作为一套社会规训和教导体系，知识和政治精英可利用它来组织埃及的"政治教育"，并由此确保埃及的稳定和发

---

① 即上文提到的《阿拉伯人的文明》一书。

展——事实上从他对勒庞和其他法国社会科学家著作的阅读中获得启发；事实上，他在访问法国的时候拜访了勒庞。)[124] 在《人类进化的心理法则》——这是勒庞第二部被译为阿拉伯语的著作，由法特海·扎格鲁勒翻译——中，同样的理论获得了更全面的展现。一个民族的进步依赖于其精英阶层力量的增长。

在他此后不久撰写的关于人群的著作中，同样的原理被用来解释一个并非存在于不同社会之间，而是存在于社会内部的问题。勒庞问道，为何当个体加入社会群体中时，他们看起来经历了一种心智变化，丧失了某些智性和道德方面的约束？对于这一迫切的政治问题，勒庞给出了一个全新的答案。勒庞写道，人群是一个由个体融合在一起形成的有机体——一种拥有集体潜意识（collective unconscious mind）的"临时性存在"（provisional being）。在这种融合中，个体的心理差异——个体已展现出这是其一切杰出成就的源泉——消失了，留下来的只有他们之间的共同之处，即心理或种族潜意识的残余物。勒庞写道，人群会因此变成智性程度更低的存在，就像儿童、疯子或女人那样。勒庞的此种说法，象征着他所处时代与阶级的恐惧[125]：大众是冲动的、易怒的，在慷慨与残忍之间摇摆的、轻信的，他们敬畏强权，且总是希望被支配和统治。大众不仅如同疯子、儿童或妇女，而且也如同其他智性程度较低的存在——比如落后的民族或种族。这种大众和落后国家之间的比较，并不是作为一种比喻呈现出来的，而是对个体加入人群后所发生的心理变化的现实描述。"仅仅由于某人加入了有组织群体这一事实，他就已在文明的阶梯上下滑了很多级"，勒庞如此解释道，他的此种观点给了弗洛伊德很大启发。[126] 个体与大众间的差异和先进民族与落后民族间的差异相同，大众与落后民族较差的社会境况，代表着心理进化上相似的滞后状态，而这种滞后是由精英阶层个体优越性的缺失导致的。

对大众的恐惧随后和塑造社会的棘手需求联系在了一起，一方面需要塑造一个精英阶层，另一方面则需要——如勒庞在其他著作中解释的那样——现代学校教育所提供的规训体系。很大程度上由于它们在生物学基础上的薄弱之处，勒庞的观点将变得过时，而涂尔干对待相同问题的努力则影响更为持久。造成这种状况的主要原因之一在于，涂尔干从我称之为"表象性"（representational nature）的角度来解释社会秩序的存在，他的社会理论因此与现代国家越来越强的"博览会性"（exhibitional nature）相契合。在本章结尾，我想指出表象在涂尔干社会理论中的作用。

涂尔干解释道，大众的行为表明，社会是某种"客观"存在的事物，这是一个由共同观念或信念（shared ideas or beliefs）构成的客体。涂尔干写道，在类似人群聚集这样的社会现象中，上述共同信念"获得了形体，一个实在的存在形态"；它们对此种实在的存在形态的获取表明，共同信念"依靠自身构成了一种现实存在"。换言之，此种独立的现实存在——或者说社会的客观存在——是借由前述观念性客体总能将自身呈现为非观念性的物质化实体的能力而形成的。另一个此类观念有形化（embodiment）的例子，是通过数据呈现共同观念。涂尔干写道，在数据中"流行观念……事实上得到了相当精确的呈现"，这些数据的均值可以提供"特定集体心态"的物质化呈现。除了上述例子，赋予共同社会秩序任一方面——法律、道德或认知过程——客体性的，是其在物质化表象中的呈现。整个社会领域都被认为仅仅借由表象而存在："根据它们各自的性质，法律体现于各类法规中；日常生活的潮流借由各种数据和历史纪念物而获得记录；时尚被保存在了服装当中，审美品位则保存在各种艺术作品当中。"涂尔干总结道，社会事实"……倾向于获得独立的存在"。[127] 社会的现实性与客体性就蕴含在它的表象性当中。

社会由此成了一件实在的事物——也就是说某种表象化的存在（occurs representationally）。这种"表象化的存在"达到如此程度，以至于我们所称为"物质性"客体的事物都经过了安排，以呈现某种非物质性的观念领域——在现代时尚生成机制以及与其相伴生的服装产业中，在博览会陈列的艺术作品中（无疑还应包括博物馆和动物园里的展示物），在对历史纪念物和现代旅游产业其他部分的组织中、法典的编纂乃至一般习俗的规章化中，在数据的汇集或社会科学的整个体系中，情况皆然——它们都表明或展现了某种共同观念秩序的存在（shared conceptual order）。如我在第一章中提及的那样，在呈现为博览会的世界中，此种表象过程被误认为秩序建构进程自身。在现代国家中，那种看起来存在一个观念领域——一个分立的意义或秩序之域——的效果，就是借由此种方式达到的。

从一种全新秩序原则或权力技术的渗透这一广义含义来说，殖民埃及从不仅仅是一个引入全新的身体规训或物质化秩序的问题。从一开始，规训性权力自身就是通过将其客体建构为某种具有二元性的事物而起作用的。此种权力在对身体和内在心理空间进行区分的前提下运作，前者可以被清点、管制、监控并塑造得勤勉，而在后者内部则将被逐渐灌输进与此相应的服从与勤勉习性。但更重要的是，此种全新的二元分立的人格——我将在本书第六章返回来讨论它的全新之处——对应于一个二元分立的世界。这个世界也同样根据物质化"事物"与它们非物质化的结构之间的类似区分进行了建构和秩序化。就政治层面而言，类似结构中最重要的就是"社会"自身——一种现在被视为与纯粹的个体和实践活动存在绝对区分的社会秩序，尽管正是这些个体和实践活动构成了此种秩序。

如涂尔干的著作所表明的那样，在殖民时代，一种抽象社会领域的影响被越来越多地建构进事物之中。纪念碑、建筑、商品、时尚以及对"呈现为博览会的世界"的体验都将被理解为将自身呈现为纯粹的"事物"的机制，而这些"事物"总是号称复-现（re-present）了一个更为深刻的领域——意义之域，而这个领域将成为社会的同义词。这样一种有关社会秩序和真理的机制将转变为政治原则，此种原则不仅蕴含于殖民地的都市建筑、教育手段和贸易实践活动当中，而且在埃及殖民化的过程中，它甚至还将使最为本土化的意义机制——书写活动本身——发生巨大转变。

第五章
真理的机制

一位英国人告诉了我们亚历山大遭轰炸的详情,他自海上的轮船中目睹了这一开启埃及殖民占领进程的事件:

> 炮轰开始于星期二——即1882年7月11日——早上7点,从坦贾尔号(*Tanjore*)的锚地我们可以通过望远镜清楚地看到整个事件的进展。对于从未目睹过战争的平民而言,这场面是很壮观的。[1]

两天之内,亚历山大城大部分地区已化为瓦砾。亚历山大城的毁灭多大程度上应归因于英国人的轰炸,多大程度上应归因于以对欧洲人财产纵火回应英国轰炸的本地居民,从未有过定论。英国给亚历山大的欧洲人——英国宣称其采取自卫行动是为了保护这些人——造成如此大的损失看起来几乎不算什么事,我们被告知"英国公众的耐心已经耗尽",必须采取某些实际行动。[2] 在轰炸之后,海军陆战队被派遣登陆,并配备了一种19世纪60年代发明的新式武器——加特林机枪(Gatling machine gun)。在这种速射武器的帮助下,经历了一周巷战后英国人占领了亚历山大。

机枪随后陪伴着英国人继续进发，去完成他们更为主要的目的——推翻新建立的民族主义政府。埃及军队的一些下级军官在一年前取得权力，并承诺——如果不发动一场革命的话——至少要终结土耳其精英和他们欧洲债权人的绝对权力，并取消农民头上那令人动弹不得的沉重债务负担。这些军官在八个星期的时间内就被英军所击败。在凯比尔丘（Tell al-Kabir）的决战中①，新式机枪"给予了英军最有效的支持，无论何时，只要敌人出现在面前，它们就会倾泻强大的复仇火焰"。³在这场侵略中由机械带来的高效率随后转变成一场对英国军事力量的展示。"9月30日所有英军部队在赫迪夫面前进行了一场盛大游行，为了这一目的，所有军队都逐步集结于开罗。这并不仅仅关乎展示，也不仅仅是一场节日巡游，几乎无法想象还有什么精心策划的场景，比展示这支小型部队的各式武器更能给予一个东方国度的民众深刻印象了，正是这支小型部队在极短的时间内就掌握了埃及的命运。"⁴对武装力量的展示不仅仅是一场巡游，它向"东方的民众"展示了英国占领的有效性和权威性。游行中展示的新式机枪所体现的速度和效率成了英国殖民权威的标志。

　　通过阅读伦敦英国陆军部（War Office）出版的此次入侵行动的官方战史，我们可以感受到英国人在筹备和执行此次占领行动时那引人注目的自信，正是大英帝国拥有的巨大资源——包括它的新式武器——使这种自信成为可能。这种确信感看起来主要来自借助现代运输和通信手段对上述资源进行的有效协调，在描述炮轰亚历山大前的那些天时，陆军部的官方战史以其特有的自信语调宣称："接下来的叙述可使读者对其时所必须解决的问题有所体会"：

---

① 凯比尔丘位于开罗与苏伊士运河之间，1882年9月13日英军与埃及军队在此发生战斗，此战英军凭借装备优势，在阵亡不到100人的情况下击毙埃军上千人，英军随后占领开罗，推翻阿拉比领导的民族主义政府。

自塞浦路斯供应的帐篷和可供 2 万人使用 60 天的燃料木材已安排妥当，购买驴子的准备也已做好。组建一支由工程师组成的铁路建设连队、一支宪兵队的决定以及有关新闻通讯的相关条例均已获确认。在戈佐岛（Gozo，属马耳他）和塞浦路斯建立医院，供水，枪支，车辆以及将参战部队在役士兵服役期从 6 年延长至 7 年等事项均需考虑……组建一支邮政部队（Postal Corps）的决定已做出，与其相关的机制也已设计出来。陆军部决定和印度政府协商，自那里派出部分部队。截至 7 月 10 日，以上所有问题均已落实，并按部门职责进行细化。[5]

借由通信系统，大英帝国的所有军事资源都汇集到了一起，集中投放到了此次战争中。铁路修建了起来，以把军队从一处战场运到下一处。电报线和邮政服务也在同步延伸，以将报社通讯员的报道和士兵的私人信件传递给焦急的"英国公众"——这场战争就是以他们的名义进行的。

指挥、士兵、供应、新闻报道甚至私人通信间的协调，为英国军事行动的有效性做出了贡献。换言之，它们为我在前面几章加以检视的秩序建构和规训手段的有效性提供了又一例证。而且毫无疑问的是，上述协调行动也是英国人自信的来源之一。19 世纪最后三分之一时间里通信技术的突飞猛进——这一高速发展期将在 1895 年马可尼（Marconi）对无线电报的成功展示中达到顶峰——使殖民秩序的持续渗透以及可称为有关殖民秩序之真理的事物成为可能。这些通信技术不仅给予全球性政治霸权详尽的可行性（detailed practicality），而且赋予了它以现实性（facticity）。从游客观看的轰炸场景和武器展示，到通过电报传输的新闻报道和寄回家的明信片，全球殖民主义不仅仅作为一种寻求作用于个体头脑和身体的地方性秩序建构手段而存

第五章 真理的机制 | 175

在，而且作为一种不断对自身进行报道、描画和呈现的进程而存在，而我在本书第一章讨论的盛大博览会仅仅是这一持续性表象化进程（representational process）的特定高潮。在这样一个由表象构成的世界中，大众——那个好奇的群体——被塑造和取悦，一种现代政治确定性（political certainty）诞生了。我现在想回到的，正是本书第一章和第二章提出的这一确定性问题。

我们可以将此种全球化确定性问题仅仅作为一系列历史发展的最终结果来研究。在这一视角下，通信与建设手段稳定增长的范围、速度和确定性可以与现代政治权力之真理与权威——姑且这么措辞——日益增长的范围、速度和确定性对应起来，并且对后者的增长有所助益。然而此种研究路径将上述权力与权威的性质视作理所当然，从而将重点置于对其增长而非其独特性质的考察。换言之，它将忽视对此种权力——其越来越借助于我指称为"呈现为博览会的世界"的手段来运作——表象化维度（representational dimension）的探究。此处我想加以描述的，正是此种权力与真理的独特性。这是属于电报与机枪、表象与博览会之时代的真理，是在此类机制的映照中所想象和塑造出来的权威。然而，我们对此种权威的思考，本身就存在于关于机械和通信的语言——即关于表象的语言——之中。局限在这样一种语言当中的我们，通常无法考虑塑造此类政治权威之真理的特定途径。

为考察上述权威的特异之处，我提议将其与殖民权力——在埃及的例子中——所要取代的真理与权威获得模式相比较，而非直接考察其起源。我将通过对书写问题进行专门检视，来完成上述考察。有两个理由促使我对词汇使用中的政治权威进行考察：首先，如我们在前文检视艾资哈尔清真寺-学校时所见，旧式政治权威运作方式的一个重要方面，就是对法律和学术文本的权威解读；其次，19世纪后期埃及书写领域的变化为更广泛的政治变化提供了一个平行参照，发生在书写性质中的转变与政治权威性质方面的转变相呼应。我将论证，书写与政治都开始被视为某种从本质上来讲具有机械性的事物，它们的本质都将被视为一种交流过程。通信和机械表面上看起来都是中性的、显而易见的概念，但就是这种看起来中立的机制——此种有关"呈现为博览会的世界"的机制——将引入一种现代的、神秘的政治形而上学（political metaphysics）。

八个关键词（Eight words）

1881年10月，即民族主义领导人艾哈迈德·阿拉比将他的军队集结于赫迪夫的宫殿前，迫使当局接受他广受大众支持的诉求——该事件促使英国为重建赫迪夫政权入侵埃及——的一个月后，一部名为"关于八个关键词的论文"（The Essay on Eight Words; Risalat al-kalim al-thaman）的著作（以下称《八个关键词》）在开罗出版。该书讨论了"流行于今日年青一代语言中"的八个单词的含义，即民族（nation）、祖国（homeland）、政府（government）、公正（justice）、压迫（oppression）、政治（politics）、自由（liberty）和教育（education）。该书由侯赛因·马尔萨菲（Husayn al-Marsafi）撰写，他是那个时代最有资望的学者和教师之一，担任"达尔·欧鲁姆"（Dar al-Ulum）① 的高级教授，该机构是十年前为了给新式官办学校培养教师而在开罗建立的师范学院（école normale）。引人注目的是，

---

① "达尔·欧鲁姆"意为"知识之所"，建立于1871年，1946年并入开罗大学，成为开罗大学"达尔·欧鲁姆学院"，设有伊斯兰研究、阿拉伯语等专业，多数毕业生从事教师职业。

他还是马哈茂德·萨米·巴鲁迪帕夏（Mahmud Sami Pasha al-Barudi）的导师，这位军官兼诗人将在1882年出任短命的民族主义政府的首相。[6]

民族主义运动领导层的词汇与思考都在《八个关键词》这部书中得到了反映。该书将埃及的政治危机视作一场植根于对词汇的滥用与误解的危机，该书的主题是国民教育体系中权威与训练的必要性。阿拉比上校自己关于"政治事务"的见解最初就是通过阅读有关法国人军事训练的内容——以及他们被"征募与组织"的方式——而形成的，在他们1881年发表的宣言中，民族主义领导人宣称，埃及民众的目标是"完成他们的国民教育"。他们寻求通过议会、出版、学校教育普及等途径达成上述目标，并在宣言中补充道，"除非国家领导人具有严正的态度，这些教育手段都无法达成"。[7]因此民族主义者1881年10月夺取权力更多地是以"国民教育"的名义而非革命的名义进行的。阿拉比将他的部队从兵营拉出来，将他们用火车由开罗带到靠近其出生村子的三角洲城市宰加济格。他在那里发表了一篇演说，强调"良好教育的有用性和必要性"，并为一所新学校进行了奠基，这是他作为国家领导者的第一项施政行动。[8]

《八个关键词》一书对民族主义军官们的不满表示赞同，但同时提醒他们不要将宗派主义误认为爱国主义。书中讨论的八个单词是现代民族主义的新词汇，对这些词汇的恰当使用离不开民族国家以学校为中心建立的权威。马尔萨菲支持普及学校教育，这样教师就可以在课堂上反复使用"爱国主义"这样的词汇，并解释它们的恰当含义。该书批评传统学者已丧失了道德和政治权威，并鼓吹以官办学校中教师凌驾于学生之上的新式权威取而代之，但仍然为其他一些更陈旧的有关权威的观念所局限。不同于民族主义运动领导层，马尔萨菲反对印刷技术在埃及不受限制的推广。他认为需要有一群学者对要印刷出版的图书、杂志负责，以控制对书写的滥用。事实上，马尔萨菲从文本权威崩溃的角度来理解整场政治危机，这种崩溃在"流行于今日年青一代语言中"的词汇中显而易见。

尽管作为一位才华横溢的学者，马尔萨菲卷入了这个新国家有关教育的政治讨论（educational politics）之中，但从很多方面来讲，他仍然属于一个不同的学术和权威传统。他来自尼罗河三角洲的一个小村庄，在艾资哈尔接受训练，且自出生起即双目失明。他成长于这样一种知识和政治传统当中：在其中城市依靠乡村而非支配乡村，允许某些村庄向开罗提供一代又一代的学者。这是一种反对印刷出版的传统，并基于同样的理由接受盲人（在艾资哈尔有一个学院专门面向盲人）。也就是说，阅读一个文本并保持其不确定的权威性的唯一途径，是听一位已经掌握了该文本的人一句句地诵读它，然后重复这位导师诵读的内容并和他就文本进行讨论。

此种有关语词及其传述的传统，和英国人当中电报、新闻报道甚至私人通信的兴盛形成鲜明对比。马尔萨菲是一位非凡的学者，他对欧洲学校教育手段的创新之处持开放态度，甚至在失明的情况下掌握了阅读法语的技能。看起来奇怪的是，在一个政治危机深重的时期，他竟然对语言的正确使用以及新词汇不受控制的传播可能带来的威胁如此关心。马尔萨菲对政治危机的反应与更早的一位埃及学者——历史学家贾巴尔蒂——相呼应，后者曾对埃及上一次面临欧洲军队占领威胁的情形进行记录。1798年入侵埃及的法军和1882年的英国人一样，使用了全新的通信手段。如我在第二章所提及的，贾巴尔蒂的描述提到法国人如何"在自己人中间打手势和发信号……遵循这些指令，从不偏离"。更能体现欧洲权力的不寻常性质的，是法国人征服埃及时携带了一台印刷机。

在登陆亚历山大和进军开罗的途中，拿破仑的第一项举动是向埃及民众发布一份印刷的声明,该声明是法国东方学家以阿拉伯语拟就的。在撰写于这次危机期间的一部编年史中,贾巴尔蒂对上述奇异创新的反应颇为耐人寻味。在他叙述的开头,贾巴尔蒂抄录了拿破仑声明的文本,并在接下来的若干页中详细列举了其中的语法错误。贾巴尔蒂逐句指出了法国东方学家的口语化措辞、拼写错误、省略、搭配不当、用词不准、句法错误,并从这种错误用法中引申出了一幅法国当局腐败、欺瞒、误解、无知的画面。[9]

穆斯林学者对引入阿拉伯语印刷技术批评性的,有时甚至是敌视的态度与法国随军学者高效、先进的技术的对比,常常被拿来代表埃及与现代西方的关系。拿破仑对埃及的占领第一次为中东带来了阿拉伯语印刷技术,而此前数个世纪印刷术的缺失则常常被当作阿拉伯世界落后和孤立的证据,法国占领所要打破的,正是此种落后和孤立状态。在法军离开后,埃及政府确实努力建立起了自己的印刷厂,但这从根本上来讲是该国新式军事装备的一部分,19世纪前半叶的大部分印刷品都是供军事教育之用的。[10] 少数尝试将印刷技术的应用扩展至军事项目以外的人随后遭免职,有些情况下甚至遭到流放。至19世纪50年代埃及被迫放弃其军事野心时,印刷厂已陷入失修状态,1861年被正式关闭。[11] 伊斯梅尔帕夏统治时期,政府再度开启了印刷出版事业,到阿拉比领导的民族主义起义时,已经存在活跃的期刊出版事业。但埃及政府试图压制任何其无法控制的出版活动,如马尔萨菲这样的建制派学者公开反对印刷出版业,指责埃及的政治危机部分应归咎于印刷技术不受控制的普及。[12] 印刷技术在埃及的遭遇,看起来坐实了阿拉伯世界的落后、其对变革的持续抵制以及伊斯兰学者对现代知识非理性的敌意。然而,我认为这些针对印刷技术的态度,可以使我们理解自身有关书写性质的某些奇怪观念及其所对应的政治假设,而不是他者落后、抵制变革与非理性的证据。为了理解这些观念，我将对马尔萨菲本人撰写《八个关键词》一书的目的进行考察。

伊本·赫勒敦（Ibn Khaldun）

理解马尔萨菲目的的第一条线索是该书的标题。"八个关键词"指书中讨论的八个政治术语，但我认为，它也指政治自身。这种说法来自大众智慧文学（wisdom literature）和政治书写中所谓的"八词之环"（ring of eight words），政治的性质总是通过这种方式表达出来。比如里法阿·塔赫塔维在其较马尔萨菲的书早十年面世的主要著作《埃及人的心理历程》中，就以"八词之环"开始他对政治的意义的阐释。[13] 这八个词指代政治世界的八个部分，每个词的含义都借由下一个词获得解释："……君主（sovereign）是靠士兵（soldier）支持的一种秩序，士兵是借由财富（wealth）维系的助手，财富是臣民（subject）收集的给养"等，这样"每个词都和下一个联系起来，最后一个词返回到第一个词，这样就把所有的词串联到了一个圆圈里，这个圆圈的末端是无法辨识出来的"。[14] 这种圆圈和亚里士多德的黄金八角形（golden octagon）同出一源，但19世纪阿拉伯学者的直接资源是14世纪伟大的北非作家伊本·赫勒敦的著作。伊本·赫勒敦关于人类社会生活状况和历史的七卷本研究著作——《殷鉴书》（*Kitab al-ibar*）——是19世纪60年代开罗新建立的出版社最早出版的著作之一，这也是该书全文的第一个印刷版本。[15] 该著作在学生与知识分子之中获得广泛阅读，尤其是在新设立的教师培训学校当中，据我们所知，马尔萨菲和穆罕默德·阿卜杜都曾在那里讲授关于伊本·赫勒敦的课程。[16]

伊本·赫勒敦著作的第一卷以"历史绪论"之名为人所知，它呈现了伊本·赫勒敦有关人类社会的理论——一种面向其所处时代政治危机的理论。他写道，如果以适当的注意力加以研究，有关人类社会统治的全部理论可以被理解为对"八词之环"的评论。[17]从这段话中借用了著作标题的马尔萨菲同样也是在一个充满政治危机的时代写作。当然，从许多方面来说，马尔萨菲所处时代的危机是独特的，因为欧洲资本的渗透已引发了我想对其性质加以描述的那类本地权威史无前例的衰弱。尽管此种权威的衰弱是某种通行趋势，且在伊本·赫勒敦的著作中获得了最好的描述。首先，如我在前面章节中曾提及的那样，此种本地权威就其性质而言是不稳定的。它具有持续性扩张的倾向，直到其强度开始弱化，然后逐渐走向破碎并消散；其有效性总是向边缘衰减，在乡村弱于城市，在乡村与沙漠交界处则变得最弱；其力量依托于统治集团的力量，以及统治集团成员间纽带的强度。其次，这是一种对文本的权威性阐释加以特别利用的权威。文本自身也具有权威，就其随时间推移而弱化并变得衰朽这一倾向而言，文本权威与政治权威恰成镜像。从这一意义上讲，对书写权威的恰当维护与阐释构成了政治权力的基本来源之一。反过来，政治权力的危机与崩溃的问题，被伊本·赫勒敦从学术衰落与崩坏的角度加以处理。

对马尔萨菲自己和其他卷入教育政治之中的、曾在艾资哈尔接受训练的学者而言，马尔萨菲的知识分子生涯是他们通过知识复兴在埃及拓展和维系政治权威的努力的一部分。马尔萨菲希望利用伊本·赫勒敦关于学术的讨论，努力在现有关于权威的概念和书写权力的基础之上复兴一种政治权威。这种政治权威将通过文献（literature）发挥作用。马尔萨菲的尝试失败了，但这一失败可让我们一窥书写和政治的性质将要发生的变化。

马尔萨菲课程的主题是阿拉伯语中恰当书写的技艺，课程的教学通过对阿拉伯语文献的研读进行。马尔萨菲通过他的课程，复兴了对范围广阔的阿拉伯语文献的研究，其中既有诗歌也有散文，多数在智识层面深陷于过去五十余年剧变之中的艾资哈尔学者都忽略了这些文献。[18] 此种教学活动之目的的政治性，较之"文献"一词所体现出来的更强。马尔萨菲教授的文献以"阿达卜"（adab）之名为人所知，该词意味着礼节、礼貌和恰当的举止。"礼仪文学"（polite letters）这种文献体现了一种受威胁的社会秩序的礼节与一个处于危险之中的社会阶层的价值观。每个社会阶层都有对应于它的"阿达卜"，并在阶层成员的生活中建立起恰当的举止模式。[19] 对礼仪文学的研究将在民众中间建立起社会行为的边界与范式。马尔萨菲解释道："阿达卜的真正含义是每个人都应当知道自己所处位置的界限，并且不僭越这一界限。"[20]

恰当的知识如何服务于政治权威在《八个关键词》一书中获得清晰表达。这部书被介绍为一部注解（sharh），一部文本考证（textual criticism）类著作，它会对一些重要语词的真正含义做出阐释。[21] 该书充满了对其他书面资料的引用，将它们的文本插入到自身的行文当中。这些资料包括《古兰经》、圣训、范围广阔的阿拉伯语文献，甚至还有若干法语著作。[22] 但这些文献并非马尔萨菲著作唯一的资料来源，政治活动自身也是一种解读（reading）——即对需要考证之词的阐释。

马尔萨菲将埃及的政治危机——他就是在这一背景下撰写其著作的——理解为特定集团对某些词赋予特定含义的尝试，比如说"自由"（liberty）和"不公"（injustice）。[23] 这些词的对应内容会被误用和误读，和所有语词一样，它们有着被置于具体语境之外或用来表达错误语义的风险。这种语言上的困扰并非盛行的政治无序的结果，而是政治危机的症候与性质所在。就这方面而言，在书写与政治——

或者说理论与实践——之间并不存在缜密的区分。每一项政治活动（political act）都是对词的阐释，因此也是一项文本活动（textual act），一种阅读。马尔萨菲本人撰述的目的是阐释其处理的每个词的"真实含义"（*haqiqa*），并由此考察这种含义如何在政治生活中"实现"（*haqqaqa*，*tahaqqaqa*）。政治世界并非一个被认定的、独立于书面语言的客体。语词并不仅仅是命名并代表政治观念或实体的标签，而是某种其力量可被现实化的阐释。[24] 因此面对如1881—1882年的事件这样的社会政治危机，学者试图通过对词汇提供恰当的解释做出回应。

通过引用和改造伊本·赫勒敦的著作，马尔萨菲声称除了每个行业所需要的特定知识外，还存在某种所有个体都需要掌握的普遍性认知（*umum al-ma'arif*）。共同体的生存与良好发展都依赖于对此种普遍性认知的掌握，因为正是这种认知使得各个分散的社会团体将它们的工作——尽管种类繁多，形式各异——体认为一个单一的人（a single person）的工作。没有上述普遍性认知创造出来的关于单一群体（a single body）的观念，"共同体的实现"（*tahaqquq al-umma*）是不可能的。正是通过成员间所分享的共有认知，某个特定共同体自身得以与其他群体区分开来。一个未能实现此种共有意义（shared meanings）的共同体的危险在于，它会分裂成众多分立的派别并落入外国人手中。[25] 马尔萨菲撰写其著作的目的就是应对这样一种危机。

马尔萨菲在《八个关键词》一书的结尾宣称，在那些普遍性认知中，共同体中的知识分子应对那些关乎民众习惯与性格的认知予以特别留意，并在好与坏之间做出区分，那些在新式学校中教书的人应该使爱国主义（patriotism，*al-wataniyya*）成为他们教学的基础。对各行各业之人的教育方式应让他们感受到，他们的工作是在为共同体服务。通过在课堂上频繁使用"爱国主义"一词，教师们可以帮助这个词实现其含义,这样共同体就可以与其名字相称,变成一个真实存在的(in reality)共同体。[26]

现在来总结一下,马尔萨菲的著作对印刷术持怀疑态度,同时其观点受到伊本·赫勒敦启发。印刷术是"语词传播"(spreading of words)这一普遍性问题的一部分,而该问题看起来某种程度上就是政治危机的本质所在。反过来说,政治权威是和书写权威联系在一起的。通过学校和恰当的教学来拓展书写权威,是重建和确保政治权威的手段。马尔萨菲的重要之处在于,他从写作这一事实(authorship)的角度来处理有关权威的普遍性问题,从而直接将政治危机和书写问题联系在了一起。为了理解此种联系的性质,我想将伊本·赫勒敦和侯赛因·马尔萨菲对"书写是什么"的理解,与我们自身对词汇如何发挥作用的理解相比较,我将从我们自身某些奇特的假定开始这一比较。

这种观念性存在(This ideal existence)

在1880—1882年的事件中,艾哈迈德·阿拉比和与他同列的那些政治领导人称呼自己为"希兹卜·瓦塔尼"(al-hizb al-watani)。"希兹卜"(hizb)指一个政党或派别,这个词组意为爱国主义或民族主义派别,即反对外国人——无论是土耳其人还是欧洲人——对埃及进行控制的人。在《八个关键词》一书中,侯赛因·马尔萨菲警告民族主义者不要把国家分裂成一个个互相敌对的种族群体,出于这一目的,他援引了"希兹卜"一词的某些引申义。马尔萨菲认为,与"乌玛"(umma)一词——意为共同体或民族——所暗示的那种统一性相比,"希兹卜"一词带有自利(self-interest)与宗派主义

（factionalism，*tahazzub*）的意味。该词的这些引申义往往被列举出来，以败坏那些使用该词之人政治活动的信誉。政治论争的进行总是借助这种语言的力量，在词汇中寻求矛盾之处或引发歧义的可能性。反过来，阿拉比也试图引发出一些对该词不同的联想。当他于民族主义运动被英国人击败后接受审判时，审问者询问他为何允许自己被称为"希兹卜·瓦塔尼的领导人"，阿拉比在回答时将"希兹卜"一词与遍布整个国家的裂痕以及其受外国人支配的状况联结起来。阿拉比指出，埃及的居民被分割成互相分立的种族，每个种族都可被视为一个"希兹卜"。他在法官面前表示，"埃及本地民众（*ahl al-bilad*）自身构成了一个希兹卜"，并补充道，"统治者称他们为'农民'，以对他们进行羞辱"。[27]

《伊斯兰百科全书》（*Encyclopaedia of Islam*）中关于现代术语"政党"（Hizb）的词条引用了阿拉比在法庭上的陈词，并对语言采取了一种不同的处理方式。该词条的目的在于展示"希兹卜"一词如何"在语义上稳定下来，明白无误地被用来指称一个政党……尽管这一过程缓慢、无意识且犹疑"。阿拉比关于民族主义运动领导层和埃及民众均可被称作"希兹卜"的有力断言，被《伊斯兰百科全书》引用来说明该术语最初"模糊且多变"的含义。《伊斯兰百科全书》声称，该词"在阿拉比的脑海中代表两种意思，他不能对此予以清晰的区分"。该书随后表明，自阿拉比的时代起——"尽管过程缓慢"——该词一直在经历从含混状态向明晰状态的演化，换言之，书中暗示该词在经历一种从犹疑向确定、从无意识向政治上的有意识的转变。进一步而言，《伊斯兰百科全书》所追踪的这种转变并不仅仅是一个词的历史。在民众的头脑中，这个词代表着一种意义，这个词的发展被用来代表这种意义——这种政治思想——的逐步发展。[28]

两项假设支配着《伊斯兰百科全书》处理语言的方式，但阿拉比和他的同代人对这两项假设都没有完全认同。第一项假设是词汇应当具有清晰、稳定、单义的性质，一个词越接近这种理想型，就越具有力量。第二项假设是对词汇的研究实则是对其所代表的某种更为宏大的抽象概念的研究——即对政治思想、文化或特定共同体的意义的研究。

电报信号（Telegraph signals）

在阿拉比受审的时代——也就是北方国家开始在全球扩张其殖民势力的时代——欧洲的语言学理论被那些以"东方学家"之名为人所知的人的著作支配着。如爱德华·萨义德展示的那样，伴随着欧洲商业与殖民利益在东方的扩张，东方学的重要性也在19世纪获得增长。如果说东方学的扩展源于东方在不断扩张的欧洲势力中的地位，那么东方研究的强势还源于这一欧洲扩张中的东方（this Orient）在19世纪欧洲知识范式中的地位。从18世纪末期起，了解一件事物便涉及了解其内在发展的各个阶段——即"历史"一词所表达的新含义。对于19世纪的两门开创性科学——地质学和生物学——而言，情况确实如此，前者揭示了地球的生命历史（life-history），后者揭示了自然有机体的生命历史。[29] 就人类思想的生命历史而言，情况也是如此，而对其进行揭示的就是东方学。牛津大学的马克斯·穆勒教授在一句话中援引地质学和生物学的说法做比，宣称"无论是在已经石化的一摞摞古代文献中，还是在数不尽的各种活语言与方言中……我们收集、排列、分类我们能获得的所有语言方面的真实情况"。[30]

与他的身体和他所处的星球一样，人类自身现已不再被从他蕴含理性力量之心理的角度去理解，而是被从这一相对而言更新也更特别的客体——人类心灵——发展的角度去理解。用伟大的法国东方学家厄内斯特·勒南（Ernest Renan）①的话说，东方学是"实验科学"（the experimental science），它将揭示"人类心灵的胚胎（embryogeny）"。³¹ 此种有关"心灵"的实验科学所处理的原材料，即是由东方语言所提供的。就如同地质学赋予了岩层能够被解读的意义，生物学赋予了化石意义一样，东方学赋予了在东方文本中发现的古代词汇以解读手段，这种手段可以提供对人类"逐步发展的心灵与认知状况的理解，通过其他任何手段都无法获得这种理解"。³²

语言将被思考为一种有机体，它根据自然历史法则而演化。它的细胞由一个个单词组成，每个单词都是一个具有丰富含义的实体，其发展可以追溯到一个词源（etymological origin）。在个体单词的诞生与它们发展的各阶段中，可以发现人类心灵进化的各阶段。第九届国际东方学家会议的开幕式宣称："每个新单词都代表着我们种族发展过程中的一个最具里程碑意义的事件。"³³

对语言的研究具有特别的政治功用，因为除了上面提到的特点，东方学还有一个19世纪科学的特征，它从姊妹学科引入了"遗存"（survival）这一基本概念。如同化石之于生物学家一样，当代非欧洲语言也是遗存，是过去时代人类心灵（即欧洲人的思想）的残存物，滞留在了不同的"落后"阶段上。如同勒南解释的那样："人类的发展并非在所有地方都是同步的……这种发展的不平衡是如此明显，以至于在任一时刻，我们都可以在人类居住的不同国家发现人类历史前后相继的不同阶段。"³⁴ 东方学并不仅仅是对陌生语言的艰深研究——欧洲人地理扩张的政治需要已经把这种研究变成了殖民权力一个蓬勃发展的组成机制——它还是对人类本身的研究，人将被从人类心灵发展历

---

① 厄内斯特·勒南（1823—1892），法国闪米特文明专家、哲学家、《圣经》学家。他主张各个种族有先进落后之分，欧洲人对世界其他地区殖民具有正当性。

史的角度进行研究。"心灵"这一全新观念客体发展的各个阶段本已失落于纵向历史发展的幽深岁月（vertical depth of the past）之中，东方学又使它变得可以取获了，它被及时记录了下来，并被横向排布到了地理与殖民空间之中。

然而东方学和所有 19 世纪的人类科学一样，也具有它的局限性。它使得殖民官员可以谈论"东方心灵"（Oriental mind）并想象其"落后性"。但因为东方学的语言理论认为个体单词本身包含着丰富的含义，东方研究容易陷入对文本的琐碎分析之中。它所需要的是一种从这种经验性细节快速转换到有关"东方心智"（Oriental mentality）的抽象概念的途径，将词汇自身视作不坚实的客体或单纯的象征物，而将"东方心灵"变为一种更为充分、更为坚实的结构——从而为某些如东方（或中东）"文化"或"社会"这样的全新抽象概念开启门径。

当人们突然间将语言本质上视作一种交流手段而非有机体的时候，突破出现了。这一突破的到来伴随着现代通信手段的出现。1895 年，马可尼首次展示了他的无线电报系统，这样的事件使得以一种全新方式解释语言的本质成为可能。现在有人正式宣告："词语就是符号，它们和无线电报信号的存在形式是一样的。"这一声明是法兰西公学院（Collège de France）① 比较语言学教授米歇尔·布雷亚尔（Michel Bréal）于 1897 年做出的。[35] 断言词汇是纯粹的符号、其内在与电报信号一样空洞的显著意义在于，语言现在可被视为某种更为丰富的事物，某种脱离于词汇而存在的事物。一种语言的意义不存在于那一大堆词汇中——这些词汇只是一些随意的词汇，本身并没什么意义——而是作为一种语义"结构"存在于词汇之外。为了说明这种分

---

① 法兰西公学院，由法国国王弗朗索瓦一世于 1530 年创设的非学历公共教育机构，其目标是向大众传播"正在形成中的知识"。

立结构的存在，布雷亚尔将词汇引发的效果与在展览中观看画作时所产生的"假象"相提并论。他写道：

> 站在一幅画作前时，我们的眼睛认为它们在被同样的光线布满的画布上感知到了光影的对比，在所有事物都处于同一平面的地方看到了深度。如果我们再走近几步，那些我们认为已辨识出来的线条便断裂消失了，我们只能发现一层层凝结在画布上的颜料以及一些色彩鲜亮的圆点——它们互相毗连但并未合为一体——而非亮度不同的各种物体。但只要我们再次把视线后移，并祈求于长久以来的欣赏习惯，眼睛就会把各种颜色混合在一起并分派光线的明暗，它把各种细节重新拼在一起，将艺术家的作品再度组合了起来。[36]

词汇并非有生命的有机体，而是表象的一部分。它们被放置在一起，构成了某些事物的形象、一条编码的信息、一份电报。它们由本身不具有意义的符号组成，如果凑近观察，它们就分解成了一个个点。更有甚者，在构成一幅表象的过程中，它们预设了一个主体，像画作的观看者或展览的参观者那样站立在一旁的主体："每样事物都源于他，并将自己朝向他。"[37] 语言表象的目的就是能言说的主体（speaking subjects）间的交流。

语言的意义因此既不能在词汇组成的材料中寻觅，也不能仅仅在个体的头脑中寻觅。它作为一种"观念性存在"（ideal existence）的"结构"（structure）置身于二者之外。（布雷亚尔对语言"结构"的发现与涂尔干对社会结构的发现发生在同一年，二者均建基于对由表象组成的物质世界和被代表的观念世界的区分上。）[38] 布雷亚尔写道："仅仅赋予语言这种观念性存在，并不会削弱语言的重要性。相反，这意味着将语言和那些占据着第一等地位、对世界施以最重要影响的事物相提并论，因为正是这些观念性存在——宗教、法律、习俗——赋予了人类生活以形式。"[39]

语言应像法律和习俗（以及之后的文化或社会结构）那样，被视为观念领域——那个赋予了民众日常生活以"形式"（form）的领域——的一部分，对每一特定的民众群体而言，此种形式都是独一无二的。对于19世纪的东方学家来说，此种形式或结构尚不可见，他们曾错误地认为，某一民众群体的观念世界局限于人们在他们词汇表里找到的那些词汇当中。对布雷亚尔来说，观念世界范围要更为广阔："如果仅承认某一民众群体拥有那些被正式呈现出来的观念，我们或许就有忽视他们智性中最关键且最具根源性的内容的危险……对于描述某一语言的结构而言，仅仅分析其语法并将词汇追溯至它们的词源是完全不够的。我们必须进入人们的思考和感受方式。"[40] 一旦词汇仅仅被视为交流工具或某些事物（something）的表象，那么从词汇自身进至上述的某些事物、某些更为宏大的抽象概念——即某一民众群体的心智，他们的思考和感受方式，他们的文化——就变得可能了。

让我们再次总结一下，在欧洲，一种语言的词汇已不再被视为自身具备意义的事物，而是被视作某种形而上的抽象事物——心灵或心智——的有形线索（physical clues）。从19世纪末开始，此种心智已被表达为一种自足的实体，作为一种赋予日常生活以秩序的抽象的意义之域（an abstract realm of meaning）分立于纯粹的个体和词汇。这种看待语言的视角并不是孤立出现的。如我们通过涂尔干关于形而上存在之"社会"的观点所看到的，在呈现为博览会的世界中，人们遭遇的每样事物都将被秩序化，并被理解为某种抽象存在的纯粹物质表象。如我在本章开头所提及的，在殖民时代，政治实践自身开始越来越多地通过持续性秩序建构创造表象，这些表象则创造出一种表面上的意义之域。而另一方面，甚至对印刷技术普及都持反对态度的侯赛因·马尔萨菲并不相信此种形而上领域的存在。进一步而言，他使用词汇的方式并不伴随着对意义之性质的相同假设，我现在就要回到他的方式与假设上。

常规语言（Ordinary language）

或许对于《八个关键词》这样一部著作，人们注意到的第一件事情就是它未以我们所期待于一部文本——尤其是一部面向紧迫政治危机的文本——的方式进行"组织"。这部著作没有目录——也就是没有看起来存在于文本自身以外的结构——且对于它所处理的词汇未给予直接权威的定义，而是看起来在每个词所唤起的所有引申义中逡巡，显得毫无组织甚至写得很糟糕。根据一篇针对该文本的分析意见，"它对观点的说明采用了一种看起来随意且无序的方式，充斥着有趣的逸闻、对人类与动物习惯的比较、《古兰经》和圣训中的词句以及来自作者个人经历的故事"。该分析意见寻求对这一问题进行必要的补救，解释说它"将不遵循该著作古怪的安排，而是把该著作的主体进行有序排列"。[41]

对看起来像"古怪的安排"甚至"随意且无序"的事物的理解，是个在中东研究领域随处可见的困难。不仅在对文本的研究中会碰到这个难题，而且如我们所见，在对城市建设方式或政治体制缺失问题的理解中，也会碰到这个困难。这里我想对这种表面上的秩序缺失做更进一步的探究，通过对马尔萨菲文本中一两行文字的详细考察，我打算点明我们所设想的那种无序，实则是依照我们自己对词汇该如何发挥作用的一些奇特假设对文本进行阅读的结果。

马尔萨菲书中考察的八个单词的头一个是 *umma*，该词在英语中可翻译为共同体（community）或民族（nation）。该单词首先被解释为 *jumlatun min an-nas tajmaʻuhum jamiʻa*，这句解释可翻译为"为某种共同因素聚合在一起的一群人"，它随后补充道，该共同要素可以是语言、地域或宗教。[42] 但这种规范化的翻译未能把握这句阿拉伯语的力量所在。首先，*jumlatun* 不仅仅可以表示"一群（group）或一种聚集（gathering）"，它还可以表示若干个词的组合、一个分句或句子。而该词的动词形式 *j-m-ʻ*① 不仅仅意味着聚拢（gather）或联合（unite），还意味着撰写（to compose）、编纂文本（to compile a text）、写作（to write）。根据此种语义学上的呼应关系，共同体是某种以词汇组合成文本的方式结合在一起的事物。

但在上文提到的语义呼应之外，马尔萨菲这句话中还存在着更多东西。这句话的力量不仅仅来自其中各个词多样的意指，而且也来自该句子各部分借由它们不同的发音所建构起来的意义上的回响（reverberation）。句子开头意味着总和（sum）、总体（totality）的音节 *j-m-l*，在句子的另一端获得音节 *j-m-ʻ* 的呼应，而这三个音节意味着联合（union）、聚集（gathering）、组合（assemblage）。两个几乎相同的音节 *m-n* 以 *min an-nas* 的形式占据了句子的中部。这些音节组合随之又会使人想到其他一些潜在的音节组合，比如 *j-mm*，意为聚拢、数量众多；*j-m-d*，意为凝结；*j-mh-r*，意为一大群人；*j-l-s/m-jl-s*，意为坐到一起/集会；或许还能让人想到 *m-l-ʻ*，意为充满、人群、集会等等。所有这些会让人进一步联想到的音节都牵涉到了句子的意

---

① 阿拉伯语绝大多数词均由三个或四个基本字母根据词律派生而来，这里所说的"动词形式"即此处单词的三个基本字母（其真正作为动词使用时，仍要根据人称时态进行变化），下文讨论音节时所举组合，也均为基本字母。

义——或者说力量——之中。每种音节组合都进一步和其他音节组合相联系并唤起人们对其他音节的联想,这样一来,从一种音节组合到下一种音节组合,一条潜在的无穷无尽的意义链条就形成了,它将在一个句子的生发过程中产生回响——无论这种回响多么辽远。

上述书写方式并不寻求在单一的意义中发现和实现词的力量,而是通过让一个词的音节和意义与其周围那些词混合在一起并增殖来实现它的力量。在英语中,我们称这种语言增殖为"诗歌的"或"文学的"。"文学的"语言被定义为这样一种书写:其"词汇作为词汇(甚至作为音节)凸显出来,而不是作为可理解的意义",其"意指可能复杂、非常规且模糊"。[43] 在此种解释中,诗歌或文学被定义为某种与那种直白或常规的语言使用方式相反的存在。而对《八个关键词》的作者而言,那种直白的语言压根儿就不存在,所有的书写都是通过使词汇"作为词汇凸显出来"——即唤起某种回响或相似(echoes and resemblances)之链条,在其中每个词/音节均与下一个有所不同——而产生作用的。

如我们已从布雷亚尔那里看到的那样,在所谓的直白的语言中,我们认为词汇作为符号而发挥作用。布雷亚尔在语言学领域的继承人是索绪尔[①],后者创立了我们的现代语言学理论,并接受了语言的本质是交流这一论断。根据索绪尔的观点,词汇或语言符号是具有双面性的实体,由声音-形象(sound-image,即能指)与意义(即所指)构成。在布雷亚尔的例子中,正如同画布上的那些圆点代表了一幅图像,声音-形象代表了——或者说指明(signify)了——一种意义。就像索绪尔说的那样,某个词因此由"物质"形象和非物质的思想构

[①] 斐迪南·德·索绪尔(Ferdinand de Saussure, 1857—1913),瑞士语言学家,现代语言学之父。

成。词汇具有物质部分和观念部分两方面，二者恰如一张纸的两面一样不可分离。⁴⁴

符号的两方面尽管不可分割，但地位并不对等。词汇中的物质要素仅仅是意义的表象。声音-形象代表着言语者或作者头脑中的观念，也就是说声音-形象所代表的事物源自声音-形象以外。因此无论从重要性还是顺序来说，词汇的物质要素都是第二位的，它仅仅以物质形式呈现了一种意义，以便就这种意义进行交流。词汇中的观念要素是更为优先的，它更贴近被交流思想的原貌，更贴近作者，更贴近源头。正如雅克·德里达曾经指出的那样，从另一个角度来看，这种等级序列亦可在我们对语言与书写之关系的理解中窥见。德里达指出，书写下来的词汇（written word）是言说中的词汇（spoken word）的表象，书写是对直接言说的一种替代，它可以在作者不在场的情况下，将一位作者的言辞呈现给一位读者。正如口语中物质要素相对于观念要素是第二位的，书写相对于言说也是第二位的。书写还进一步和其作者的思想——其所要表达的原始意向——分离开，再进一步而言，即和意义自身分离开。⁴⁵

在我们对以交流为目的的普通语言和文学或诗歌语言进行区分时，起作用的——且同时岌岌可危的——正是此种由原初性的意义和处于第二位的表象所组成的等级序列。"作为词汇（甚至作为音节）凸显出来"的词汇不知道它们在上述序列中的恰当位置。在所谓的文学书写中，词汇并非它们作者的忠实表象。它们并未机械地呈现一个来自缺席的作者脑海中的单一的、原初性的意义。如我们在马尔萨菲文本的字里行间所见，类似的词汇僭取了更大的权力，从它们与其他词汇的联结中获得更强大的力量，并开启了一场几乎无穷无尽的关乎语义/言辞回响的游戏。

我们给这种权力僭取贴上诗歌或文学效果的标签，从而将它与那种"正常的"、维护等级序列的语言对立起来。诗歌语言被当作一种例外对待，并反过来证明了常规沟通方式的有效性。物质化的声音与非物质化的意义之间的基本对立保留了下来，从而保留了这两种语言基本要素之间的等级序列关系。这里所关乎的并不仅仅是一种语言学理论，一整套具有最广泛政治重要性的关于意义的隐喻就依托于此种等级化的对立。

具有差异的相同（Just the same only different）

那张奇怪的双面纸到底是什么？符号吗？设想一下，如果我们如德里达提议的那样，拒绝将观念与物质（因而也是文本与现实世界）——据说符号就由此二者组成——的对立以及它们之间的等级化关系视为理所当然，那么符号到底是一种什么东西呢？什么样的事件呢？德里达会回答说符号从不完全是一个事物或事件——那种意为单一的、孤立的特定经验的事件，词汇并不是以这种方式起作用的。首先，如同索绪尔自己在别处解释过的那样，一个特定的词总是存在于与其他发音类似的词的关联中。就像我们刚刚在某些阿拉伯语单词中看到的那样，特定词的独特性仅仅是其不同于其他发音类似的词所带来的效果。例如，英语单词"一点儿"（bit）仅仅通过自身不同于"打赌"（bet）和"大"（big）这样的词而获得其独特性。"大"（big）则是将自己树立为不同于"挖掘"（dig）和"猪"（pig）的词，如此等等。对于我们称之为词汇的意义的事物而言，情况同样如此。例如"猪"的含义是通过其他词界定的，比如英文中用来指代作为食物的猪的"猪肉"（pork）一词。一个词与其意义——据说这是符号的本质所在——之间的纽带仅仅是上述差异化过程的一个例子。为了找出一个单词的含义［这里我从特里·伊格尔顿（Terry Eagleton）①那里借用一个例子］，我们会在一本词典里查找它的定义，词典给予我们的定义则是由其他一些词组成的，这些词又为更多的词所定义，如此等等。词汇从其他词汇那里获得它们的含义，而不是从它们"呈现"（represent）意义时的精确性中获得含义。结果一个词与其意义并非一个单一的、具有双面性的客体，而是各种差异之间交织关系的产物，在这种交织关系中，每个"要素"都借由他者而存在，它既没有边际也没有外部。[46]

如果意义并不仅仅是我们在词典里接触到的那个抽象之域，那么词汇为何仍能表达意义呢？德里达表明，我们可以这样认为，词汇之所以能作为词汇起作用，其最根本之处就在于词汇具有可重复性（repeatable）。甚至就这一意义而言，一个独一无二的、仅出现一次的词就不是词。因此当我们强调某物作为"同一个词"（the same word）的身份（identity）时，它事实上是某种在不同情况下、不同语境中不断复现（reiterated）的事物。一个词那种最简单的身份——也就是其同一性（self-sameness）——是在差异中形成的，这种差异是不断复现（reiteration）下的差异。这种不断复现具有某种矛盾的性质，一方面，一个词的每次出现都是不同的，该词的出现可能会在时间地点上有所不同，而且可能在多样的实际表现形式中变换——比如被书写而非被言说。语言依赖于某个词如此多样与不同的重复形式，正如它依赖于词之间的差异；它仅仅作为这种差异化的重复而发生。另一方面，被复现者必须仍然是"同一个词"，在差异化的重复中，经历了每一次改变之后，必须仍然存在着某种可被辨识的相同的迹象。我们体验为词汇之"意义"的事物，正是这种相同的迹象。

---

① 特里·伊格尔顿（1943— ），英国文学理论家、批评家、公共知识分子。

由于词汇总是一种重复（repetition），因此意义的浮现具有双重意味。它是一种重复既意味着它是某种非原初性的、借由对他者的改动与差异化而存在的事物；也意味着它是某种"原样再来一次"（the-same-again）的事物。意义是此种兼具相同与差异的矛盾性质的产物，由此词汇总是具有差异的相同（just the same only different）。[47]

德里达认为，作为语言带来的一种古怪结果，重复中的那种矛盾性并不需要加以解决。与此相反，语言是某种借由重复和差异化运动而变得可能的事物。然而，差异之中那不可分割的同一性所引发的矛盾效果却并不被承认，而是要加以避免。为了避免此种矛盾，索绪尔认为词汇是由相互对立的两部分组成的客体——即物质与观念。它们属于相互区别的两个领域，前者属于物质领域，后者则在某种程度上超乎物质而存在，这两个领域被带有神秘意味地结合进了词汇的统一体之中。德里达揭示出，上述两个领域之间这种带有神秘意味的区分并非根本性的，而是一种"神学"效果。"它完全依托于重复活动的可能性，并由这种可能性所塑造。"[48] 现在我想回到阿拉伯语上来，论证在阿拉伯语文本中，此种存在一个单独的意义"领域"的效果并未被创造出来；即使这样一个领域在某种程度上被创造了出来，它也会被认作本身就是某种神学性的存在，并被如此对待。

元音的缺席（The absence of vowel）

在前面考察侯赛因·马尔萨菲《八个关键词》一书中的一个句子时，我已经指出，对阿拉伯语的常规书写而言，所谓的文学语言——在其中"词汇作为词汇（甚至作为音节）凸显"——并非例外，而是唯一的书写方式。这里并没有德里达所谓的"白色神话"（white mythology)①——根据这一理论,词汇间差异的游戏作用是对词汇唤起意义的常规方式的某种补充。更确切地说,在《八个关键词》这样一本著作的书写中,意义的问题以及差异间的游戏作用始终被当作一个需要处理的难题,而不仅仅是为了颠覆白人的神话,并使阿拉伯语成为此种神话缺席的一个例证。词汇自它们之间差异——此种差异不能被分解为观念与物质的截然二分——的游戏作用中创造出力量,而不是一位作者单一意思的表象。上述关于阿拉伯语书写性质的论断也可以从其他一些特征中得出。

首先阿拉伯语书写中存在一些直接和书写活动相关联的特征(inscriptional features)。索绪尔认为词汇的物质形式是某种随意的存在,只是借由语音方面的一些惯例(phonetic convention)与它们的意义联结在一起。德里达指出,此种物质形式和意义之间的区分忽视了书写活动的所有非语音方面——如标点、空格以及不同文本间的并置,上述这些方面是"物质性"的,但却仍能制造出意义的效果。在阿拉伯语中,书写的进行通常都不会借助符号或词之间的空格,而是常常将若干文本——它们之间具有多样的意指关系——并置于一张纸上,在不同的书写风格间做出细致而富有意义的区分,并将书写的艺术推向了最为详尽、最富有意味的形式。

第二类被德里达视作问题的特征,是那些使得一本书或其他书写文本看起来是"内部"——即一处与外部"现实世界"相分离的、属于意义的内部空间——的特征。扉页、前言以及目录均为此类特征的例证,它们看上去与文本相分离,并且就像一座城市的地图那样,为文本赋予了形态与外部框架。阿拉伯语书写通常也不会运用这些手

---

① 《白色神话:哲学文本中的隐喻》是德里达于1971年发表的一篇论文,文中对西方书写传统中的形而上隐喻进行了探讨。

147 《关于术尔扎尼的一百种施动者词律的评论》(Commentary on the hundred grammatical regents of al-Jurjani) 中的一页,作者萨德·阿拉(Sa'd Allah),以萨伊尔(al-Saghir)之名为人所知,艾哈迈德·阿卜杜·拉比(Ahmad Abd-Rabbih) 1808 年抄写,并在页边和行间进行了批注和注解; Naskhi script

段,而是以一段冗长的颂词(khitab)开始每部著作,事实上它把从开篇颂词进入文本其他部分(fasl al-khitab)的转折手法变成了一个重要的神学争论论题。我们还可以提及阿拉伯语书写的其他许多特征:动词"是"(to be)这一意指在阿拉伯语中仅存在于"过去时"(past)[德里达步海德格尔之后尘,不得不在"擦除"(under erasure)①状态下使用动词"是"的现在时,即在书写的同时将它划去,因为仅仅使用"是"会让我们忘记"存在"(being)这一概念是多么难于对付];关于语言是一种代码的观念,即语言作为一套语法结构分立于词汇自身而存在[阿拉伯语法学家并不研究这种代码的规则,而是研究语言中相同(nahw)与差异(sarf)的模式,即我们现在翻译为"句法"(syntax)与"词法"(morphology)的内容];最后,还有东方学家所称的阿拉伯语中"元音缺失"的现象。下面我将简短地考察一下最后这种观点。

东方学家们声称,在阿拉伯语书写中,通常不把元音标出来,对一条阿拉伯语语句的英文转写——比如我在本章前文中对马尔萨菲著作的转写——不得不把这些缺失的元音添加进来。但这种看待阿拉伯语的方法是具有误导性的,元音是一种欧洲特有的发明,而非某些阿拉伯语"缺失"的东西。阿拉伯语词汇由阿拉伯语语法学家所说的一系列字母的"变动"(movement)构成,每个字母的发音都伴随着(口型与声带的)一种特定变动,这种变动被称为"开口""合口"与"齐齿",相同字母的不同变动产生出意义上的差异。举例来说,根据其中每个字母的变动方式,字母组合 k-t-b 可以表示"他写""它被书写""图书"等意思。正是上述这种不同的变动方式被东方学家解读

---

① "擦除"是由海德格尔创造,并为德里达所发展的哲学术语,指文本中某个词被划去但仍可辨识的状态,意在说明该单词并不能充分表达其所指代的概念,但限于语言的局限仍不得不使用。

为元音。

然而上述变动并不等同于元音,如同突尼斯语言学家蒙塞夫·切利(Monçef Chelli)①已经指出的那样,这种变动并不能独立于字母被创造出来,一个字母也不能在没有此种变动的情况下被创造出来,而元音和辅音看起来却是相互独立存在的。[49]切利指出,此种独立性赋予了欧洲语言中的词汇一种与阿拉伯语词汇中的变动相对的、特定的固定化外表(appearance of fixedness)。通过将词汇处理为变动中的字母组合,阿拉伯语书写更为接近创造意义的那种差异间的游戏作用。

从这方面来看,元音并非某种阿拉伯语缺失的东西,它是一种奇异的诡计,它在欧洲书写中的在场遮蔽了词之间的差异关系,赋予了单个词表面上的、类似一个符号的独立性。切利继续论证道,此种表面上的独立性赋予了词汇一种客体性质(object-quality),作为符号-客体(sign-objects),它们看起来独立于它们被言说的状态(being said)而存在。它们的存在看起来分立于对词汇的物质化重复,并且先于此种重复。属于此种优先且分立存在的领域被贴上了"观念"的标签——即独立的意义之域。

上面有关阿拉伯语书写的讨论意在表明,从多个方面来说,阿拉伯语相较于欧洲语言更接近于创造意义的差异间的游戏作用,相应地,它相较于欧洲语言也更不易制造出那种有关观念领域——这一"意义"之域被认为分离于词汇自身而存在,并被冠以"语言""真理""思想"或"文化"这种带有神学色彩的名称——的形而上效果。在阅读某个特定文本时,德里达的著作常常被拿来说明意义的效果如何会崩塌,但这并非我的兴趣所在。不管类似的解构(deconstruction)壮举看起来多么容易完成,真正需要解释的并非意

---

① 蒙塞夫·切利(1936—1994),突尼斯-法国哲学家、作家。

义为何崩塌,而是为何意义不会崩塌。从政治角度而言,看起来重要的并不仅仅是揭示在文本之外或博览会之外只是另外一个文本或另外一场博览会,而是考虑为何在这种情形下,在我们的生活中,世界越来越像是一场真正的博览会——一场关于现实存在的博览会。我对 19 世纪埃及的研究,意在探究世界如何被秩序化并被体验为一场博览会,在这一过程中,它被分隔为两个领域——属于物质化事物的领域,以及与此分立的、属于事物之意义或真理的领域。

在本书前面几章中,我已经描述了埃及在 19 世纪被组织起来,以制造存在一种观念之域这一效果的若干途径。其中一个例子是根据对街道与建筑外立面整齐划一的规划对城市进行重建;另一个例子是学校在地理空间分布上的等级序列,这一序列被安排来呈现一个民族国家的结构。更宽泛地说,无论是在军事演习、时间表、教室与医院的布局还是村庄与城市的重建中,我称为"集置"的秩序建构手段均是为了制造存在一套结构这一效果,这套结构看起来是某种观念性的事物,先于且分立于集置于其中的物质化事物而存在。

然而意义不仅仅是观念性的产物,也是意图的产物。"意味着"(to mean)同时具有意指(signify)与意图(intention)、目的(purpose)的意思。如果说一份书写材料或其他表象过程创造出了意义,那么在这么做的同时,它也创造出了某种权威性意图或意愿。此种意义越是被有效地制造为一种分立的、自足的领域,此种意图的影响也就越有效。为了回到我在本章开头提出的有关现代政治确定性的问题,我想表明实现分立的观念领域之存在的那些手段,同时也是一种实现意图、确定性、权威性意愿——或更宽泛地说——乃至权威自身的全新手段。

作者和权威(Author and authority)

我们将书写理解为一种交流工具,一个可以搭载着一位作者的词汇——以及蕴含其中的观点——穿越遥远时空的载体。得益于语言意指体系机械般的效率,尽管他或她本人并不在场,一位作者的意图或意思仍可以呈现给一众读者。通过写作,作者不在场的问题被克服了。根据此种理解——举例来说——印刷技术只是一种更有效地克服缺席问题的手段,它为一位作者的意思提供了覆盖范围更广且更为持久的表象。[50]

在这种对书写的常规理解中,词汇的机械性质从未被质疑过。如果说书写可以代表一位缺席作者的思想或意思,如果它可以将一位缺席的作者呈现在读者面前,那么这是因为作为单一意义的表象而发挥作用正是词汇的性质所在。这样一种关于意义的机制显得寻常且不成问题,如果说词汇真的有产生多种意义、含混地发挥作用、逸出其作者原始意图之外被误读的潜在可能,那么正如我们前文所见,这种可能性是被视为一种例外的,而不被视作书写发挥作用的根本性途径。模糊性(ambiguity)仅仅被宣告为小错误或一种诗歌效果。于是这种可能性依旧在作者的掌控之中,他可以决定是否让词汇具有诗歌性,是否让词意有一点儿自由空间。

在我看来,在印刷技术引进以前,没有阿拉伯作者会认为上述假设毫无问题。书写并非一位作者想法的机械性表象,从这种意义上说,在一份文本中,作者并非单纯地"在场"。作者身份——以及权威——是更为复杂的关注对象。由于书写从来不能毫无含混地传递一位作者明确的意思,因此没有正经的阿拉伯学者会对印刷出版业的力量感兴趣。进一步而言,书写中作者在场的问题是与社会中政治权威在场的问题相呼应的。作为对上述判断的证据,我将回到伊本·赫勒敦的著作上,该书中的关键问题恰是作者和权威的缺席。

伊本·赫勒敦同样抱有书写可拓展作者在场范围的假设。他谈道,书写的技艺"可使灵魂最深处的思想抵达那些遥远而不在场的人,其在书籍中使思考和学术的结果永久化"。[51] 但在这里,伊本·赫勒敦与我们对书写认识的相似之处就到头了,因为伊本·赫勒敦并非是从书写表象之机械性作用的角度来理解此种对缺席状态之克服的,而是将其当作一个处在人类社会生活中心的问题。

根据伊本·赫勒敦的观点,书写即意味着要冒被误读或误解的风险。[52] 那些超越于作者在场而存在的词汇已经脱离了束缚,它们可能会游移、改变、被脱离语境解读并催生新的意义,通常它们总是存在着模糊性。[53] 由此词汇并不总是机械地指向一个单一的意思,对一份文本的阅读总是一项阐释工作。伊本·赫勒敦写道:"观念的学习者必须将它们从表达观念的词汇(声音)中抽取出来。"[54] 如我们已经看到的那样,只有从字母组合差异化的变动中,意义才浮现出来。只有在被读者诵读时,字母才会变动,并由此产生差异化和意指。出于这一原因,学者在他们的著作中"并不会径直从其他书籍中抄写评论,而是会把这些内容读出来",[55] 一份文本从来不会被默读,为了产生意义,它必须被大声地诵读出来。

因此,阅读一份文本时人们必须把它诵读出来,因为仅仅停留在纸面上的字母意义是含混的。准确地说,一个人必须跟随一位教师,大声地阅读这份文本三遍。在第一次阅读时,教师仅仅给出概括文本主要话题的简要评论,第二次阅读时他对每句话都会给出全面的阐释,其中包括不同学派阐释间的差异,第三次阅读时他会对那些含混、模糊的术语进行探究。[56] 此外,这位教师必须是该文本的作者,如果不是,那他就必须是曾听作者诵读该文本的受众之一,或曾在受

151

第五章 真理的机制 | 205

众之一的指导下阅读该文本,依次类推,总之他必须处在一个可回溯至最初作者的不间断的传述链条当中。

举例来说,在伊朗城市内沙布尔(Nishapur)①,那些想学习和教授《布哈里圣训集》(Sahih of Bukhari)②——最具权威性的先知言论汇编之一——的人"跋涉200多公里前往木鹿(Marv)③附近的库什梅罕镇(Kushmaihan),那里有个人所传述的文本是布哈里本人口授记录抄本的抄本"。在另一个例子中我们得知,学者阿布·萨赫勒·穆罕默德·哈菲兹(Abu Sahl Muhammad al-Hafsi)"曾在库什梅哈尼(al-Kushmaihani)④指导下学习《布哈里圣训集》,库什梅哈尼曾跟随穆罕默德·本·优素福·法拉比(Muhammad b.Yusuf al-Farbi)学习,法拉比则曾跟布哈里本人学习。在他的导师库什梅哈尼去世75年后,阿布·萨赫勒·穆罕默德·哈菲兹发现自己……成了库什梅哈尼唯一的在世弟子"。他因此跋涉200多公里前往内沙布尔,在那里他受到统治者的礼遇,"他随后在尼扎米亚经学院(Nizamiya madrasa)⑤开课,向一大群人口授了《布哈里圣训集》"。57

在我看来,上述做法不应被勉强解释为口头传述或记忆较之书面记载更为重要,它们应被视为书写与作者身份之性质的象征。只有此类传述链条能够克服文本中作者那不可避免的缺席。考虑到书写的含混性质——如我们所见,它不仅仅是特定文本中的一种缺陷,而是某种在词汇获取其力量的过程中不可避免的现象——无声且私人化的阅

---

① 内沙布尔,伊朗东北部古城,曾作为塔希尔王朝、塞尔柱克苏丹国都城,是中世纪伊斯兰世界文化中心之一。
② 《布哈里圣训集》,逊尼派六大圣训集之一,因由伊玛目布哈里(810—870)编著而得名。
③ 木鹿,位于今土库曼斯坦马雷州的古城。
④ "库什梅哈尼"即阿拉伯语"库什梅罕的(人)"之意,常被用作人名的一部分,此处即指上文那位库什梅罕镇的学者。
⑤ 尼扎米亚经学院,11世纪塞尔柱克苏丹国宰相尼扎姆·穆鲁克于巴格达、内沙布尔、伊斯法罕等地建立的一批伊斯兰教高等教育机构。

读永远无法复原作者的意思并重建作者的在场。阿拉伯学术的整套实践方法，都是围绕着克服书写中作者明确意思之缺席这一问题发展起来的。

如我已经提到的，伊本·赫勒敦是在阿拉伯世界的政治危机时代进行写作的，这同时也是一个作者缺席问题面临危机的时代。对伊本·赫勒敦而言，政治衰弱和以书写为载体的学术衰落之间的此种共时性关系并非巧合，他在处理这两个问题之一时，会从另外一个问题的角度着眼。此种联系甚至体现在了他著作的标题"殷鉴书"（Book of *ibar*）里，如穆赫辛·马赫迪（Muhsin Mahdi）[①]已经揭示的那样，*ibar*一词意义含混，它既指向也说明了语言的含混性。这个词可以表示自历史文本中学到的"经验"（lessons），但在更广泛的意义上，可同时表示对意义的表达和遮蔽。[58]该书的标题全称继续体现出此种书写和历史的关系，因为其被进一步冠以阿拉伯人和其他族群历史中"主体及其行为的记录"（the record of the subject and the predicate）[②]之名。因此该书的头六七十页主要关注于书写的问题，以揭示文本已如何遭到败坏与误读，师徒传授的那套技术已如何崩坏，以及权威传述的链条已如何被截断。该书的目的是通过克服此种书写中的崩坏，对政治危机提供一种补救。伊本·赫勒敦所提供的补救方式是全新的，其作为一种克服书写中根本性弱点的独特尝试在14世纪的大背景下凸显出来。但此种补救方式并不属于表象理论。

伊本·赫勒敦的解决方式是第一次尝试为阐释活动奠定基

---

① 穆赫辛·马赫迪（1926—2007），伊拉克裔美国学者，阿拉伯历史学、古典语文学与哲学研究领域的权威。
② 此处"主体"和"行为"阿拉伯语对应原文为 al-mubtada' 和 al-habar，是阿拉伯语语法中的两个专门术语，大体相当于现代语法体系下的主语（subject）、谓语（predicate），但在《殷鉴书》一书的语境中，亦可理解为历史的起因与具体事件，因此作者在这里说标题体现了书写和历史的关系。

础——即将支配未来文本阅读的基本原则。此种基础是以人类社会生活基本"语境"或"环境"（*ahwal*）的形式出现的。在《历史绪论》中，伊本·赫勒敦提供了对人类共同体一般界限的详尽说明，对人类共同体形成、发展、繁荣和衰败的过程进行了揭示。此种环境界限将对所有书写文本的阐释可能性形成约束，并且在文本的败坏和书写那种常见的模糊性之下，将对历史的解读限定在历史可能性的限度之内。他的著作是一项提供阐释界限的巨大努力，这种界限将帮助克服过去时代中作者缺席的问题，并使模仿历史记录中的有益经验成为可能。

　　这或许可以解释19世纪埃及对伊本·赫勒敦著作的巨大兴趣，彼时那里的学者面临着相似的危机，而且像马尔萨菲这样的人很大程度上也将这场危机理解为词汇使用方面的危机——其需要通过对正确理解的书写的方法的教授来获得解决。然而大概从马尔萨菲的时代起，整套书写实践已开始发生改变。词汇将失去它们的力量，它们在意义方面增殖的能力，它们与其他词汇产生呼应与回响并开启相似与差异间游戏作用的可能性。或者至少来说，上述可能性将被作为一种例外加以否定和约束，并被诸如诗歌这样的名称所限定，词汇的本质将变成一套机械化的交流过程。面对借由现代表象手段而成为可能的表面上的确定性——即存在一种明确意义的效果，伊本·赫勒敦所处理的有关权威的整个问题都通过忘记书写那成问题的性质被克服了。这样一种转变是如何发生的？在本书的范围内，我只能提出一种解答。印刷技术的引进和推广是此种转变最显著的原因，但在各种全新的书写形式——尤其是国家支持的数量众多的教育文献——以及"电报体"的新式新闻报道中，也可以窥见变化。

　　电报与印刷技术是新近在埃及出现的若干新式机器与技术中的两项，它们引入了一种现代通信实践手段。〔正是一家欧洲电报公司的埃及雇员阿卜杜拉·纳迪姆（Abdullah Nadim）在1881年春夏之交开始发行埃及第一份面向大众的民族主义报纸。][59] 如我们在前文所见，埃及军队已采用了全新的传令技术，该技术使集结和控制19世纪数量巨大的现代军队成为可能。全新的埃及铁路系统的运行——我已提及，相对于埃及的规模和人口而言，它是彼时世界上规模最为庞大的铁路系统之一——依赖于一套精密的信号和代码体系。英国人的总体目标是"改善通信、交通和贸易"。[60] 官办学校教育的逐渐普及涉及全新的教学技术和在教室内让学生服从的手段。19世纪最后几十年中的这些发展，均要求语言不再以上文考察过的"不断增殖"的方式被使用，而是要作为一套精确的符号系统加以应用。在这套系统中，词汇被作为单一意义的清晰表象加以对待，其目标是以欧洲人的常见方式运用词汇，如我们在第二章所见，巴黎街头的那些欧洲人仅在"做生意所必需"时使用词语。

语言方面的转变是军队、学校、建筑、铁路、灌溉工程、数据生产等各领域秩序建构进程的一部分，如同世界博览会一样，上述领域也开始制造出一套看起来分立于事物自身而存在的结构，一个独立的秩序与意义之域。我将通过与书写的类比论证，这个全新的领域将不仅仅呈现为意义之域，还将呈现为一个有关意向性（intentionality）的领域——即关于权威或政治确定性的领域。如我们刚刚看到的那样，在伊本·赫勒敦所代表的较为传统的书写模式中，一份文本中作者意愿或意义的在场从本质上来说是构成问题的，书写中作者的在场问题对应于政治生活中权威的在场问题。全新的书写和通信模式使得复-现一位作者的意思看上去变成了一套本质上无可置疑的机械化程式。在成为"呈现为博览会的世界"的特征的其他全部秩序建构领域中，书写中作者无可置疑的在场将与政治生活中权威本质上无可置疑且机械化的在场呼应起来。

此种政治权威——借由一份现代文本制造出作者明确的印记的方式，其在现代国家中被制造出来——将会呈现出持续化、机械性的在场。与此同时就像文本中作者的意思一样，此种政治权威也在某种程度上神秘地与现实世界分立开来。就像意义并不存在于词汇自身的"物质"形式之中，而是存在于一个词汇仅仅对其进行复-现的、分立的思想或观念领域中那样，政治权威现在也作为某种形而上的事物分立存在，而物质世界仅仅对其进行了复-现。权威将变成某种既机械化又带有神秘色彩的事物：如同表意过程一样确定和直接，但也与表意过程一样形而上。

为了对本章做一总结，我想提供一些证据表明上述权威性质方面的转变，和作者性质——即作者在文本中的意思表达——方面的转变是平行发生的。我将提供的证据是一幅权威之性质与场所的整体形象——即共同体作为一具躯体的形象。事实上我将呈现一场平行发生于三个不同方面的转变：关于书写的观念、关于身体的观念、关于政治的观念。

统治的机器（The machinery of government）

将政治共同体作为一具躯体来描述贯穿于阿拉伯文献史。在19世纪六七十年代的新式政治书写中，当作者们解释社会生活的和谐与等级秩序，甚至是介绍民族主义或教育这样的新话题时，这仍是他们最常诉诸的意象。塔赫塔维在《埃及人的心理历程》一书开篇写道："无疑国家就像一具躯体"，个人和团体则构成了它的肢体和器官。[61]在《八个关键词》一书中，每当马尔萨菲希望解释共同体如何由互相作用的各部分组成时，他也以同样的方式诉诸躯体这一比喻。在讨论教育时，马尔萨菲说教育的目的是教导学生"他的共同体是一具躯体，而他则是这具躯体器官和肢体的一部分"。[62]

贾马勒丁·阿富汗尼（Jamal al-Din al-Afghani）——他是与马尔萨菲同时期在埃及任教的伊朗裔学者与政治活动家——同样用有生命的躯体来表达社会生活的性质。每个器官或躯体都对应于一种特定的职业或行当——即某种个人所从属的社会群体。政府就是这样一种特定职业，它可以被视为躯体的大脑，锻造了躯体的上肢，农业可被视为肝脏，航海业可被视为双腿，如此等等。[63]这提供了一种对社会世界秩序以及不同群体在其中所具权威的有力表达，其力量被频繁用于政治辩论之中。当阿富汗尼于1870年受邀在伊斯坦布尔的新式大学开学典礼上致辞时，他强调了社会中哲学思想的重要性，指出哲学作为一种职业在社会躯体中的位置是和先知并列的，二者都占据着灵魂的地位。这种在社会秩序中赋予哲学实践一种权威地位的尝试——这种地位借由与躯体相关的比喻表达出来——在伊斯坦布尔的学术和宗教界引发了一场风暴，阿富汗尼被从奥斯曼帝国驱逐。[64]

躯体这一形象具有说服力，是因为它为人类世界各个分散的部分提供了可理解性（intelligibility），揭示了它们之间有意义的联系。有生命的躯体是这样一种形象，它表达了蕴含于人之存在当中的一种给定的事物秩序，从这种秩序可以推断出社会世界应当如何安排。通过表明将不同群体联结到一个连续的整体（continuous whole）之中的那种联系，它展现了有关职责与地位的等级序列。"就像躯体中的每个肢体和器官都有一个其天生需要履行的功能，并且每一部分都不会视自己的职责为光荣，而视他者的职责为可鄙，它们只是在履行自己的职责——它们就是为了这个被创造出来的……共同体中的每一个体都有其必须履行的职责。"[65]就像上文提及的由八个词组成的圆环那样，这一连续整体的形象并不是我们今日所常见的由内部及外部，物质世界及其结构,或物质化的身体及被称为"心灵"的思维实体所组成的秩序。在这一整体中,统治者仅仅对应于躯体中的一个特定器官,就像书写也并不仅仅被认作作者意思在物质文本中的形而上式在场。在躯体这一形象中,不存在抽象的权威,也不存在统治物质化外部的权力那不可见的内部根源。

然而,甚至在19世纪70年代的作者那里,躯体作为一种隐喻已开始流露出一些受到压力的端倪。躯体依然被谈论,但通常是说某个关键器官缺失了,[66]或者某部分肢体生病了,需要移除。[67]在新式官办学校中,教师将告诉学生他们是一具躯体的肢体和器官,如果他们无法承担起自己的职责,躯体就会失灵——共同体将无法实现。[68]全新的政治实践正在使这一有关躯体的形象变得不再合适。学校教育的组织、军事秩序的拓展、首都及其他城镇村庄的重建,以及其他所有我在前面章节中曾加以讨论的全新秩序建构手段,这些进程都引入了有关躯体的全新意象,并与此同时造就了关于政治权威的全新印象。截至19世纪最后数十年,有关躯体的旧式形象已很少被应用于政治书写中。当躯体出现时,它已具有了全新的意义。

不可见但并非更不真实

(Unseen but none the less real)

举例来说,躯体的形象曾出现在穆罕默德·马吉迪(Muhammad Majdi)的《上埃及十八日》(*Eighteen Days in Upper Egypt*)一书中,该书是对他1892年乘坐一艘托马斯·库克旅行社旗下汽船沿尼罗河旅行的经历的记录,其旅行的背景透露出一些埃及正在发生的变化。马吉迪是埃及上诉法院(Egyptian Court of Appeal)的一名官员,他是以一名游客的身份搭乘这艘运载邮件、殖民官员和占领军军官的汽船进行旅行的。这是马吉迪自 1880—1882 年的民族主义抗争以来第一次有机会游览上埃及,因为如我在上一章里提到的,英国人花了十年工夫才把外省对殖民占领的反抗镇压下去。[69] 当马吉迪登上汽船,离开开罗时,他将埃及描述为一具躯体,而其心脏就是首都开罗:

> 每当我离开开罗时,我都将其设想为我们国家的心脏,而其中的我们则像球状的血滴。我们在这里积聚,我们成线状从这里出去,就像血液那样前行。我们就像是被某种规律性的运动挤压出来的,而躯体的生命就依赖于这种运动。[70]

此种有关社会的躯体形象与先前迥异,躯体不再是某种由构成其各个肢体和器官的社会群体组合而成的事物,它现在作为一种机器分立于民众自身而存在。上面提及的器官——心脏——对应于全新的殖民首都,它就像一台泵,驱动着整部机器的运转。个体并非躯体的组成部分,而是在其中流动的同质的粒子。这具躯体的机械化部件则负责运送、控制这些流动的粒子,并让它们始终处于活跃状态。

1900 年 3 月发表于埃及新式日报《旗帜报》上的一篇文章,给出了第二个有关躯体新形象的例子。该文章讨论了对有组织教育的政治需求,并将埃及的学校教育系统比作身躯的神经系统。该文章声称,每所学校都应被视作独立的神经末梢,这些神经末梢都可回溯至这具躯体的中枢神经系统。这套系统是由大脑——即教育部——控制和管理的。命令从大脑发出,送往位于神经末梢的学校,这些神经末梢会向大脑反馈回神经信号,其中记录了学校在和外界接触时的反应。尽管上述画面中的躯体看上去仍然以各部分互相联结的方式组成,但已完全不一样了。其所指向的那种联结并非组成整体的各独立肢体器官

第五章 真理的机制 | 213

间的互动,而是外部与内部的关系。此前关于躯体的形象从未以此种方式指向一个"外部",因此躯体也从未成为"内部"。躯体现在不仅成了一个机械化的客体,而且是一个具有表层的客体,它与外部的关系将其变成了"内部",该内部构成了一台政治机器,其最远的延伸部就是学校。这台有关政治与学校教育的机器看起来分立于"外部"世界而存在,又必须触及这一外部世界,反馈回关于这一世界的信息并作用于它。关于躯体的旧式意象从未被设想过会表达此种概念。

上述例子表明,伴随着全新的政治实践手段,有关躯体的政治意象已发生了怎样的变化。那种将躯体视为互相作用的各部分组成的协调整体的意象,已被将躯体视为一台机器的意象所取代,这台机器的名字叫作政治、学校教育、政府或国家。它被设想为一套结构,微粒在其中游动,或被设想为一套内部机制,可以作用于某种外在于它的事物——即民众、埃及社会与外部世界。和书写过程一样,政治进程现在也越来越多地要从这种机械化的、有内外之分的机制的角度去设想。或许没有什么看起来比机器这一概念更直截了当且更少形而上色彩的了,就像没有什么比机械化的表象过程——我们借此理解意义的本质——更加直截了当一样。但机器从来都不会自己开动,所以说机器的神秘之处在于,将某物设想为一台纯粹的机器,总是在暗示其他某种分立于该机器而存在的事物。正如我在第一章中所提及的,博览会的神秘之处在于它所制造出来的关于现实外部世界——即一处超越于表象过程之外的地方——的印象,机器这一形象使得对政治世界的理解中某种相当根本却看起来显而易见的分离成为可能,即机器与其外的"原材料",以及机制与其操作者之间的分离。正是此种在不知不觉间出现的分离,现在成了问题所在。我将以最后一个例子对此加以说明。

如我们在本章开头所见,就英国对埃及的殖民占领而言,全新的战争与通信机器有着根本性作用,在英国殖民统治者中间,"机器"是一个受青睐的隐喻。在克罗默的《现代埃及》(Modern Egypt)一书中,殖民权力体系一次又一次地被描述为一台机器,事实上,它被描述成了"世界已知最为复杂的政治和管理机器之一"。克罗默著作中的若干章节用在了描述"机器的性质"以及"机器各部分"上。为了解释殖民统治的理念,克罗默将殖民权力体系直接比之于蒸汽机——在其中"每个齿轮转动速率都受到精确的操控"。安全活塞和"其他各种检查与复查措施"都是必要的,以作为"防止事故的保障"。总的来说,机器的每部分都需要在"完美的控制下运作"。[71] 克罗默的文本可以被视为现代政治科学的第一批主要著作之一,且在它的词汇中预示了政治科学所要求发展出来的那套术语。政治被从机械的角度加以设想,即从平衡与控制,投入与产出——或克罗默所说的——原料与制成品等角度加以设想。他写道,殖民官员"将很快发现其想塑造成某种有用之物的埃及人……仅仅是最为粗犷的原材料"。其用于加工的工具将决定"制成品的完美程度"。[72] 政治是一台作用于外部世界的机器,在这个世界中,埃及人的生活作为"原材料"而进行着。

上述政治进程的形象同时呼应于全新的、机械化的躯体形象和对书写的新理解。就像躯体——因此也就像政治机器——一样,书写现在也被理解为一种纯粹的机器或工具,一种对外部世界做出反应并作用于其上的交流工具。就像这种对于文本的全新理解一样,"呈现为博览会的世界"中的政治现在也将预设自身毫无疑问的外部存在——即外在于它并构成它巨大所指的那个原初世界。尽管书写、躯体与政治进程现在均被从机械的角度加以理解,但它们看起来均具有一种类似的物质/形而上二重性。恰如对躯体的机械化理解预设了"心灵"——即躯体会对其命令与意图加以机械化传达执行的非机械化(非物质)操控意识(operating consciousness)——的存在,书写现在也将预设一种操控意识的存在。就我们现代人的理解而言,一份文本

第五章 真理的机制 | 215

是一位作者的表象，相对于这位作者的意图和意思，这份文本仅仅是一台机器。正如同躯体现在被视作一台载体——心灵借由它与外部世界进行交流，书写从现在开始也将被视作一种纯粹的交流载体，一位作者的思想或真理可借由它呈现给世界。与此类似，政治也将被理解为一台神秘的机器，它可以将权威所在的观念领域——即国家——呈现于社会所在的那个物质世界之中。

在《现代埃及》中用四章篇幅描述了政治机器的各个部件后，克罗默开始描述身为英国总领事的自己，他进行自我介绍的段落表明了关于权威的新观念。我们得知，就像殖民机器其他部分的权力一样，他的权力是机械化的，尽管我们会读到，这种权力是不可见的。这种权力是某种真实却不可见的事物，通过政治机器来运作但又分立于后者而存在。为了表达上述奇怪的观念，克罗默于书写中的某些时刻，在机器和躯体之间变换着隐喻。"在前面四章中，我已做出努力，以使读者对埃及的统治机器有个大致认识……"，克罗默如此开始他的叙述：

> 然而上述描述是不全面的，事实上就某些方面而言几乎是误导性的。因为只有国家机器中那些其功能可在某种程度上得到精确描述的部分被提及，然而在国家机器中还有其他一些部分的功能无法获得准确定义，但这些部分的存在绝非更不真实。事实上，整台机器运转好坏很大程度上依赖于这台机器中某些特定部分的活动——但对一位仅从表面着眼的观察家而言，这些部分或许显得毫无必要，甚至妨害机器的有效运转。在埃及的"政治躯体"（body politic）① 中，**不可见之物**（*unseen*）常常比可见之物更加重要。尤其在过去若干年中，一种模糊却极为重要的权力被交付到

---

① "政治躯体"，产生于中世纪欧洲的政治术语，指以君主为人格化代表的国家权力。

了英国总领事手中……[73]

就我所知,克罗默在用数章篇幅讨论政治机器每一部分的权力和运作时,一次也未用到躯体的形象。但当他转向讨论权力自身——"代表着"殖民权威自身的"英国代表"那模糊、不可见却极为重要的权力——之时,机器这一隐喻突然间和身体联系在了一起。人们谈论"不可见之物"时,正是从"政治躯体"这一概念着眼的。在政治躯体那物质化的机体之上,还应添加一个分立的实体,即权威自身那非物质的、不可见的领域。殖民权威即体现为此种不可见,却"绝非更不真实"的形而上权力。尽管隐喻从机器转向了物质化的躯体,这中间并不存在抵牾之处。政治躯体现在被设想为一台机器,而一台机器就像一具躯体一样,总是暗示着有一种非机械化权力分立于它而存在。如克罗默所说,在机器以外总是存在着一位操作者或一种"驱动力",即某种不可见的意志的作用。

上述语言的重要之处并非它能够多好地呈现殖民权威的运作。真正令人感兴趣的地方在于,为了与殖民权力的那种奇异效果相呼应,类似《现代埃及》这样的书写所必须诉诸的那种意象。关键的问题在于,如果说殖民权力或现代权力必须被描绘成一台机器,那么它到底是一种什么东西?机器总是暗示存在着一位分立于自身的操作者,就好像书写现在有别于其作者的意思,物质性的躯体有别于其心灵那样。在上述这几种情况下,都存在一种绝对的分立——可见的、物质性的机制与这种机制所持续呈现的意图、意义或真理之间的分立。我在本书中一直加以描述的分隔为两个领域的世界是这样一个世界:在这个世界中,政治权力无论手段如何具体而微,其运作总是为了将自身显示为某种分立于现实世界的事物,并由此造就一种确定的、形而上的权威。

第六章

事物的哲学

利奥泰元帅是 20 世纪早期法国占领下的摩洛哥的殖民长官。在他任期行将结束之际，利奥泰以卡萨布兰卡－拉巴特标准轨铁路开通为契机，率领一群法国工程师和记者对新建立的殖民地首都拉巴特进行了一次巡视。作家安德烈·莫洛亚（André Maurois）[①]在受邀嘉宾之列，并记录下了元帅的言论，这些言论恰可引出我在这最后一章将要做出的结论。

"我应当向你们解释一下事物的哲学。"当他们在拉巴特下火车进入新首都之时，利奥泰如此开始了他的演说。"所有这些建筑构成了一个扇形，扇形中央座架的位置是行政当局（Administration），在这以外随着扇面的延展，按照逻辑秩序分布着各部，你们明白了吗？举例来说，这儿是公共工程部，紧挨着它的是道路桥梁部，接下来是矿业部，挨着矿业部的是农业部、林业部。这个空当是留给财政部的，建筑尚未开始动工，但会被建设到逻辑上属于它的位置（logical place）。"一位客人的提问打断了利奥泰的说明，他问道："元帅先生，这个小售货亭是干什么用的？"利奥泰回答说："那个售货亭？那是

[①] 安德烈·莫洛亚（1885—1967），原名艾米尔·赫尔佐格，法国作家、法兰西学院院士，著有利奥泰的传记。

出售地图用的。"[1]

殖民城市具有毫不含混的表达性。用拉巴特的建筑师的话说,其布局与建筑需要呈现法兰西民族"在秩序、比例以及清晰的理性推断方面的天赋"。[2] 作为一套政治表达体系的一部分,这座城市的每座建筑看起来都进一步代表着某些东西。利奥泰在称呼这些建筑时所使用的语言实际上是在命名这些东西:"这儿是公共工程部,紧挨着它的是道路桥梁部……"建筑和命名的方式向访客呈现了殖民权威的秩序与体制。随后当他们进入"林业部"时,空气中似乎飘荡着"淡淡的松木气息",这座建筑如此完美地呈现了其所代表的那种更为宏大的抽象概念。由殖民长官充当向导,我们似乎重新步入了世界博览会。

世界博览会与中东、北非新式城市间的相似并非偶然,且并未逃过本地作家的注意。博览会与那些新式城市都是作为某种政治表达被建设的,其风格带有教化色彩,且二者都要求个体成为一位惊叹不已、充满好奇的观众,一位需要政治向导和地图的游客。二者之间有很多特定的相似之处,以伊斯坦布尔为例,它是第一座建有规模庞大的欧式街区的中东国家首都,这座经过全新改造的城市明确表达出了成为奥斯曼世界其他地区"模范"的意图。整座城市的改建在萨达特鲁·卡米勒·贝伊(Sadatlu Kamil Bey)的主持下进行,而他曾主持巴黎世界博览会奥斯曼馆的建设并借此获得了相关经验。[3]

诸如拉巴特这样的城市与世界博览会的相似之处并不局限于法国殖民行政当局的建筑上,它所展示的也不仅仅是殖民权力。例如在卡萨布兰卡的德国领事馆中,人们会发现"一家典型贸易机构的元素:帝国所能生产的所有商品的样品,领事馆负有将它们提供给摩洛哥商人的职责;还有摩洛哥想要的产品的样品,它们会被送到有能力生产它们的德国制造商那里去"。在这些官方机构建筑之外,还有欧式咖啡馆,陈列着欧洲商品的零售机构,以及这些机构张贴的广告与其中供出售的"阿拉伯城市"明信片。一位埃及作家在19、20世纪之交抱怨道,欧洲正在将整个东方转变为一场"博览会",其中陈列着每一种欧洲商品。⁴ 利奥泰自称"保护国首席商贸推销员",1915年在看到德国领事馆所做的工作后,他在卡萨布兰卡组织了一次商业博览会,次年又在菲斯(Fez)组织了一场贸易博览会。我们得知,这种商业展览对本地人的影响相当之大:

> 北部边境一位反叛的酋长一直对亨利将军(General Henrys)①进行顽强抵抗,他听到了有关博览会的描述,并为不可遏制的好奇心所俘获。他请求暂时停战并允许他去参观博览会,之后再恢复对我们的战争。尽管这一请求看起来如此古怪和不可接受,但还是被批准了。他受到了热情款待,在参观了博览会之后,他和他的部落归顺了。⁵

归顺这样一个博览会式的世界并成为其居民,意味着成为一名消费者——商品和意义的消费者。

对东方的需要(The need for the Oriental)

在一个博览会式的世界——比如利奥泰的拉巴特——的秩序之中,每座建筑、每样事物都进一步代表着某种意义或价值,且这些意义看起来作为一种秩序和机制之域而分立存在,或者说事实上它们正是作为政治之域而存在。然而意义的存在效果——我们在前面一章有

---

① 保罗·珀斯普尔·亨利(Paul Prosper Henrys, 1862—1943),法军将领,1912年参与了利奥泰领导的摩洛哥征服战争,1914—1916年负责指挥对柏柏尔人部落的战争。

关语言的讨论中或许已对它有些认识——事实上并非从每栋建筑或每样事物自身中生发出来,而是从建筑和事物的连续交织中产生,每一个体都在这交织中才得以存在。因此尽管"财政部"尚未被建造,但在这一交织过程中,它已存在于"逻辑上属于它的位置"了。为了制造出意义之域的存在效果,这一差异化进程(differential process)将标示出每处空间、每处空隙。该进程将延展到整个城市,获得如规训性权力体系那样的连续性,甚至将描绘在欧洲人明信片上的"本地人的城市"(native town)也囊括进来。

第一眼看上去,那些更古老的本地街区似乎被排除在全新的殖民秩序之外。当卡萨布兰卡的主街被展示给利奥泰的客人时,它们看起来并不平衡,一边是低矮的、不规则的房屋,另一边则是高大的建筑。利奥泰对此回应道:"确切地说,你们在左边看到的是本地城市的面貌……在右边则是欧洲城市的面貌,即宏伟的法式建筑。"[6] 在殖民时期的开罗,当法国专家讨论现代街区的审美原则(*esthétique*)时,也坚持对城市更为古老的部分进行类似的排除。他们声称,在更古老的街区不应进行任何重建,如果非要在那里重建什么建筑的话,"那它一定得是东方式的"。他们如此解释:

> 阿拉伯区必须保存下来,以向未来的世代展示,在彻底与本地街区分开的殖民都会建设完成以前,那属于哈里发的城市是个什么样子……存在两个开罗,一个是现代化的、更富有吸引力的开罗,另一个是古老的、看起来注定要延长它的苦楚且无法复兴的开罗,它是无法抵抗进步及自己不可避免的结局的。一个是艺术家的开罗,另一个则是卫生专家和现代主义者的开罗。[7]

因此尽管乍看上去将阿拉伯区排除在外了,但就更大的意义来说，它其实包含了阿拉伯区。殖民主义不会忽视这座城市的任一部分，但会将它一分为二，一部分变成了一场博览会，另一部分秉持同样的精神，变成了一座博物馆。⁸

需要注意的是，对古色古香的"艺术家的开罗"的保存受到鼓吹，是在开罗城的人口于殖民统治的头二十五年间增长了70%之后。这一增长中超过三分之二是由国内移民造成的，其中包括贫困人口自农村地区村镇向开罗的迁移，开罗人口增长率几乎是同期埃及全国人口增长率的两倍。⁹同时在开罗城内部也存在着人口迁移，欧洲定居者的到来、他们置产街区的欧洲化以及不断上涨的租金驱使穷人越来越多地迁往所谓"老城"那拥挤的街道。随着贫困、营养不良和失业的蔓延，这种"东方"街区和其他穷人居住的背街小巷很快变得更加拥挤和破败。"那些更加贫穷的阶层越来越多地挤到最为破败的'贫民窟'（slums）中"，1902年2月《埃及公报》（*Egyptian Gazette*）①的一篇社论如是评论道。"没有新的房屋兴建起来供他们居住，而且不断高企的租金一直在限定他们能够负担得起的居所数量。因此在岔道、背街小巷以及郊区，这种房子的数量正在不断扩大：其中多个家庭挤在一起，其境况使得这些地方成了欧美贫民窟的精确对应物。"¹⁰在这种情况下，主张本地化城区必须保持"东方"色彩并不意味着使其免于殖民秩序的影响。"东方"本身就是这种秩序的产物，且为此种秩序存在所必需。不论从经济角度来说，还是从更广大的意义着眼，殖民秩序均依赖于同时创造和排除它的对立面。

《全世界受苦的人》（*The Wretched of the Earth*）中有一段著名的

---

① 《埃及公报》，创刊于1880年1月的埃及英文报刊，中东地区历史最为悠久的英文刊物。

话，弗兰茨·法农（Frantz Fanon）①在其中将殖民世界描述为"一个分隔的世界……一个被切成两半的世界"。他对分为欧洲街区和本地街区的殖民城市的描述，可以使我们更好地了解在何种更为宏大的意义上，殖民秩序依赖于其东方对立面：

> 殖民者的城市是一座建设得很坚固的城市，完全是由石头和钢铁组成的。这是一座被点亮的城市，街道铺设着沥青，垃圾桶吞噬了所有丢弃物，它们不可见、不可知且几乎无法被设想。殖民者的脚从来都是看不到的，或许只有在海里时除外，但在那里你也绝不会接近到足够看见它们。他的双脚被结实的鞋子保护着，尽管城市的街道干净又平整，没有坑和石头。殖民者的城市是一座得到良好喂养的城市，一座性情温和的城市，它的肚子永远充满了好东西。殖民者的城市是一座属于白人的城市，一座外国人的城市。
>
> 属于被殖民民众的城市——或至少本地人的城市、黑人村庄、麦地那②、保留地——是享有恶名的城市，充斥着拥有邪恶名声的人。他们出生在这儿，具体的地点和方式并不重要；他们死在这儿，具体的方式和地点也不重要。这是一个没有空间感的地方，人们脚碰头地生活在一起，他们的棚屋一个摞一个地建在一起。本地人的城市是一个饥饿的城市，缺乏面包、肉、鞋子、煤炭和灯光。本地人的城市是一个蹲着的城市、一个跪着的城市、一个在泥淖中挣扎的城市。那是一个属于黑鬼和肮脏的阿拉伯人的城市。本地人投向殖民者城市的目光是渴望的目光、艳羡的目

---

① 弗兰茨·法农（1925—1961），出身法属马提尼克的著名非裔知识分子、心理学家、民族解放运动活动家，《全世界受苦的人》是其出版于1961年的代表作，全书从心理学角度对殖民主义的影响进行了深入分析。
② 麦地那（medina），阿拉伯语"城市"之意，指中东地区城市的老城区。

光，里面表现出他对于拥有的梦想——任何形式的拥有：坐在殖民者的桌子旁、睡在殖民者的床上——和殖民者的妻子一起，如果可能的话。[11]

法农的书写通过在两种词汇和视角间进行转换，捕捉到了殖民区隔（colonial segregation）的影响。每个区域都被用该区域以外之人的语言和视角进行描绘。殖民者的城市透过那些遭到殖民之人的眼睛被观察，对于他们而言，殖民者就是些从来不会被看到赤脚的人。对本地人城市的描述则从殖民者的恐惧与偏见出发，他们将被他们排除之人呈现为自身形象的对立面：那些本地人像动物一样拥挤在一起，像奴隶一样蹲着或跪着，且在性欲方面毫无节制。通过这种写作风格——即通过那些进行排除之人的眼睛描述排除进程——排除的某些性质获得了模仿。现代城市的身份是由其所排除在外的事物创造出来的，其现代性依托于对自身对立面的排除。为了将自身确立为有序、理性、节制、洁净、文明和富有权力的场所，它必须将其外的世界呈现得非理性、无序、肮脏、性欲旺盛、野蛮且处于威吓之下。为了呈现自身并建构自身那单一的、纯粹的身份，现代城市需要此种"外部"。爱德华·萨义德在更广泛的知识与政治语境下进行分析，并视为"东方学"的对象，正是此种借由他者并凌驾于他者之上建立自身身份的技术。正是在这种更为广泛的意义上，本地人的城市"一定得是东方式的"。

为了将自身呈现为现代的，殖民者的城市依赖于把他者排除在外的藩篱。充满悖论的是，此种依赖将外部——即东方——变成了现代城市不可或缺的一部分。殖民者城市的秩序并未像利奥泰的客人们被引导思考的那样，止步于现代城市的边界。该边界是现代城市借由不断的秩序建构——这是其秩序化身份的来源——维系于自身内部的某种事物，但它显得就像是秩序本身的边界。在此种分析中，现代城市可被视为一种悖论的象征，此种悖论存在于任何维系现代政治秩序与自我身份认同的过程中。

一项宏大的定义（A large definition）

与被分隔的殖民地首府建设同一时期，一场类似的分隔正在全球范围内发生，它体现为一场文化与历史的"断裂"，将作为秩序、理性与权力之地的现代西方和其以外的世界分隔开来，而前者正处于对后者殖民并寻求控制的进程之中。[12]1892年在伦敦举办的国际东方学家会议的主席宣称："只要我们还知道任何配得上历史这一称号的事物，此种断裂就会存在。"[13]作为该会议新设立的人类学会场的主席，泰勒教授（Professor Tylor）在开幕致辞上做了更准确的解释："在本会议所接受的宏大定义中，东方世界延伸到了它的极限。它包括整个亚洲大陆，延伸穿过埃及覆盖非洲，并拓展到欧洲的土耳其和希腊……"[14]埃及的本土杂志报道了国际东方学家会议的进程，泰勒教授对于东方的定义被完整重述，一位对此感到惊讶的埃及编辑加上了他的评论："似乎世界被一分为二了。"[15]

世界一分为二是其被整合进欧洲主导的世界经济与政治秩序这一更为宏大的进程的基本环节之一。国际东方学家会议主席演讲的听众包括威廉·格莱斯顿（William Gladstone）①和达费林侯爵（Marquess of Dufferin）②，两人都是会议的副主席，前者的政府发动了对埃及的

---

① 威廉·格莱斯顿（1809—1898），英国政治家，前后担任英国首相达12年，1880—1885年任期内发动了对埃及的入侵。
② 达费林侯爵（1826—1902），本名弗雷德里克·布莱克伍德，英国外交家，曾任驻叙利亚专员、加拿大总督、印度总督等职务。

入侵与占领,后者是英国对埃及殖民政策的第一位设计师,听众中还有其他许多人——就像主席热情评论到的那样:"如此多的业界人士,如此多来自东方国度的国务活动家、统治者和行政长官。"¹⁶ 东方学的那种秩序建构技术,正是面向这些殖民官员和政策制定者的。"仅仅想到数千名英国人统治着印度、非洲、美洲和澳大利亚的数百万人口,都是令人印象深刻的",主席先生如是说。在对资助会议的九位印度拉者(rajas)和摩诃拉者(maharajas)①的慷慨表示感谢后,他呼吁在东方研究者和东方统治者之间开展更为紧密的合作。他说道,征服东方民族是一回事儿,"理解他们则完全是另一回事儿"。他总结道,对于东方更为深入的了解将确保"英格兰的贸易霸权"并使得"每年派往东方的年轻长官和行政官员与他们将要统治之民众建立起密切的联系"。¹⁷

东方学所提供的,并不仅仅是有关东方语言、宗教信仰和统治方式的技术性知识,而是一系列绝对化的差异——根据这些差异,东方可被理解为欧洲的对立面。这种差异并非某种自我——即一种被认为总是处于分隔状态的身份认同——内部的差异,它是某种自我及其对立面之间的差异,正是该对立面使得此种想象的、未被分隔的自我成为可能。东方是落后的、非理性且无序的,因此需要欧洲的秩序与权威:西方对非西方世界的支配正依赖于以此种方式创造出一个"西方"——一种单一的西方自我身份认同。就像"阿拉伯人的城市"一样,东方被制造为西方显而易见的外部;和殖民城市的情况相同,外在于西方的世界悖论式地造就了西方,并成为西方身份与权力被排除的却又不可或缺的部分。

还可以再举一些有关此种悖论式秩序建构手段的例子。比如,它

---

① "拉者"与"摩诃拉者"均为梵语称谓,前者意为"君王",后者意为"伟大的君王",后普遍被印度土邦统治者用作自身头衔。

有助于创造一个"单一"民族国家的身份认同与权威。这里我们可以想到现代中东的一个特定案例——某个国家的存在即依赖于维系自身与外人身份上的激烈差异。作为维系自身内部意义与秩序的手段，外界必须被呈现得负面且具有威胁性。在此种意义上，外部构成了内部的一个方面。如果进一步观察，在国家内部也可以发现同样的对立——属于外部者和内部者之间的对立——在发挥作用。和现代城市与殖民世界一样，民族国家的权威与身份认同也并非稳定的、受到限定的概念，而只是从属于等级化区隔的内部界限，必须被不断地操控。

我一直在描述的悖论并非殖民政治或现代政治所独有，我在第二章尝试加以描述的本地秩序模式表明了同样的悖论。在皮埃尔·布尔迪厄有关卡拜尔人居所的民族志中，我们也可以发现诸如内部/外部、男性/女性这样的对立，这些对立不断地面临着反转与坍塌的可能性。所谓的区隔性政治体系（segmentary political systems）也可以借由同样的悖论获得解释：一个政治群体的身份认同并不像一条框定内部之物的边界那样固定，内部依赖于对外部的指认，且只存在于与特定外部的关系之中。因此政治身份认同从不以一种绝对的、内在化的自我或共同体的形式存在，而总是作为一种已被区隔开的自我/他者关系存在。这也就是说，政治身份绝不比一套书写系统中词汇的身份更加单一或绝对化。正如我们前文所见，词汇的特异性仅仅是塑造语言的那种差异所造成的效果，同样地，差异也塑造了政治身份与政治存在。[18] 并不存在什么政治"单元"或原子化的、不可分的自我，所存在的仅仅是差异间的关系或力量作用，从这种差异或力量作用中形成了身份认同，其总是处于自我分隔状态且随情势而变化。

那么殖民主义所带来的到底是何种差异呢？什么使它的现代政治秩序与众不同？很明显，答案并非对自我与他者的分隔本身，而是在一个被绝对地一分为二的世界中，那种看起来绝对地将他者从自我分离出去的效果。这种看上去绝对化的差异的确立，实则是对差异的一种克服——或者说忽略。就像在殖民城市的例子中，借由确立将东方——即他者——严格地从自身排除出去的边界，自身由此获得了表面上的洁净、纯粹，以及未被侵蚀与分隔的身份认同。身份认同看起来不再处于自我分隔状态，不再随情势而变化，也不再是某种借由差异而形成的事物。相反，它显得像是某种自我塑造的、原生性的事物。在制造这种有关秩序的现代效果的过程中，上述身份认同对其所排除之物的依赖被忽略了。人们忘记了在此种意义上，这一外部边界——如我们前文所见——实则是某种不可或缺的、位于内部的事物。在殖民秩序中，这样一种忽略与遗忘到底是如何做到的呢？

第一种答案或许是现代殖民主义建立在一种极大强化了的表象力量之上，这种力量使得史无前例地固定和操控边界成为可能——这是一种能够描绘置身于"外部"之物的史无前例的力量。如我在第五章所提到的那样，在1882年对埃及的殖民占领过程中，铁路、汽船、电报、报纸通讯员、官方报告、摄影师、艺术家以及来自前线的明信片都被协调到了一起。这种协调使得创造一幅有关英帝国力量的持久形象以及一幅同样有效的有关无序和落后的埃及人的形象，并将它们传播回欧洲成为可能。通过这种方式，有关殖民主义的宏大真理——即对殖民主义的描述与殖民主义的合理性——得以被建构、传播和消费。有关殖民主义的真理与现存的有关东方的事实 - 形象（reality-images）相一致——这些事实 - 形象是在 19 世纪东方学的大众与学术文献中被精心制造出来的，我在第一章中已对此加以讨论。这些形象可以回溯至产生于埃及更早时候被欧洲人占领期间——即拿破仑占领埃及期间——的巨著《埃及志》。如萨义德所展示的那样，截至19世纪末期，有关东方的知识已经成了一门在殖民统治中心、政府各部以及大学中被体制化的专门技艺。这门技艺与大众书写、娱乐业、出版业、政府报告、导游手册、游记和殖民官员回忆录中的东方形象结合在一起，构成了一个范围广阔、杂七杂八的领域，一座有关现实的广阔的剧场与博览会。在这样一种剧场化机制中，殖民权威的"客体"那精心制作的表象被建构出来。

在继续探寻什么使得现代政治秩序与自我身份认同显得与众不同这一问题之前，或许值得借由回顾有关东方学的真理在英占埃及政治辩论中被重塑的程度，对上述有关现实之机制渗透过程中的某些方面略作陈说。在第四章中我已讨论，诸如埃及人的性格、妇女在伊斯兰教中的地位以及习俗与迷信的力量等东方学表象，如何在埃及人的书写与现代学校教育策略中被视作根本性的政治议题。我还曾提到，某些最受大众欢迎但也最具种族主义色彩的欧洲东方学家——如古斯塔夫·勒庞——的著作是如何介入埃及的政治生活之中的。英国人自身积极地鼓励和资助东方学观点在埃及的传播，他们尤其和来自黎巴嫩基督教社群的作家进行合作，这些人受贝鲁特的美国传教士教育，倾向于相信与西方对抗的唯一途径就是向西方学习，出于该原因以及其他一些理由，相较于本地化的土耳其人统治，他们更青睐西方的殖民主义。英国人在埃及秘密资助了由上述黎巴嫩作家编辑的阿拉伯语日报与月刊，同时还组织了新式官办学校课本的编纂。如我将要加以简短描述的那样，上述做法的结果就是东方学主题对中东地区书写的稳定渗透。

我们当前的落后（Our present backwardness）

"我们到底是如何被视为东方的一部分的？我们难道不是距离欧洲比距离北非或中国更近吗？"1888年一位给埃及杂志《文摘》去

信的读者如此发问。杂志编辑回复道,这种情况之所以会发生,是因为那些研究我们的人"称自己为东方学家"。[19] 但他的怀疑态度并未持续下去,五年之后,当结识了一些那个时代的顶尖东方学家后,这位编辑更愿意将东方接纳为一种自我形象:"是我们将自己置于了这一位置,有一样东西把我们联结在了东方这一概念下:我们过去的伟大和我们当前的落后。"[20]

此种东方自我认识(self-conception)的传播方式可在作家朱尔吉·宰丹(Jurji Zaydan)——一位在英国占领时期生活于埃及的黎巴嫩基督徒——的例子中获得说明。宰丹接受委托撰写了两部供新式官办中学使用的教科书——《现代埃及史》(Modern History of Egypt,1889)与《通史》(Universal History,1890)。[21] 他还是五卷本著作《伊斯兰文明史》(History of Islamic Civilisation)的作者,据他描述,该书基于对前现代阿拉伯历史学家著作的广泛阅读,但也基于若干欧洲学者的伊斯兰研究著作,其中最重要的就是古斯塔夫·勒庞的《阿拉伯人的文明》。宰丹从这些文献出发解释道,"伊斯兰文明的历史……构成了中世纪文明世界历史的一部分"。[22] 宰丹将四大正统哈里发的统治时期描述为伊斯兰文明的高峰,而将之后的每一时代——自伍麦叶王朝(Umayyad caliphate)、阿拔斯王朝(Abbasid caliphate)以降①——视作前后相继的衰落阶段。该著作的目的在于揭示每一阶段衰落的"政治"原因,以及其所带来的文化后果。

这种将历史视作单一线性发展过程的观点——在这一过程中,伊斯兰仅仅呈现为所谓"西方"这一客体之中世纪形态的一条"关联线索"——具有直接的政治影响。宰丹在自己创办的《新月》(al-Hilal)

---

① 四大正统哈里发指伯克尔、欧麦尔、奥斯曼与阿里,四人自632—661年先后作为哈里发统治阿拉伯世界,伍麦叶王朝、阿拔斯王朝分别于661—750年、750—1258年统治阿拉伯世界核心地区。

杂志中写到印度人 1857 年反抗英国的起义时，警告埃及人如果不遵循各阶段已为西方标示出的稳定发展路径，则会面临社会混乱。印度人反抗殖民主义的起义之所以失败，是因为印度尚未达到使独立的政治生活成为可能的历史发展阶段。印度人民尚未获得有关"科学和管理"的知识，或理解他们对国家所负的义务。与此相似，在讨论 1880—1882 年埃及的民族主义革命时，宰丹将这个国家的政治无序描述为针对变革的"早熟"要求的结果，提出此种要求的民众并未正确地遵循社会发展的法则。[23]

宰丹的东方主义历史学受到埃及国内某些知识分子的强烈批评。[24]但他最终受邀成为新成立的国立大学中第一位担任伊斯兰历史教席的埃方教授，尽管他本人是一位基督徒。对宰丹最强烈的支持来自欧洲东方学家，他们中的许多人都是宰丹的老相识或朋友。[25]这些朋友中的一位——剑桥大学雷丁阿拉伯研究讲席教授大卫·萨缪尔·玛戈利奥茨（D. S. Margoliouth）——将宰丹所著《伊斯兰文明史》的第四卷翻译为英文。该卷著作涵盖了伍麦叶王朝与阿拔斯王朝时期，关于这一时期尚未有英文学术著作问世。[26]由此，通过对阿拉伯语著述的译介，英语学术界开始重复古斯塔夫·勒庞之流的观点。

东方学对埃及学术界的影响并不局限于将埃及政治史书写为西方历史的一部分，所有阿拉伯文学作品现在都将以同样的方式——即根据单一线性历史发展原则——得到组织和研究。在 19 世纪 90 年代，侯赛因·马尔萨菲的一位学生哈桑·陶菲克（Hasan Tawfiq）自德国求学归来，他受到东方学家布劳克曼①的影响，撰写了第一部《阿拉伯文学史》（History of Arabic Literature）。[27]宰丹本人应所在大学创作

---

① 卡尔·布劳克曼（Carl Brockelmann，1868—1956），德国东方学家，著作以多卷本《阿拉伯文学史》最为知名，该书涵盖了至 1937 年为止所有重要的阿拉伯语作家。

一部阿拉伯文学教科书的要求，也转向了这一课题。他撰写了四卷本的《阿拉伯语文学史》（*Ta'rikh adab al-lugha al-arabiyya*，1910—1914年出版），该书涵盖了阿拉伯世界知识生活的各个方面，再次从伊斯兰教兴起和衰落的角度解释了它的历史。[28]

这种东方学的受众广泛，除了通过大学及学校教科书传播外，还在诸如宰丹的《新月》月刊这样的杂志中广泛传播。此外，宰丹自1891年起即致力于通过一系列通俗历史小说书写伊斯兰文明的历史，以在阅读报纸的人群中传播他的观点。他在超过20年的时间里撰写了17部小说，其中涵盖了伊斯兰教自兴起到马穆鲁克王朝时期的历史。由于在《新月》杂志的订户中免费分发——该杂志是当时整个中东地区受众最为广泛的期刊——这些小说得以广泛流传，它们使得对历史的全新理解变得既通俗又有趣。塔哈·侯赛因曾写道，他为这些书所俘获，以至每当他读到宰丹的小说时，都会抛开艾资哈尔的学业，他认为这些书对于现代阿拉伯语文学有着重要影响。[29]

宰丹著作的例子说明，殖民权威借以建立的那种历史表象影响是多么广泛。现代西方的秩序和东方的无序与落后之间的那种绝对对立不仅可以在欧洲找到，而且也开始在埃及的学术研究与大众文学中复制自身——正如其已在殖民城市中获得复制那样。通过教科书、学校教师、大学、报纸、小说和杂志，殖民秩序得以对本地话语进行渗透并将之殖民化。[30] 此种殖民化进程从未完全成功过，因为总是存在着抵抗的地区和反对的声音。更有甚者，学校和出版社就像兵营一样，总是易于成为某种反抗活动的中心，从而把殖民者的教化与规训手段变成某种有组织反抗的工具。（因此在第一次世界大战后兴起的反对欧洲占领的有组织政治运动中——比如埃及的穆斯林兄弟会——其领导人几乎清一色地是学校教师。）尽管如此，殖民主义的权力本身是一种寻求进行殖民的权力：进行本地化渗透、传播并建立殖民据点，这些殖民据点不仅以城市和兵营的形式存在，也以教室、杂志和学术著作的形式存在。殖民主义——以及普遍意义上的现代政治——借由此种殖民权力将自身区分出来。它能够在最为本地化的层面上为自身的秩序与真理再造一个剧场。

殖民主义借由它制造表象的权力将自身区分出来，这种表象的实物例证是殖民城市的建筑，但其影响却延伸到了每一层面。然而殖民主义显得与众不同不仅仅是由于表象的影响范围，也是由于制造表象的技术。殖民主义的秩序和确定性与博览会的那种秩序、表象自身的那种确定性是一致的。其他种类的政治秩序无论多么协调，都是不断变化的、非确定的，可能会翻转并自行崩塌——对于这种翻转与崩塌的方式，我们已通过伊本·赫勒敦的著作获得了解。这些秩序均产生于对立差异间的游戏作用。现在回到我先前提出的问题，新秩序是如何在表面上克服了内部差异，并将这些差异设置为某种外在于它的事物的？它如何看起来在西方与非西方、现代与过去、秩序与无序、自我与他者之间确立起一条明确的边界？我认为要找到答案，需要对使世界现在看起来一分为二的不同途径之间的联系进行一下回顾。现代政治存在于一种现实影响当中，一种有关确定性、秩序和真理的技术当中，借由此种技术，世界看起来绝对化地二分为自我与他者、事物自身以及有关它们的方案、躯体与心灵、物质与观念。我想以对这些不同区分间的联系的讨论结束本章。

事物的哲学（The philosophy of the thing） 172

"我应当向你们解释一下事物的哲学。"利奥泰对拉巴特的巡视如此开场，并在出售地图的售货亭结束。如同在任何现代城市中一样，在拉巴特的参观者眼前,除了对面积和空间的特定分配,不存在其他任何事物。但在参观者看来,此种分配的规律性以及建筑表面和参观者眼睛之间所保持的距离将这一分配过程分解为两种截然不同的实体:一种是空间的、物质的,另一种是非空间的、观念的;一方面是建筑自身,另一方面是一套方案。他们面前之物看起来分隔成了"事物"与其"哲学",即城市与它的地图——就好像城市和地图属于两种完全不同的存在。

世界分隔为物质与观念两部分看起来是某种显而易见的、常识性的事情。当然我们仍然可以说——或许确实是这样——世界与人之存在的本质总是基于某种对物质与非物质的区分而被理解的。为了理解在事物自身及其方案之间做区分的新异之处,我们必须回顾一下与世界博览会的遭遇。这些博览会的特点并不仅仅限于它们制造的表象的广度与精确性,也在于其在表象和"现实存在"之间所做的绝对区分。有关埃及街道、巴黎城与工业进步的展览总是纯粹的展览,可以清晰地与其所指涉的原始的街道、现实的城市以及切实的工业进步辨识开来——或至少看上去如此。这种表象和其所指代的原始事物或观念之间的可辨识性是博览会借以存在的基本原则,存在一种原初性"现实存在"的效果,正是通过这种方式达到的。

在博览会以外,同样的原则也在发挥作用。在博物馆与动物园中,在国际东方学家会议与图书馆中,在数据统计与法律规章中,在艺术作品与阿尔卑斯山的景色中,在百货商场的交易与城市建筑中,这种原则都获得了应用。现代世界中人们不论去往哪里,"事物"看起来越来越多地被当作某些更深层之物(something further)的"符号"来建造、安排、理解和消费。一条特定街道、一种特定视角、一部图书、一条广告或一种商品看起来仅仅是一种客体或安排,如同在博览会中一样,它们总是在某种程度上代表着某些更具原初性的观念或经验。建筑的安排看起来表达了属于某种政治权力的制度和权威,阿尔卑斯山的景观变为了一种有关自然的经验,博物馆中的展品传递了一种呈现历史与文化的方式,东方语言中的词汇代表了具有异域色彩的过去,动物园中的动物则代表了具有异域色彩的当前。生活越来越多地被如此度过:仿佛它所发生于其中的世界自身就是一场博览会,一场对异域、经验、原始与现实的展览。这意味着,那种作为博览会原则的绝对的可辨识性同样也成了博览会以外世界的原则。如同在博览会中一样,围绕个体所进行的对建筑、视角、成例和经验的精心秩序建构,试图将每样事物都变成其外某种更为现实、更为原初之物的纯粹表象。西方的这种现实存在效果(reality-effect)的基础在于,在纯粹的"事物自身"——就像西方人所称的那样——和其所代表的"现实"意义、目的或方案之间做出绝对的区分。

然而,如果说博览会以外的世界在此种意义上并非纯粹的原初或现实存在自身,而是一系列进一步的表象,那么归根结底,展览与现实事物之间的区分也就并非绝对的了。博览会所承诺的那种表象和原初之物间清晰的可辨识性事实上只是由代表表象的表象所组成的罢了。生活将会被如此经历,仿佛世界就是一场有关现实存在的博览会。但是这场博览会的出口却并不导向现实本身,而仅仅是导向更多的博览会。外面的现实世界从未被真正抵达,它只是不断被呈现而已。

我希望能将博览会作为某种秩序或确定性的意象——我们将这种秩序或确定性视为自然的、常识性的,而未注意到它的神秘性质。在这种意象的帮助下,类似的秩序不再被视为自然而然的,而是被当作一种特定的历史实践——我们今日仍然陷于这种历史实践当中。我的目标并非描述这种秩序的历史——甚至也不是描述其历史中和中东相关的部分——而是将这种秩序独立出来,理解其独特性与力量所在。

为了有助于将它独立出来，我在第二章中试图指出，在中东与地中海世界中或许还存在着其他类型的秩序，博览会的秩序所试图取代的，正是这类秩序。我在进行这种分析时，仍旧持有一定的保留态度，因为作为这一分析的结果，其他类型的秩序或许会有看起来仅仅是我们自身秩序对立面的风险，并因此被视作某种完整且自足的事物。如我已经提到的那样，这种结果绝非我所欲。

我从皮埃尔·布尔迪厄的著作中借用了一些例子，并认为这些例子中世界的秩序并不显现为物质化客体与其所代表的观念——即一个由事物自身组成的领域与事物的意义或方案——之间的固定对应关系。就我们对象征性这个术语的奇怪定义而言，在这样一个世界中并没有什么象征性的事物，其秩序因此并非某种类似于图像、文本或展览的事物。它并不构成一个单一的、被集置化的整体，被布置在一个观察或阅读主体面前，并向该主体呈现一种"意义"。在这种意义上，秩序并不存在于与自身以外观察者（或读者）的理想化位置的关系之中，反之，秩序是作为事物之间——也许说各种力量之间更好——对应或差异的游戏作用而发生的。而且秩序总是一种特定的秩序，依上述游戏作用所塑造的地点或人物而变化。

如同讨论博览会时一样，我举布尔迪厄笔下卡拜尔人村庄为例的目的，在于使我们思考它所从属的那个更为广大的世界。这样做当然会忽视一个北非村庄和开罗这种城市之间的巨大差异，一个城市内部各个社会群体（包括受过教育的人和没受过教育的人）之间的差异以及一个城市不同历史时期间的差异。这种做法尤其忽视了18世纪及更早时候已经在开罗这样的城市中发生的重大经济社会转型。尽管如此，就使我们能够设想一种与博览会不同的秩序建构模式，且不像通常那样将其诉诸于魔法、宗教或文化而言，卡拜尔人村庄的案例还是有用的。

这种可借由卡拜尔人村庄进行设想的秩序建构方式并非一种机构、一套文本或代码。在这样一个世界中，没有任何事物会伪装成一套静止的空间或观念框架分立出来。因此在这里没有——举例而言——一座城市及其"结构"之间简单或绝对的界限，也没有区隔内外的类似界限。如我在第二章中所提及的，一座像前殖民时代开罗这样的城市不会被区隔为公共的外部与私人的、集置化的内部。它是由一系列或多或少开放的封闭空间所组成的，这些空间的开闭依一天中的时辰、进入者与身处其中之人的关系等情况而定。这种空间关系与人际关系的动态变化不仅提供了一种理解居所与城市秩序的途径，而且也提供了一种理解更为宏大的地理与政治秩序概念的途径——这些秩序都不能被设想为一种固定的、分立的框架。然而，作为一种框架或结构而存在的秩序并不能简单地被视作某种缺席的事物，因为它的"在场"——就像作为对照的殖民城市的例子中所体现的那样——仅仅在现在才被视为某种成问题之事。例如，一座现代城市及其东方化外部之间的绝对差异——其看起来塑造了殖民城市的身份——现在被发现仅仅是一种结构化效果，在进一步检视之下，这种身份可以理解为包含了它被排除的外部。进一步而言，前殖民时代城市所缺少的，并非此种确定内外部区隔的真实框架，而是此种框架所引发的神秘效果。

在19世纪的埃及，在观念框架与其所集置之物间制造此种显著区分的手段提供了一种全新的权力技术，我在本书第二、三、四章中对这些技术进行了讨论，说明了它们如何寻求直接作用于个体的躯体之上。首先，借由埃及军队的新秩序以及塑造与此平行的乡村规训与监控体系的尝试，我考察了米歇尔·福柯称为"规训性权力"的事物，我随后揭示了与此相同的、面向全体民众的规训性秩序——或者说"尼扎姆"——如何以国家组织的学校教育的形式被设想出来。通过对身体行动、举止、声音、姿势和清洁程度的控制,教育将生成一种权威,这种权威不再集中体现于一位长官的个人指令中,而是"不打折扣地……系统地扩散到整所学校",在学生中造就一种"彻底服从"的习惯。

现代国家的政治即以上述手段——以系统化、统一化扩散的权力代替体现于个人命令中、总是具有衰减可能性的权力——为模本建立。控制权的扩散需要一套特定机制,这套机制是经过估量的而非过度的,是持续的而非零散的,并通过监控和对空间的管理发挥作用。除学校教育和新式军队外,这套机制还包括诸如对卫生和公共健康的监控,乡村地区的军事化永久性治安管理体系,在全新的私人农庄之上兴建示范村,构建引导和控制商品、尼罗河水与旅行者流动的网络,对灌溉项目、铁路和工厂中工人的监控,通过大道、街道照明与警察将市镇暴露于持续性的监视之下,组织刑事法庭、监狱和精神病院体系等文明开化新举措。[31] 在总结英国占领当局的成就时,克罗默伯爵写道:"尼罗河水现在被以一种明智的方式利用了起来……士兵从他们穿着的制服中获得了某种荣耀感,他以前从未像现在这样作战。病人可在精心管理的医院中获得照料,精神病人不再像野兽一样被对待。那些给予最恶劣犯罪行为的惩罚不再是野蛮的了。最后,教师遍布各处(the schoolmaster is abroad),其结果尚不能确定,但一定会很重要。"[32] 在这种有关文明与发展的语言中包含着一套秩序建构策略,它将提供一种对个体躯体史无前例的控制。

这些策略在拓展的同时,也在变得越来越不引人注意。喜欢将殖民控制描述为一种持续的"教化"进程的克罗默伯爵,其所设想的理想殖民官员的形象是一位无所不能但沉默的学校教师:"他要对他的学生施加至高无上的权威,与此同时……他的权威不会被感觉到。"[33]

但在全新的秩序建构手段使得权力机制日益不为人注意的同时，有关政治权力的真理却变得越来越确定。这是因为制造有关框架或结构之效果的全新手段，其作用不仅仅是控制和协调独立主体的物质躯体，它们同样也作用于非物质性的内在——即个体的心灵。

又是在学校教育这种实践当中，此种对于心灵的作用被最为便捷地设想并应用于实践当中。学校教育中的规训与协调不仅将造就绝对服从的躯体，而且将塑造良好的性格。如我们在第四章中所见，这种性格中最为重要的特征是它的勤勉。个体由此被制造出来（produced），同时在本质上被塑造为一名生产者（producer）。性格成了某种受到考察的事物，其目的是改善性格，并获知如何对其进行支配与控制。如克罗默伯爵之流所挑明的那样，此种考察将成为政治控制进程的基本组成部分之一。

然而，有关心灵的问题还含有更多意味。政治主体被分隔为外部的身体和内部的思想，这和另一种我一直在加以考察的分隔相对应，即表象与现实、事物与其结构之间的分隔，这两种分隔都是造就同样的内部/外部、物质/观念二重性的手段。这种对应关系为我在第二、三、四章中加以考察的规训机制与我在第一、五章中提出的表象问题提供了联系。第一眼看上去，它们之间所存在的或许是一种矛盾关系而非对应关系：在讨论表象问题时，我对政治权威或主权变得可见的途径进行了考察，而在讨论规训性权力时我则追随福柯的见解，强调此种权力变得越来越不引人注意。事实上福柯曾经论证，全新的规训性权力是某种与权威或国家主权概念"完全无法兼容"的事物。他指出，主权理论仅仅作为一种理想型被保有，"它被加诸于规训机制之上，以至于掩盖了这种机制的实际运作程序"。[34]

我个人对上述明显矛盾之处的回应是，规训与表象是同一种全新的权力策略的两方面，二者被集置这一概念勾连起来。规训性权力通过分配与分隔等手段——它们创造出了一种秩序或结构，在其中个体被限制、孤立、聚合并置于监控之下——获得了对身体史无前例的控制。事实上，此种"秩序"是一种看起来先于且分立于被秩序化的现实个体或客体而存在的框架。该框架显现为某种先于存在的、非物质的、非空间的事物，看起来构成了一处分立的、形而上的领域——即观念之域。现代国家与殖民国家宣称引入埃及的，正是此种"秩序"。伴随这种秩序被引入的，是世界被分为两个领域——物质之域与观念之域——的效果。以其分隔世界的同样方式，这种分隔也把人区分为了两个截然不同的部分：躯体与心灵。表象的力量即借由此种世界的分隔与人的分隔之间的对应关系发挥出来。利奥泰再次成了对此种对应关系加以说明的人。

紧随利奥泰元帅对殖民首都的巡视之后的，是晚上在新官邸（New Residence）中为来访记者与工程师举办的晚宴。在晚宴后的致辞中，利奥泰谈到了自己政治观念的形成过程，回顾起他少年时代对笛卡尔著作的发现："我当时在第戎（Dijon）的一所中学读书，开始学习哲学。那个早上学校发给我一本小开本学生版《谈谈方法》（Discours de la méthode）①。我将这本书保存了很多年……那个晚上我在床上开始随意地读起这本新书。啊，我一下被迷住了！如此地整齐，如此地有序。"[35] 我们或许可以说，利奥泰对殖民秩序性质的设想和笛卡尔对作为主体之人性质的设想是一致的。如同世界博览会一样，殖民城市应作为一种表象加以建设，布置于窥视的主体的心灵面前。以同样的方式，笛卡尔思想体系中心灵被设想为一种内部空间，在其中有关外部现实的表象为一双属于内在空间的眼睛所窥视——换言

---

① 《谈谈方法》，笛卡尔出版于 1637 年的哲学著作。

之，这也像一场布置在观察者眼前的博览会。

利奥泰元帅寻求加以殖民之国度的本地学者并未具有相同的人格性观念。他们并不认为人拥有此种意义上的心灵：一种分立的、非空间性的实体，一种神话般的奇特存在，在其中会发生有关表象的"思维过程"。[36] 他们与其他穆斯林学者对人格性具有同样的看法，这种看法可追溯至亚里士多德，曾是整个地中海世界的通行学术观念。他们认为人具有理性这样一种能力或天赋，后者是在特别性中把握普遍性，在差异中把握恒定的相同之处的能力。[37] 理性是人的诸多天赋之一，但也是这些天赋中最为重要的，因为它是人之为人的标志或者说人与人之间的相似之处，是理性将人与普遍性和永恒性联结在了一起。对穆斯林学者而言，知识的意义在于强化此种理性的力量，深化此种对普遍性的掌握。另一方面，对笛卡尔而言，知识变成了对确定性的追寻，是在心灵内的展览中对"外部现实"进行正确的模仿。

进一步而言，对穆斯林学者来说，并不存在对应的心灵／躯体二分法。观念／物质之区分充其量只是人类不同天赋间的区分，而非人的不同组成部分间的区分。此外，理性所牵涉到的是将特殊性中的普遍性分辨出来，而非将观念与物质区分开。在中东，仅仅是在19世纪的政治生活中，伴随着笛卡尔思想的影响，人才开始被视为某种一分为二的存在，一方面是外在的物质躯体，一方面是内在的表象机制。

博览会这一意象可以揭示笛卡尔有关心灵的看法和殖民政治秩序间的某些联系。在世界博览会中获得典型体现的那种政治秩序面对且需要一个政治主体，该主体必须知晓，现实仅仅是能够被表象化之物。殖民政治或现代政治将寻求为该主体创造出一个属于确定性的永久剧场，该剧场对前殖民时代政治而言是不存在的。如我们前文所见，此种确定性依赖于接受一系列基本的区分——纯粹的表象与超越表象游戏的"外部现实"之间的区分,模型、文本或复制品与它们所指向的绝对"原初"之间的区分——以及总体而言——观念之域与外部"现实世界"之间的区分。借由笛卡尔有关主体的观念,这些区分开始作为某种自证的、不容置疑的事物存在于人格性之中。

也许,利奥泰对《谈谈方法》一书的热情并不令人惊讶,因为正是在《谈谈方法》一书中,欧洲哲学与曾经为它和伊斯兰世界所共有的那种学术方法分道扬镳。如我们在艾资哈尔的学习活动中所见,此种学术方法将学习理解为一个从文本到文本的过程,在阐释之上建构阐释,一种解读依赖于另一种解读,就像前现代城市的建筑物那样延伸开来。此种"书本学习"(book-learning)——笛卡尔如此称呼上述学习方法——的问题就是前现代城市的问题。笛卡尔在宣告西方对经院传统(scholastic tradition)的摒弃时,即将其比之于"那些古老的城市","与那些有设计师规划的有着规则形状的城市相比,它们非常杂乱无章",笛卡尔解释道,古代城市的建筑并未表明存在着一位设计师,或某种对其进行规划的思想与意图。"就它们的布局——这儿一座大厦、那儿一栋小屋——以及它们弯曲的、不规则的街道来看,我们可以说它们被布置成这样完全出于机缘巧合,而非能够运用理性之人的意愿。"[38] 正如同人现在被理解为由心灵和物质躯体两部分组成,物质世界也将被安排为对此种思想、此种预先存在的方案或框架、此种意图或意愿的揭示。殖民政治的实践也将基于同样的安排策略——即将所有东西秩序化,以揭示一种预先存在的方案、政治权威、"意义"与真理。

换言之,在殖民秩序中,由一套框架所造就的效果总是显现为我们所说的"观念结构"。也就是说,它将显现为一种有关意义或真理的秩序,这种意义或真理以某种方式先于现在仅仅被视为"事物自身"之物而存在,并隐匿于其后。政治权威现在将越来越多地依托于此种先验的、秩序化的真理所造成的效果。对城镇的重新组织以及对全新殖民街区的布局；对经济或社会实践的每一项规范；对埃及全新灌渠系统的兴建；对尼罗河水的控制；对兵营、警察局与学校的建设；对铁路系统的完善——这种无所不在的"秩序化"进程必须在超越单纯改良或"改革"的层面上加以理解。这些项目均应被视作一种集置过程，其因此具有了复-现观念之域的效果，并第一次在我们的头脑中唤起了进步、理性、法律、纪律、历史、殖民权威与秩序等先验抽象概念。

这些抽象概念仅仅是某种效果，但此种效果的可能性与效力是全新的。它们为那些现在将世界一分为二——即纯粹的事物之域与秩序之域——的技术所创造。秩序之域——或者说属于所指的领域——是属于权威、政治权力确定性的全新领域。这种政治权威起主导作用，看起来具有先验性且地位更高，但它在主导的同时却从未真正在场。在白色神话中，正是这种权威作为事物自身所代表的意义，分立于世界本身而存在。这种政治手段构成了现代国家和"呈现为博览会的世界"的基础，政治秩序的确定性变得随处可见，但在哪里都无法被真正接近、触及。就像世界博览会上的现实存在一样，世界的政治真理从不曾真正呈现，它们只是被不断复现。但我们仍然确定它们存在——存在于外部。

注 释

第一章 博览会上的埃及

1 Muhammad Amin Fikri, *Irshad al-alibba' ila mahasin Urubba* (Cairo,1892), p. 128.
2 Ibid., pp. 128-36.
3 R. N. Crust, "The International Congresses of Orientalists", *Hellas 6* (1897):351.
4 Ibid., p. 359.
5 Rifa'a Rafi' al-Tahtawi, *al-A'mal al-kamila*, vol.2: *al-Siyasa wa-l-wataniyya wa-l-tarbiya*, p. 76.
6 Rifa'a Rafi' al-Tahtawi, *Qala'id al-mafakhir fi gharib awa'id al-awa'il wa-l-awakhir* (1883), p. 86.
7 Bernard Lewis, *The Muslim Discovery of Europe* (London: Weidenfeld and Nicolson, 1982), p. 299.
8 Tahtawi, *al-A'mal al-kamila*, 2:177, 119-20; Alain Silvera, "The first Egyptian student mission to France under Muhammad Ali", *Modern Egypt: Studies in Politics and Society*, ed. Elie Kedourie and Sylvia G. Haim (London: Frank Gass, 1980), p. 13.
9 George Douin, *Histoire du règne du Khédive Ismaïl*, 2: 4-5.
10 *The Times*, 16th June 1846; Aimé Vingtrinier, *Soliman-Pocha, Colonel Sève: Généralissime des armé es égyptiennes; ou, Histoire des guerres de l'Egypte de 1820 à 1860* (Paris: Dibot, 1886), pp. 500-1.
11 Ali Mubarak, *Alam al-Din* (Alexandria, 1882), p. 816.

12 Lewis, *Musilim Discovery*, pp. 299-310.

13 Tahtawi, *al-A'mal al-kamila*, 2:121.

14 在19世纪最后十年于开罗出版、描述欧洲国家和观念的8部著作中，5部是对前往国际东方学家会议或世界博览会的记述：Dimitri ibn Ni'mat Allah Khallat, *Sifr al-safar ila ma'rad al-hadar* (Cairo: Matba'at al-Muqtataf, 1891)，是对1889年巴黎世界博览会的记述；Muhamud Umar al-Bajuri, *al-Durar al-bahiyya fi al-rihla al-urubawiyya* (Cairo, 1891)，是对1889年前往巴黎环球博览会和在斯德哥尔摩举办的第八届国际东方学家会议之旅的记述；Muhammad Amin Fikri, *Irshad al-alibba' ila mahasin Urubba*，是对同一趟旅行的记述；Ahmad Zaki, *al-safar ila al-mu'tamar, wa hiya al-rasa'il allati katabaha ala Urubba* (Cairo, 1893)，是对前往1892年于伦敦举办的第九届国际东方学家会议之旅的记述；和 *al-Dunya fi Baris* (Cairo, 1900)，是对巴黎世界博览会的记述。在此前十年（19世纪80年代），关于欧洲的两部主要著作包括Muhammad Bayram, *Safwat al-i'tibar bi-mustawda' al-amsar wa-l-aqtar*, 5 vols. (Cairo, 1302-1311h, 1884/5-1893/4), 3:54, 73-81 对1878年巴黎博览会和1881年米兰博览会的记述，以及Ali Mubarak, *Alam al-Din*, pp. 1153-79 对巴黎一次虚构的国际东方学家会议的记述。关于19世纪有关欧洲的埃及著作，参见Ibrahim Abu-Lughod, *Arab Rediscovery of Europe*，和Anouar Louca, *Voyageurs et écrivains égyptiens en France au XIXe siècle*。

15 Asa Briggs, *The Age of Improvement, 1783-1867*, rev. ed. (London: Longmans, 1979), p. 398.

16 International Congress of Orientalists, *Transactions of the Ninth Congress, London, 5-12 September 1892*, ed. E.Delmar Morgan, 2vols. (London, International Congress of Orientalists, 1893), 1:34.

17 引自 Edward W. Said, *Orientalism*, p. 165。

18 Theoor Adorno, *Minima Moralia: Reflections From a Damaged Life*, trans. E. F. N. Jephcott (London: Verso, 1978), p. 116；关于剧院，可参见 Muhammad al-Wuwailihi, *Hadith Isa ibn Hisham, aw fatra min al-zaman*, p. 434 的例子；关于公园，参见 Muhammad al-Sanusi al-Tunisi, *al-Istitla'at al-barisiyya fi ma'rad sanat 1889* (Tunis, 1309h), p. 37。

19 International Congress of Orientalists, *Transactions*, 1:35.

20 Martin Heidegger, "The age of the world picture" in *The Question Concerning*

Technology and Other Essays, p. 127.

21 al-Sanusi, *al-Istitla'at*, pp. 243-4.

22 Lamarre and Fliniaux, *l'Egypte, la Tunisie, le Maroc et l'exposition de 1878*，在系列丛书 *Les pays étrangers et l'exposition de 1878*, 20 vols. (Paris: Libraire Ch. Delagrave, 1878), p. 123。

23 al-Sanusi, *al-Istitla'at*, p. 242.

24 Lamarre and Fliniaux, *l'Egypte, la Tunisie, le Maroc et l'exposition de 1878*, p. 133.

25 Edomond About, *Le fellah: souvenir d'Egypte* (Paris: Hachette, 1869), pp. 47-8.

26 关于该迷宫参见 Jacques Derrida, *Speech and Phenomena, and other Essays on Husserl's Theory of Signs*, p. 104，以及他之后的著作，德里达曾经评论，所有这些著作"只是对关于迷宫的命题的评论": "Implications: Interview with Henri Ronse", in *Positions*, trans. Alan Bass (Chicago: University of Chicago Press, 1981), p. 5。

27 Susan Lee Yeager, "The Ottoman Empire on exhibition: the Ottoman Empire at international exhibitions 1851-67, and the sergi-I umumi osmani, 1863" (Ph. D. dissertation, Columbia University, 1981), p. 168.

28 David Harvey, *Consciousness and the Urban Experience: Studies in the History and Theory of Capitalist Urbanization* (Baltimore: The Johns Hopkins University Press, 1985), p. 118.

29 引自 Walter Benjamin, "Paris, capital of the nineteenth century", in *Reflections: Essays, Aphorisms, Autobiographical Writings*, pp. 146-7。

30 Mubarak, *Alam al-Din*, p. 818.

31 Idwar Bey Ilyas, *Mashahid Uruba wa-Amrika* (Cairo, 1900), p. 268.

32 Mubarak, *Alam al-Din*, pp. 829-30.

33 Tahtawi, *al-A'mal al-kamila*, 2:55-6；另一个例子参见 Mubarak, *Alam al-Din*, p. 817。

34 "视线组织"的表述出现在 Mubarak, *Alam al-Din*, p. 817，动物园的描述见 al-Sanusi, *al-Istitla'at*, p. 37，剧院见 Tahtawi, *al-A'mal al-kamila*, 2:119-20，巴黎郊外的模范农场见 Mubarak, *Alam al-Din*, pp. 1008-42, 街道的视觉效果见 ibid., pp. 448, 964, 以及 Ilyas, *Mashahid*, p. 268, 卢塞恩 (Lucerne) 的新式缆索铁路和欧洲人对全景画的热情见 Fikri, *Irshad*, p. 98.［卢塞恩城位于瑞士中部，附近的皮拉图斯峰属阿尔卑斯山脉，建有登山铁路。——中译者注］

35 Heidegger, "The age of the world picture".

36 关于 19 世纪埃及最好的描述见 Jacques Berque, *Egypt: Imperialism and Revolution*; Albert Hourani, *Arabic Thought in the Liberal Age, 1798-1939*; Roger Owen, *The Middle East in the World Economy 1800-1914*，关于 19 世纪上半叶见 Afaf Lufti Al-Sayyid Marsot, *Egypt in the Reign of Muhammad Ali*。

37 Benjamin, "Paris, capital of the nineteenth century", pp. 146, 152; Tahtawi, *al-A'mal al-kamila*, 2:76. 对这些变化在该时期欧洲和美国著作中的反映的探讨见 *Just Looking: Consumer Culture in Dresier, Gissing and Zola* (New York: Methuen, 1985)。

38 参见 André Raymond, *Artisans et commercants au Caire au XVIIIe siècle*, 1: 173-202; Roger Owen, *The Middle East in the World Economy 1800-1914*；以及 Charles Issawi, *An Economic History of the Middle East and North Africa*。

39 Roger Owen, *Cotton and the Egyptian Economy* (Oxford: Oxford University Press, 1969), p. 307.

40 关于埃及的圣西门主义者，参见 Anour Abdel-Malek, *Idéologie et renaissance nationale: l'Egypte modern*, pp. 191-7；关于舍瓦利耶，参见 J. M. Carré, *Voyageurs et écrivains français en Egypte*, 2:326, 和 Benjamin, "Paris, capital of the nineteenth century", p. 152。

41 *The Times*, 13th October 1851.

42 引自 Benjamin, "Paris, capital of the nineteenth century", p. 151。

43 Sulayman al-Harayri, *Ard al-bada'i' al-amm* (Paris, 1867).

44 Yeager, "Ottoman Empire on exhibition", pp. 120-2.

45 Mary Rowlatt, *A Family in Egypt* (London: Robert Hale, 1956), p. 42. 关于开罗的重建，参见 Janet Abu-Lughod, *Cairo: 1001 Years of the City Victorious*, pp. 98-113；关于重建伊斯坦布尔的类似项目，参见 Zeynep Çelik, *The Remaking of Istanbul: Portrait of an Ottoman City in the Nineteenth Century* (Seattle: University of Washington Press, 1986)。

46 Benjamin, "Paris, capital of the nineteenth century", pp. 151-2.

47 Karl Marx, *Capital*, 1: 163-77.

48 Benjamin, "Paris, capital of the nineteenth century", p. 152.

49 Karl Marx, *Capital*, 1: 173.

50 Ibid., pp. 173, 283; Karl Marx, *Selected Writings*, ed. David McLellan (Oxford: Oxford University Press, 1977), p. 455.

51 参见 Jean Baudrillard, *The Mirror of Production*, pp. 21-51。

52 Karl Marx, *Selected Writings*, pp. 455-6.

53 引自 Yeager, "Ottoman Empire on exhibition", p.39。

54 *The Times*, 13th October 1851. Yeager, "Ottoman Empire on exhibition", p. 8.

55 Charles Edmond, *L'Egypte à l'exposition universelle de 1867* (Paris: Dentu 1867).

56 Karl Marx, *Selected Writings*, p. 456. 后续论证参见 Stefania Pandolfo, "The voyeur in the old city", mimeo, October 1983。

57 关于作为旅游业起源的博览会，参见 C. R. Fay, *Palace of Industry, 1851: A Study of the Great Exhibition and its Fruits* (Cambridge: Cambridge Universtiy Press, 1951), pp. 76, 94。

58 Gustave Flaubert, *Flaubert in Egypt: A Sensibility on Tour*, p. 79.

59 Mubarak, *Alam al-Din*, p. 308.

60 Gérard de Nerval, *Oeuvres*, vol. 1: *Le voyage en Orient* (1851), p. 400, n. 104.

61 Flaubert, *Flaubert in Egypt*, p. 23.

62 引自 Kenneth P. Bendiner, "The portrayal of the Middle East in British painting, 1825-60" (Ph. D. dissertation, Columbia Universtiy, 1979), p. 314。

63 这句话来自《新月和十字架：或东方之旅的传奇与现实》(*The Crescent and the Cross: or Romance and Realities of Eastern Travel*, 1845) 的作者艾略特·沃伯顿 (Eliot Warburton)，是对亚历山大·金莱克《回到东方，或东方带回故乡的旅行印记》(*Eōthen, or Traces of Travel Brought Home from the East*, London, 1844; reprint ed., J. M. Dent, 1908) 一书的描述。试比较 *Oxford Companion to English Literature*, 5th ed. (Oxford: Oxford University Press, 1985)。[艾略特·沃伯顿（1810—1852）为爱尔兰旅行家和小说家，《新月和十字架》一书描写其在希腊、土耳其、叙利亚、巴勒斯坦、埃及等地的旅行经历，与金莱克《回到东方》一书同于1844年出版，其本人亦与金莱克保有长期友谊。——中译者注]

64 Edward Lane, *An Account of the Manners and Customs of the Modern Egyptians* (London, 1835), pp. vii, xvii; Stanley Lane-Poole, "Memoir", in Edward Lane, *An Arabic-English Lexicon, derived from the best and most copious Eastern sources* (London: William and Norgate, 1875; reprint ed., Beirut: Libraire du Liban, 1980), 5: xii.

65 Leila Ahmed, *Edward W. Lane: A Study of His Life and Work, and of British Ideas*

of the Middle East in the Nineteenth Century; John D. Wortham, *The Genesis of British Egyptology, 1549-1906* (Norman, Oklahoma: University of Oklahoma Press, 1971), p. 65. 投影描绘器是爱德华·莱恩的朋友沃勒斯顿博士（Dr. Wollastone）的发明。(Lane, *Arabic-English Lexicon*, 5: xii.)

66 Bendiner, "The Middle East in British painting", pp. 13-18.

67 Dolf Sternberger, *Panorama of the Nineteenth Century*, Trans. Joachim Neugroschel (New York: Urizen Books, 1977), pp. 188-9; Benjamin, "Paris, capital of the nineteenth century", p. 150.

68 引自 Ahmed, *Edward Lane*, p. 26。

69 Gérard de Nerval, *Oeuvres*, 1: 281-90.

70 Muhammad al-Muwailihi, *Hadith Isa ibn Hisham, aw fatra min al-zaman*, pp. 405-17.

71 Jeremy Bentham, "Panopticon", in *The Complete Works of Jeremy Bentham*, ed. John Bowring, 4:65-6.

72 马立克·阿鲁拉（Malek Alloula）在《殖民者的闺房》(*The Colonial Harem*) 一书中将欧洲摄影师的"窥淫癖"（voyeurism）作为殖民权力在场的一种形式进行了检视。

73 *Handbook for Travellers in Lower and Upper Egypt* (London: John Murray, 1888), p. 12.

74 Carré, *Voyageurs et écrivains*, 1: 272.

75 Ibrahim Abduh, *Tatawwur al-sahafa al-misriyya, 1798-1951*, pp. 242-4.

76 引自 Carré, *Voyageurs et écrivains*, 2: 191；参见 Said, *Orientalism*, pp. 160-1, 168, 239。

77 引自 Lane, *Arabic-English Lexicon*, 5: vii。

78 Gérard de Nerval, *Oeuvres*, 1: 172-4.

79 Said, *Orientalism*, pp. 160-4.

80 Pierre Bourdieu, *Outline of a Theory of Practice*, pp. 2, 96. 关于对人类学中"可视主义"（visualism）的批评，同时参见 Johannes Fabian, *Time and the Other* (New York: Columbia University Press, 1983), pp. 105-41，和 James Clifford, "Partial truths", in *Writing Culture: The Poetics and Politics of Ethnography*, ed. James Clifford and George E. Marcus (Berkeley: University of California Press, 1986), pp. 11-12。

81 Carré, *Voyageurs et écrivains*, 2: 200.

82 Ahmed, *Edward Lane*, p. 9; Bendiner, "The Middle East in British painting", pp. 35-48.

83 Gérard de Nerval, *Oeuvres*, 1: 878-9, 882, 883.

84 Kinglake, *Eōthen*, p. 280; Théophile Gautier, *Oeuvres complètes*, vol. 20, *L'Orient*, 2: 187; Flaubert, *Flaubert in Egypt*, p. 81.

85 引自 Bendiner, "The Middle East in British painting", p. 6。

86 Gautier, *L'Orient*, 2: 91-122.

87 Gérard de Nerval, *Oeuvres*, 1: 862, 867.

88 Said, *Orientalism*, pp. 176-7.

89 *Goodbye to All That* (Harmondsworth: Penguin Books, 1960), p. 265.

90 关于这方面问题，参见 James Clifford, "Review of Orientalism", *History and Theory* 19 (1980): 204-23。

91 Herman Melville, *Journal of a Visit to the Levant, October 11 1856-May 1857*, ed. Howard C. Horsford (Princeton: Princeton University Press, 1955), pp. 79, 114.

92 参见 Stefania Panddolfo, "The voyeur in the old city: two postcards from French Morocco", paper presented at the Department of Anthropology, Princeton University, October 1983。

93 Gérard de Nerval, *Oeuvres*, 1: 1276.

94 引自 Alain Silvera, "Edme-François Jomard and the Egyptian reforms of 1839", *Middle East Studies* 7 (1971): 314；关于朗拜尔参见 Carré, *Voyageurs et écrivains*, 1: 264-73。

95 "J.B. au Pacha", 16th April 1828. Bentham archives, University College, London.

第二章　集置

1 Bayle St. John, *Village Life in Egypt*, 2 vols. (London, 1852), 1: 35; Helen Rivlin, *The Agricultural Policy of Muhammad Ali in Egypt*, pp. 89-101；关于这一时期埃及政治的总体情况，参见 Afaf Lutfi al-Sayyid Marsot, *Egypt in the Reign of Muhammad Ali*, pp. 100-61。

2 Jean Deny, *Sommaire des archives turques du Caire* (Cairo, 1930), pp. 126-9; Rivlin, *Agricultural Policy*, pp. 79, 89-101.

3 参见 Daniel Crecelius, *The Roots of Modern Egypt: A Study of the Regimes of 'Ali Bey al-Kabir and Muhammad Bey Abu al-Dhahab, 1760-75*；关于这一较早时期知识界的变动，参见 Peter Gran, *Islamic Roots of Capitalism, 1769-1840*。我要感谢彼得·格兰（Peter Gran）对本书某些章节较早版本的评论。

4 在《奥斯曼帝国改革与权贵政治》（"Ottoman reform and the politics of notables"）一文中，阿尔伯特·霍拉尼（Albert Hourani）分析了这些家族的性质和权力，以及他们在 19 世纪的转变。见 *Beginnings of Modernization in the Middle East: the Nineteenth Century*, ed. William R. Polk and Richard L. Chambers, pp. 41-68。

5 Michael Foucault, "Two lectures", in *Power/Knowledge: Selected Interviews and Other Writings 1972-77*, pp. 78-108, 和 *Discipline and Punish: The Birth of the Prison*。接下来若干页的许多分析都要归功于福柯所开辟的研究路径。"生产力"这一表达出自杰里米·边沁的朋友约翰·宝宁的《关于埃及和坎迪亚的报告》（"Report on Egypt and Candia"），他曾任埃及政府顾问。[坎迪亚（Candia）即克里特岛，该岛于 1205—1669 年为威尼斯人建立的坎迪亚王国所统治。——中译者注]

6 杰里米·边沁的全景原则是在其兄弟萨缪尔（Samuel）于波将金（Potemkin）庄园经营的工厂内设计出来的，这些庄园位于 1768—1774 年第五次俄土战争奥斯曼帝国战败后被俄罗斯殖民的领土。参见 Mathew S. Anderson, "Samuel Bentham in Russia", *The American Slavic and East European Review* 15 (1956): 157-72。

7 关于这一地主阶级的形成，参见 F. Robert Hunter, *Egypt Under the Khedives, 1805-74: From Household Government to Modern Bureaucracy*, pp. 109-21。

8 参见 D. Farhi, "Nizam-I cedid: military reform in Egypt under Mehmed 'Ali", *Asian and African Studies* 8 (1972): 153。

9 André Raymond, *Grandes villes arabes à l'èpoque ottomanes*, pp. 69-78; Crecelius, *Roots of Modern Egypt*, pp. 15-24.

10 Justin McCarthy, "Nineteenth-century Egyptian population", *Middle Eastern Studies* 12 (October 1978): 37, n. 77；如果将 19 世纪 40 年代早期的国民卫队（National Guard）包含在内，埃及军队的规模或许会更大。Rivlin, *Agricultural Policy*, p. 351, n. 28.

11 Amin Sami, *al-Ta'lim fi Misr fi sanatay 1914-15, wa-bayan tafsili li-nashr al-ta'lim al-awwali wa-l-ibtida' bi-anha' al-diyar al-misriyya*, p. 8.

12 Judith E. Tucker, *Women in Nineteenth-Century Egypt*, pp. 135-7.

13 参见 Stanford J. Shaw, *Between Old and New: The Ottoman Empire Under Selim Ⅲ, 1789-1807* (Cambridge: Harvard University Press, 1971), pp. 86-179。

14 Bernard Lewis, *The Emergence of Modern Turkey*, 2nd ed. (London: Oxford University Press, 1968), p. 57.

15 Rivlin, *Agricultural Policy*, p. 251. "新秩序"在突尼斯的推广始于十年之后，参见 L. Carl Brown, *The Tunisia of Ahmed Bey, 1837-55* (Princeton: Princeton University Press, 1974), pp. 261-321。在摩洛哥，人们于19世纪30年代开始书写关于"尼扎姆"（*nizam*）的新观念，参见 Abdallah Laroui, *Les origins sociales et culturelles du nationalisms marocain (1830-1912)* (Paris: Maspero, 1977), pp. 272-84。

16 Amin Sami, *al-Ta'lim*, p. 8.

17 Mustafa Reshid Celebi Effendi, "An explanation of the nizm-y-gedid", in William Wilkinson, *An Account of the Principalities of Wallachia and Moldavia Including Various Political Observations Relating to Them* (London: Longman et al., 1820), appendix 5, p. 234. 巴卡尔（baccal）意为蔬菜水果零售商。

18 Mustafa Reshid, "Nizam-y-gedid", pp. 236-7.

19 此处可与阿亚伦（Ayalon）所描写的马穆鲁克王朝骑术（*furusiyya*）训练相比较，在其中军事训练是一场游行、游戏、公共娱乐活动，以及个人荣誉的标志。在训练中，骑士们展示并培养他们的英勇、敏捷、技艺与骑士精神。David Ayalon, "Notes on the furusiyya exercises and games in the Mamluk Sultanate", in *The Mamluk Military Society: Collected Studies* (London: Variorum Reprints, 1979), ch. 2. 尽管18世纪70年代埃及就雇用了欧洲炮兵专家，但是他们对埃及军队战术的影响微乎其微，埃及军队继续依赖于单个骑兵的冲锋，将这作为偏爱的进攻形式。参见 Crecelius, *Roots of Modern Egypt*, pp. 77-8, 175。

20 *Military Instructions of the Late King of Prussiam etc.*, fifth English edition, 1818, p. 5, 引自 J. F. C. Fuller, *The Decisive Battles of the Western World and Their Influence Upon History*, 3 vols. (London: Eyre & Spottiswoode, 1955), vol. 2: *From the Spanish Armada to the Battle of Waterloo*, p. 196。

21 Fuller, *Decisive Battles*, 2: 192-215. 另一方面，帕里（V. J. Parry）描述"新秩序"所试图采用的此种欧洲军事实践方面的变化"更多地是对既成——事实上是'传统'——方式的细化，而非对先前方式的彻底背离"。"La manière de combattre", in *War, Technology and Society in the Middle East*, ed. by V. J. Parry and M. E. Yapp (London: Oxford University Press, 1975), p. 240. 确实自拿骚的莫里斯（Maurice of Nassau）进行革新以来，征兵已在欧洲被系统化、常规化地施行了两百多年，但直到 18 世纪晚期，征兵、传令与指挥体系才同时取得突破，这些突破体现了对何为军队及其如何被创造的新思考，并导致军队行动速度达到以往的两倍，射击速率达到以往的三倍，可获得有效管理的规模达到以往的四倍。[拿骚的莫里斯（1567—1625）于 1585—1625 年任尼德兰联省共和国执政，他复兴了古罗马军事战术，并将其与后勤、训练、军饷管理等方面的革新结合起来，该军事改革奠定了近代欧洲职业军队的基础。——中译者注]

22 Abd al-Rahman al-Jabarti, *Ta'rikh muddat al-faransis bi-Misr*, 由 S. Moreh 编辑并以 *Al-Jabarti's Chronicle of the First Seven Months of the French Occupation of Egypt, Muharram-Rajab 1213 (15 June-December 1798)* 为名翻译出版, p. 21。

23 Mustafa Reshid, "Nizam-y-gedid", pp. 268-9. 福柯对这些技术在 18、19 世纪欧洲的精细化和显著意义进行了讨论, *Discipline and Punish*, pp. 135-69。

24 Fuller, *Decisive Battles,* 2: 192-215; Foucault, *Discipline and Punish*, pp. 162-3.

25 Mustafa Reshid, "Nizam-y-gedid", p. 268. 与法国人作战的奥斯曼土耳其军队的英国军事顾问认为，奥斯曼人的装备和补给都很出色，只是缺少新的训练体系。他写道："他们有优秀的战士，良好的马匹、枪支以及充足的弹药、补给与马料，简言之所有构成一支强大军队所需的物资都很充裕，但他们需要秩序和体系。"[埃及战役期间奥斯曼常备军英国军事顾问科勒将军（General Koehler）给伦敦的报告, 29th January 1800. FO 78/28, 引自 Shaw, *Between Old and New,* p. 136。]

26 Mustafa Reshid, "Nizam-y-gedid", p. 269; 试比较 Foucault, *Discipline and Punish*, p. 163。

27 Mustafa Reshid, "Nizam-y-gedid", p. 242.

28 Ibid., pp. 166-7.

29 Ahmad Izzat Abd al-Karim, *Ta'rikh al-ta'lim fi asr Muhammad Ali* (Cairo, 1938), pp. 82-92; James Heyworth-Dunne, *An Introduction to the History of Education in Modern Egypt,* pp. 115-80.

30 A.-B. Clot Bey, *Mémoires*, ed. Jacques Tagher (Cairo: Institut Français

d'Archéologie Orientale, 1949), p. 325.

31　Heyworth-Dunne, *Education in Modern Egypt*, pp. 185, 195. *Kurbaj* 是一种皮鞭。

32　Ibid., p. 197.

33　John Bowring, "Report on Egypt and Candia", p. 49.

34　如英国总领事所汇报的那样，Colonel Patrick Campbell: FO 78/4086, 引自 Rivlin, *Agricultural Policy*, p. 211。

35　Deny, *Sommaire des archives turques du Caire*, pp. 150-3.

36　Rivlin, *Agricultural Policy*, pp. 89, 102-3.

37　这些段落在名为"农业法案"（"Qanun al-filaha"）的小册子公布后一个月被重新出版。Hiroshi Kato, "Egyptian village community under Muhammad 'Ali's rule: an annotation of Qanun al-filaha", *Orient* 16 (1980): 183.

38　Rivlin, *Agricultural Policy*, pp. 78, 89-98.

39　Ibid., pp 105-36, 200-12.

40　Bowring, "Report on Egypt and Candia", p. 49; Afaf Lutfi Al-Sayyid Marsot, *Muhammad Ali*, pp.132-6；关于此种叛乱的政治性质，参见 Fred Lawson, "Rural revolt and provincial society in Egypt, 1820-24", *International Journal of Middle East Studies* 13(1981): 131-53。

41　Bowring, "Report on Egypt and Candia", pp. 5-6.

42　Tucker, *Women in Nineteenth-Century Egypt*, p. 135；关于英国干预，以及其对埃及新生的、以军事工业为基础的工业化进程的影响，参见 Marsot, *Muhammad Ali*, pp. 232-57。

43　该译文为英国外交部档案原始译文，British Foreign Office records: FO 78/502, 24th May 1844, in Rivlin, *Agricultural Policy*, appendix 3, p. 271。

44　该译文为英国外交部档案原始译文，British Foreign Office records: FO 78/231, 16th March 1833, cited in Rivlin, *Agricultural Policy*, pp. 276-7。

45　与同时代欧洲征兵手段的对比，见 Marsot, *Muhammad Ali*, p. 129。

46　引自 Moustafa Fahmy, *La révolution de l'industrie en Egypte et ses conséquences sociales au 19e siècle (1800-50)* (Leiden: E. J. Brill, 1954), p. 19。

47　Rivlin, *Agricultural Policy*, pp. 65-70; Marsot, *Muhammad Ali*, pp. 157-60, 250-1.

48　肯内特·古诺（Kenneth Cuno）在《埃及私人土地所有制起源：再评价》（"The origins of private ownership of land in Egypt: a reappraisal"）一文中对该体系的起源及其前身进行了追溯，*International Journal of Middle Eastern Studies*

12(1980): 245-75。

49 D'Arnaud, "Reconstruction des villages de l'Egypte", p. 280；另见 Ali Mubarak, *al-Khitat al-jadida li-Misr al-qahira wa-muduniha wa-biladiha al-qadima wa-l-shahira*, 15: 7。

50 St. John, *Village Life*, 1: 104.

51 关于作为一套尺寸体系的空间以及"秩序的中立性"，见 Lewis Mumford, *Technics and Civilization*, pp. 20, 326。"集置"这一术语借用自 Martin Heidegger, *The Question Concerning Technology*, pp. 20-1。

52 见 Pierre Bourdieu and Abdelmalek Sayed, *Le déracinement: la crise de l'agriculture traditionnelle en Algérie* (Paris: Editions de Minuit, 1964)。对"空间的规训"的进一步探讨，见 Michael Gilsenan, *Recognizing Islam: Religion and Society in the Modern Arab World*。

53 Bowring, "Report on Egypt and Candia", p. 3.

54 P. S. Girard, "Mémoire sur l'agriculture, l'industrie, et le commerce de l'Egypte", *Description de l'Egypte, état moderne*, 2 vols. (Paris, 1809-22), vol.1, part1, p. 688，引自 Charles Issawi, ed., *The Economic History of the Middle East 1800-1914: A Book of Readings* (Chicago: University of Chicago Press, 1966), p. 376。

55 Bowring, "Report on Egypt and Candia", pp. 3-4.

56 D'Arnaud, "Reconstruction des villages", p. 279.

57 尽管布尔迪厄的论文《卡拜尔人居所或翻转的世界》("The Kabyle House or the world reversed")采用了结构主义阐释方法，但他之后的《实践理论大纲》(*Outline of a Theory of Practice*)则对相同材料提供了一种可称为后结构主义的解读。关于描述后殖民时代埃及乡村生活的尝试，见 Jacques Berque, *Histoire sociale d'un village égyptien au XXe siècle* (Paris: Mouton, 1957), 和 *Egypt: Imperialism and Revolution*, pp. 45-59, 65-9。

58 Michael T. Taussig, *The Devil and Commodity Fetishism in South America* (Chapel Hill: University of North Carolina Press, 1980), p. 7.

59 Bourdieu, *Outline*, p. 90; "Kabyle house", pp. 135-6.

60 Bourdieu, *Outline*, pp. 90-1.

61 Bourdieu, "Kabyle house", p. 138; *Outline*, p. 116.

62 Bourdieu, *Outline*, p. 139.

63 Brinkley Messick, "Subordinate discourse: women, weaving and gender relations

in North Africa", *American Ethnologist* 14/2 (1987): 20-35.

64 试比较 Mushin Mahdi, *Ibn Khaldun's Philosophy of History* (Chicago: University of Chicago Press, 1957; Phoenix ed., 1964), pp. 184-7。

65 当然，这并非是否认在 19 世纪以前的阿拉伯城市中存在着规则的、被精心秩序化的结构（他们通常被布局为新建立的王朝首都的核心），就如同卡拜尔人的居所也可以被理解为一套精心秩序化的结构。此处的重点并非现代城市中建筑的规则性——就其本身而言，这种规则性并非什么新鲜事物——而是城市的物质性与其非物质性结构之间的全新区分。贾希兹（al-Jahiz）对哈里发曼苏尔（Caliph al-Mansur）于 762 年建造的圆形宫殿群（带有误导性地被称为"圆城"）的评论很有趣："其似乎是被扔到模子中制作出来的。"贾希兹通过提及建造过程而使人们感受到建筑的规则性，而未借由城市物质性与其"结构"之间的区分。引自 J. Lassner, "The Caliph's personal domain: the city plan of Baghdad re-examined", 见 Albert Hourani and S. M. Stern, eds., *The Islamic City*, p. 103。［贾希兹指著名阿拉伯诗人、文学家阿布·奥斯曼·阿穆尔（Abu 'Uthman 'Amr，776—868）。——中译者注］

66 Bourdieu, "Kabyle house", p. 145; *Outline*, pp. 111, 126.

67 S. D. Goitein, *A Mediterranean Society: The Jewish Communities of the Arab World as Portrayed in the Documents of the Cairo Geniza*, 4 vols. (Berkeley: University of California Press, 1967-85), 4:64-74; David King, "Architecture and astronomy: the ventilators of Cairo and their secrets", *Journal of the American Oriental Society* 104 (1984): 97-133.

68 King, "Architecture and astronomy".

69 Raymond, *Grandes villes arabes*, p.186.

70 Roberto Berardi, "Espace et ville en pays d'Islam", in D. Chevallier, ed., *L'Espace sociale de la ville arabe*, p. 106.

71 "The whole shows very clearly the appearance of their private life. The architecture portrays their necessities and customs, which do not result only from the heat of the climate. It portrays extremely well the political and social state of the Muslim and Oriental nations: polygamy, the seclusion of women, the absence of all political life, and a tyrannical and suspicious government which forces people to live hidden lives and seek all spiritual satisfaction within the private life of the family." Alexis de Tocqueville, "Notes du voyage

en Algérie de 1841", *Oeuvres complètes*, gen. ed. J. P. Mayer, vol. 5, *Voyages en Angleterre, Irlande, Suisse et Algérie*, ed. J. P. Mayer and André Jardin (Paris: Gallimard, 1958), part 2, p. 192.［正文中引文为托克维尔著作法语原文，此处为作者对原文的英译。中译本据托克维尔原文译出，与作者翻译略有出入。——中译者注］

72 Melvin Richter, "Tocqueville on Algeria", *Review of Politics* 25 (1963): 369-98；关于那艘浮动的旅馆，见 Charles-Henri Favrod, *La revolution algérienne*，引自 William B. Quandt, *Revolution and Political Leadership: Algeria 1954-68* (Cambridge: MIT Press, 1969), p. 3。

73 P. M. Holt, Ann K. S. Lambton, and Bernard Lewis, eds., *The Cambridge History of Islam*, 2 vols. (Cambridge: Cambridge University Press, 1970), 2: 256-7.

74 "我所希望探讨的，并非伊斯兰城市物质性的、与地貌形态相关的那一面，而是其内部结构。我应当提示一下，伊斯兰城市最根本的特点之一，就是其结构的松散性，以及统一市政机构的缺失。" S. M. Stern, "The constitution of the Islamic city", in Hourani and Stern, eds., *The Islamic City*, p. 26.

75 Oleg Grabar, "The illustrated *maqamat* of the thirteenth century: the bourgeoisie and the arts", in Hourani and Stern, eds., *The Islamic City*, p. 213; Goitein, *Mediterranean Society*, 4: 34.

76 Muhammad al-Sanusi al-Tunisi, *Istitla'at al-barisiyya fi ma'rad sanat 1889* (Tunis, 1309h), p. 242.

77 试比较 Jacques Deridda, "The double session", in *Dissemination*, p. 191。

78 Bourdieu, *Outline*, pp. 109-58；试比较 Michael Foucault, *The Order of Things: An Archaeology of the Human Sciences*, pp. 17-30; Jean Baudrillard, *The Mirror of Production*, pp. 53-67。存储用于烹饪的谷物的罐子与此类似：为了告诉人们其储存谷物的数量，这些罐子在侧边留有孔洞，这样谷物自身就可以表明其堆积高度。数量并不需要通过某些度量工具度量，或以某种抽象的计量单位代表——这些武断划分的单位"代表"特定数量。就此种意义而言，没有什么是武断的，谷物通过对自己的直接参照或重复表明了其堆积高度。

79 Deridda, "The double session", p. 191.

80 Max Weber, "'Objectivity' in social science and social policy", in *The Methodology of the Social Sciences*, p. 81，粗体为原文所有，英译有改动。

81 Max Weber, "Science as a vocation", *From Max Weber: Essays in Sociology*, trans

H. H. Gerth and C. Wright Mills (New York: Oxford University Press, 1946), p. 139.

第三章 秩序的表象

1 Ali Mubarak, *al-Khitat al-jadida li-Misr al-qahira wa-muduniha wa-biladiha al-qadima wa-l-shahira*, 9: 49-50.
2 Ali Mubarak, *Alam al-Din*, pp. 446-7.
3 Ibid., pp. 816-18, 962-3, 447.
4 埃及政府取得此处房产同时标志着其成功独立于伊斯坦布尔政权。该处宫殿曾是赫迪夫伊斯梅尔同父异母兄弟穆斯塔法·法齐勒（Mustafa Fadil）在埃及的住所，他曾担任奥斯曼帝国苏丹的财政部长，并密谋成为伊斯梅尔的继承人。但这一密谋失败了，穆斯塔法·法齐勒逃往巴黎，伊斯梅尔及其直系后代被正式承认为埃及未来的统治者。Şerif Mardin, *The Genisis of Young Ottoman Thought* (Princeton: Princeton University Press, 1962), pp. 42-8, 276.
5 Mubarak, *al-Khitat*, 9:50.
6 见 Janet Abu-Lughod, *Cairo: 1001 Years of the City Victorious*, pp. 98-113; Jacques Berque, *Egypt: Imperialism and Revolution*, pp. 91-2, 94。
7 Abbate-Bey, "Questions hygiéniques sur la ville du Caire", *Bulletin de l'Institut égyptien*, 2nd seeries, 1 (1880): 69.
8 Abu-Lughod, *Cairo*, p. 113.
9 Edwin De Leon, *The Khedive's Egypt* (London: Sampson Low & Co., 1877), p. 139.
10 William H. McNeill, *Plagues and Peoples* (New York: Doubleday, 1976), pp. 266-78.
11 Abbate-Bey, "Questions hygiéniques", pp. 59, 61, 64.
12 Muhammad Amin Fikri, *Jugharafiyyat Misr* (Cairo: Matba'at Wadi al-Nil, 1879), p. 53.
13 当时仅存的官办学校包括一所军校——该校建立于1862年，并于1864年再度关闭——一所海军学校以及一所被严重忽视的、位于埃尼堡（Qasr al-Aini）的医科学校。另外一批保存下来的新式学校由居住在埃及的外国人社群以及欧美传教士创办，这类学校多建立于赛义德帕夏统治时期（1854—

1863). James Heyworth-Dunne, *An Introduction to the History of Education in Modern Egypt*, pp. 323, 340.

14 Amin Sami, *Taqwim al-Nil, wa-asma' man tawallaw amr Misr ma'a muddat hukmihim alayha wa mulahazat ta'rikhiyya an ahwal al-khilafa al-amma wa shu'un Misr al-khassa*, 3: 16-17; Heyworth-Dunne, *Education in Modern Egypt*, pp. 185, 225, 347.

15 Khedival Order of 13 Jumadi Ⅱ, 1284h., in Sami, *Taqwin al-Nil*, 3:722.

16 Ahmad Izzat Abd al-Karim, *Ta'rikh al-ta'lim fi asr Muhammad Ali*, pp. 200-5.

17 Joseph Lancaster, "The Lancasterian system of education" (1821), in Carl F. Kaestle, ed., *Joseph Lancaster and the Monitorial School Movement: A Documentary History*, pp. 92-3.

18 Joseph Lancaster, "Improvements in education as it respects the industrious classes of the community…" (1805), in Kaestle, ed., *Joseph Lancaster*, p. 66.

19 R. R. Tronchot, "L'enseignement mutuel en France", 引自 Michael Foucault, *Discipline and Punish: The Birth of the Prison*, p. 315, n. 5, 译文有修改。"相互提高式"学校于1814年自英国引入法国，截止到埃及人前去学习此种学校教育方式的19世纪20年代，类似的学校已达1200所（Kaestle, ed., *Joseph Lancaster*, pp. 30-1）。

20 Lancaster, "The Lancasterian system of education" (1821), p. 91.

21 Ibid., pp. 94, 95-6.

22 Abd al-Karim, *al-ta'lim fi asr Muhammad Ali*, pp. 201-3.

23 Kaestle, ed., *Joseph Lancaster*, pp. 29-34. 兰开斯特示范学校也在同一时期被引入伊斯坦布尔。参见 Niyazi Berkes, *The Development of Secularism in Turkey* (Montreal: McGill University Press, 1964), pp. 102-6。

24 Abd al-Karim, *al-ta'lim fi asr Muhammad Ali*, p. 209.

25 66名埃及学生被送往该校学习，除伊斯梅尔帕夏与阿里·穆巴拉克外，他们还包括：阿里·易卜拉欣（Ali Ibrahim），在伊斯梅尔时期出任官办初等学校校长，在陶菲克（Tawfiq）时期出任教育大臣和司法大臣；穆罕默德·谢里夫（Muhammad Sharif），在赛义德时期出任外交大臣，在伊斯梅尔时期出任立法会议主席和教育大臣，在陶菲克时期多次出任首相［陶菲克为穆罕默德·阿里王朝第六任统治者，1879—1892年在位。——中译者注］；苏莱伊曼·纳扎提（Sulayman Najjati），在赛义德时期出任军校校长，在伊斯梅尔时期出任军事院校主管，此后出任综合法院法官［综合法院（mixed courts）由伊斯梅尔帕夏下令于1875年建立，主要处理涉及外国人的诉讼，并逐渐成为埃及最重要的司法解释机构，对埃及法律体系产生了深远影响，该法庭于1949年与本地法院合并为国民法院。——中译者注］；奥斯曼·萨布里（Uthman Sabri），他曾担任陶菲克建立的王室子弟学校校长，之后成为综合法院法官及上诉综合法院主席；沙哈塔·伊萨（Shahata Isa），在伊斯梅尔时期担任士官学校校长；穆罕默德·阿里夫（Muhammad Arif），曾担任多个政府职位，并建立了有益图书出版知识协会（Jam'iyyat al-ma'arif li-nashr al-kutub al-nafi'a）及协会附设的知识出版社（Matba'at al-Ma'arif，详见下文）；亚美尼亚的努巴尔（Nubar the Armenian），在伊斯梅尔时期出任公共工程大臣和外交大臣，在陶菲克时期三度出任首相［亚美尼亚的努巴尔本名努巴尔·努巴利安（Nubar Nubarian），因其父为亚美尼亚人，故以此相称。——中译者注］；赛义德·纳斯尔（Sa'id Nasr），在伊斯梅尔时期曾担任多个教育领域管理职位，于1881年被任命为综合法院法官，1903年成为综合法院名誉主席；穆斯塔法·穆赫塔尔（Mustafa Mukhtar），曾被任命为上埃及督察长官，后转任下埃及督察长官；萨迪格·萨利姆·沙南（Sadiq Salim Shanan），曾任官办初等学校校长、官办预备学校校长，并最终成为工程学校校长，此外还担任其他多所学校的校长。Heyworth-Dunne, *Education in Modern Egypt*, pp. 253-9; Umar Tusun, *al-Bi'that al-ilmiyya fi ahd Muhammad Ali thumma fi ahday Abbas al-awwal wa-Sa'id*, pp. 226-366.

26 Umar Tusun, *al-Bi'that al-ilmiyya*, pp. 176-9.

27 Heyworth-Dunne, *Education in Modern Egypt*, p. 246.

28 Ibid.

29 试比较 Foucault, *Discipline and Punish*, pp. 135-228。

30 Abd al-Karim, *al-Ta'lim fi asr Muhammad Ali*, p. 210.

31 Ahmad Izzat Abd al-Karim, *Ta'rikh al-ta'lim fi Misr min nihayat hukm Muhammad Ali ila awa'il hukm Tawfiq, 1848-82*, 1: 177-81, 3: 1-14; Fritz Steppat, "National education projects in Egypt before the British occupation", in William R. Polk and L. Chambers, eds., *Beginnings of Modernization in the Middle East: The Nineteenth Century* (Chicago: University of Chicago Press, 1968), p. 282; Gilbert Delanoue, *Moralistes et politiques musulmans dans l'Egypte du XIXe siècle (1798-1882)*, pp. 405-8.

32 Mubarak, *Khitat*, 9: 48.

33 Nubar Pasha, letter of 8th October 1866, 转引自 Angelo Sammarco, *Histoire de l'Egypte moderne depuis Mohammad Ali jusqu'à l'occupation britannique (1801-82)*, vol.3: *Le règne du khédive Ismail de 1863 à 1875*, p. 137。

34 François de Salignac de la Mothe-Fénelon, *Les aventures de Télémaque*, 转引自 Israel Altman, "The political thought of Rifaʻah Rafiʻ al-Tahtawi" (Ph.D. dissertation, University of California, Los Angeles, 1976), p. 152。

35 *Mawaqiʻ al-aflak fi waqaʼiʻ Tilimak* (Beirut: al-Matbaʻa al-Suriyya, 1867). 塔赫塔维该时期的其他著作明显受到费奈隆此书的影响（试比较 Delanoue, *Moralistes et politiques*, 2: 405）。

36 F. Robert Hunter, *Egypt Under the Khedives*, p. 53.

37 Nubar Pasha, letter of 8th October 1866, 引自 Sammarco, *Histoire de l'Egypte moderne*, 3: 137。

38 Abd al-Rahman al-Rafiʻi, *Asr Ismaʻil*, 2 vols, 2: 93.

39 Sami, *Taqwin al-Nil*, 2: 732-3; *al-Taʻlim fi Misr fi sanatay 1914-15*, p. 21.

40 Sami, *al-Taʻlim*, pp. 21-2; Heyworth-Dunne, *Education in Modern Egypt*, pp. 362-69.

41 Sami, *al-Taʻlim*, p. 40.

42 V. Edouard Dor, *L'Instruction publique en Egypte*, p. 216.

43 Rifaʻa Rafiʻ al-Tahtawi, *al-Aʻmal al-kamila*, 2: 387-8.

44 Rifaʻa Rafiʻ al-Tahtawi, *al-Murshid al-amin li-l-banat wa-l-banin*, p. 45.

45 Tahtawi, *al-Aʻmal al-kamila*, 2: 388-9.

46 Dor, *Instruction publique*, pp. 245, 359, 368.

47 Ibid., p. 235.

48 Ibid., pp. 231-2, 268.

49 Sami, *al-Taʻlim*, pp. 23-32, and appendix 4.

50 Dor, *Instruction publique*, pp. 231-2.

51 试比较 Foucault, *Discipline and Punish*, pp. 141-9。

52 Dor, *Instruction Publique*, p. 235.

53 Ibid., p. 240.

54 Ibid., pp. 166, 170.

55 Ahmad al-Zawahiri, *al-Ilm wa-l-ulama wa-nizam al-taʻlim*, pp. 90-3.

56 Pierre Arminjon, *L'Enseignement, la doctrine et la vie dans les universités musulmanes d'Egypte*, p. 85.

57 Dor, *Instruction publique*, p. 170; Arminjon, *Enseignement*, p. 81.

58 Dor, *Instruction publique*, pp. 166-7.

59 Ibid., pp. 77, 83.

60 试比较 Foucault, *Discipline and Punish*, p. 147。

61 见 Ibn Khaldun, *The Muqaddimah*，对清真寺中作为一种专业或技能实践的学习活动的讨论（2: 426-35）以及对下文涉及的文本次序的讨论（2: 436-3: 103）。关于作为法学中心的清真寺-学校，见 Richard W. Bulliet, *The Patricians of Nishapur: A Study in Medieval Islamic Social History* (Cmabridge: Harvard University Press, 1972), pp. 47-60；和 George Makdisi, *The Rise of the Colleges: Institutions of Learning in Islam and the West* (Edinburgh: Edinburgh University Press, 1981)，该书显示，中世纪文献中提及清真寺中的学习和教学活动时（涉及这些活动时会用到诸如 *madrasa*, *dars*, *darras*, *tadris* 和 *mudarris* 等词），总是提到法学（*fiqh*, p. 113）。[涉及清真寺中教学活动的五个词依次意为学校、学习、教学（动词形式）、教学（名词形式）、教师。——中译者注]

62 Arminjon, *Enseignement*, pp. 253-4.

63 见 Mustafa Bayram, *Ta'rikh al-Azhar* (Cairo, n. d., c. 1902), pp. 35-8；（关于更早期的艾资哈尔）Makdisi, *Rise of the Colleges*, pp. 13-19。

64 试比较 Michael M. J. Fischer, *Iran: From Religious Dispute to Revolution*, Harvard Studies in Cultural Anthropology, no. 3 (Cambridge: Harvard University Press, 1980), pp. 61-76。

65 见 Mubarak, *Khitat*, 9: 37-8，和 *Alam al-Din*, pp. 242ff.；Jacques Berque, *Egypt: Imperialism and Revolution*, pp. 76-83；Afaf Lutfi al-Sayyid Marsot, "The 'ulama' of Cairo in the eighteenth and nineteenth centuries", in Nikki R. Keddie, ed., *Scholars, Saints, and Sufis: Muslim Religious Institutions in the Middle East since 1500* (Berkley: University of California Press, 1972)；Daniel Crecelius, "Nonideological responses of the Egyptian ulama to modernization", in Keddie, ed., *Scholars, Saints, and Sufis*; Ham Shaked, "The biographies of 'ulama' in Mubarak's *Khitat* as a source for the history of the 'ulama' in the nineteenth century", *Asian and African Studies* 7 (1971): 59-67。关于摩洛哥学者的生活与学习活动，以及殖民时期

政治与社会变化的影响，见 Dale F. Eickelman, *Knowledge and Power in Morocco: The Education of a Twentieth-Century Notable* (Princeton: Princeton University Press, 1985)。

66 对关于暴露风险的表达，这些表达与荣誉及谦卑之概念的关联，以及这些概念如何影响社会实践与权力关系的分析，见 Lila Abu-Lughod, *Veiled Sentiments: Honor and Poetry in a Bedouin Society*。该著作的分析来自一个埃及贝都因社群的生活，但其理论见解和整个埃及与地中海世界都有着广泛关联。

67 Michael Gilsenan, *Recognizing Islam: Religion and Society in the Modern Arab World*, p. 16.

68 Ahmad Amin, *Qamus al-adat wa-l-taqalid wa-l-ta'abir al-misriyya* (Cairo, 1953), p. 308; Heyworth-Dunne, *History of Education*, pp. 5-6.

69 试比较 Winifred S. Blackman, *The Fellahin of Upper Egypt* (London: Frank Cass, 1968), pp. 109-17, 256, 259。

70 Tahtawi, *al-A'mal al-kamila*, 2: 387.

71 Ibid., 1:298.

72 Sami, *Taqwin al-Nil*, 3: 779.

73 Tahtawi, *al-A'mal al-kamila*, 2: 169；同一时期，塔赫塔维还出版了乔治·戴平（Georg Depping）一部著作的阿拉伯语译本，在其中他遇到了下面的句子："（对古希腊的居民而言）身体训练……是国民教育的一部分。"塔赫塔维能够应付"国民"（nation）一词，但"教育"（education）一词就需要些迂回的解释了："身体训练……是一项有益的活动，其益处可对国民产生普遍的积极影响。"(Riyadat al-budun...hiya maslaha qad ya'udu naf'aha ala sa'ir al-watan.) Rifa'a al-Tahtawi, *Qala'id al-mafakhir fi gharib awa'id al-awa'il wa-l-awakhir* (Bulaq, 1833), p. 52；对 Georg Bernhard Depping, *Aperçu historique sur les moeurs et coutumes des nations*, p. 107 的翻译。

74 Tahtawi, *al-A'mal al-kamila*, 2: 18.

75 Ibid., 2:159, 770.

76 在他出版于1881年的词典中，多茨（Dozy）赋予 *tarbiya* 一词"抚养"或"赋予"的含义，但通过征引大部分于先前50年中撰写或出版于开罗的文献，他又为该词补充了如下说明："我们在表示秩序、安排、布置这样的含义时使用该词，也在更应使用 *tartib* 一词的句子中以该词作为替代。" R. Dozy, *Supplément aux dictionnaires arabes* (Leiden: E. J. Brill, 1881), 1: 506.［莱

恩哈特·多茨（Reinhart Dozy, 1820—1883），荷兰阿拉伯研究专家，东方学代表人物。——中译者注］

77 Tahtawi, *al-Murshid al-amin*, p. 33.

78 Ibid., pp. 28-9.

79 Abd al-Aziz Jawish, *Ghunyat al-mu'addibin fi turuq al-hadith li-l-tarbiya wa-l-ta'lim*, p. 4; Anwar al-Jindi, *Abd al-Aziz Jawish* (Cairo: al-Dar al-Misriyya li-l-Ta'lif wa-l-Tarjama, 1965), pp. 43-165.

80 Husayn al-Marsafi, *Risalat al-kalim al-thaman*, pp. 30-1.

81 类似的观点在阿卜杜的老师阿富汗尼（al-Afghani）及阿卜杜的学生拉希德·里达（Rashid Rida）的思想中也居于中心地位。试比较 Rashid Rida, "al-Jara'id: waza'if ashabiha", *al-Manar* 1 (1898): 755。

82 Abd al-Rahman al-Rafi'i, *Asr Isma'il*, 1: 242-4.

83 Ibrahim Abduh, *Ta'rikh al-Waqa'i' al-Misriyya, 1828-1942* (Cairo: al-Matba'a al-Amiriyya, 1942), p. 29.

84 引自 Sami, *Taqwin al-Nil*, 3: 454。

85 Heyworth-Dunne, *Education in Modern Egypt*, p. 345.

86 见 Henry Habib Ayrout, *The Egyptian Peasant*, rev. ed., trans. John Alden Williams (Boston: Beacon Press, 1963), pp. 114-15。

87 布尔迪厄详细讨论了此种"男性"与"女性"的两极对立如何使房子中的每个行为，以及与行为相关的每个动作都成为对日常生活借以上演的那些实践原则的复现——从而也成了对这些原则的反复灌输。*Outline of a Theory of Practice*, pp. 87-95.

88 Ayrout, *The Egyptian Peasant*, p. 130.

第四章　我们控制了他们的身体之后

1 Charles Richard, *Etude sur l'insurrection du Dahra (1845-46)*, 见 Michael Gilsenan, *Recognizing Islam: Religion and Society in the Modern Arab World*, p. 142, 转引自 Pierre Bourdieu and Abdelmalek Sayad, *Le déracinement: la crise de l'agriculture traditionelle en Algérie* (Paris: Editions de Minuit, 1964), p. 15。

2 Great Britain, Foreign Office, *Further Correspondence Respecting the Affairs of Egypt*, no. 34, July-September 1890 (London: Foreign Office, 1890), pp. 19-20.

3 Baron de Kusel, *An Englishman's Recollection of Egypt, 1863 to 1887* (London: John Lane, The Bodley Head, 1915), pp. 19-20.

4 Great Britain, *Further Correspondence*, no. 38, January-June 1892 (1893), p. 72.

5 The Earl of Cromer, *Modern Egypt*, 2: 311, 313; Charles Issawi, *An Economic History of the Middle East and North Africa*, pp. 54-5; Zachary Lockman, "Class and nation: the emergence of the Egyptian Workers' movement" (Ph. D. dissertation, Harvard University, 1983), p. 41.

6 Cromer, *Modern Egypt*, 2: 482.

7 Jaque Berque, *Egypt: Imperialism and Revolution*, pp. 127-35; Great Britain, *Further Correspondence,* no. 31, October-December 1889 (1890), p. 42；和 no. 32, January-March 1890 (1890), p. 19。

8 Cromer, *Modern Egypt*, 2: 87；试比较 M. E. Howard, "The armed forces", *The New Cambridge History*, vol. 11: *Material Progress and World-wide Problems, 1879-98*, ed. F. H. Hinsley (Cambridge: Cambridge University Press, 1962), p. 225。

9 Great Britain, *Further Correspondence*, no. 37, July-December 1891 (1892), pp. 7-8; no. 38, January-June 1892 (1893), p. 72；和 no. 42, January-June 1894 (1895); Robert Tignor, *Modernization and British Colonial Rule in Egypt, 1882-1914* (Princeton: Princeton University Press, 1966), pp. 184-5, 207; Berque, *Egypt*, p. 135。

10 试比较 Michel Foucault, *Discipline and Punish, The Birth of the Prison*, pp. 135-228。

11 Gabriel Baer, *Studies in the Social History of Modern Egypt*, p. 138.

12 Ali Mubarak, *Alam al-Din*, pp. 160-2.

13 Baer, *Social History of Modern Egypt*, p. 138.

14 早在19世纪30年代，时任官办军事医院翻译的里法阿·塔赫塔维就曾以阿拉伯语撰写关于欧洲医学的图书。新兴的阿拉伯语出版社印行的第一部符合大众趣味的著作是塔赫塔维翻译的一部法语读物，该书面向儿童，主要内容是关于不同国家"风俗习惯"的，其中包括有关"错误信仰、异端和迷信"的章节，并强调"此种错误在乡村较在城市严重"。Tahtawi, *Qala'id al-mafakhir fi gharib awa'id al-awa'il wa-l-awakhir*, p. 85；试比较 Salih Majdi, *Hilyat al-zaman bi-manaqib khadim al-watan: sirat Rifa'a al-Tahtawi* (Cairo, n. d., c. 1874), pp. 33, 35。

15 Abd al-Rahman Isma'il, *Tibb al-rukka* [Cairo: 2 vols., 1892-94；出版前在《文学杂志》(*al-Adab*) 连载]，约翰·沃克 (John Walker) 对该书进行了部分翻译，*Folk Medicine in Modern Egypt, Being the Relevant Parts of the Tibb al-Rukka or Old Wives' Medicine of 'Abd al-Rahman Isma'il* (London: Luzak and Co., 1934), pp. 7, 9。这部医学书籍的第二卷以 1894 年 9 月在日内瓦举行的第十届国际东方学家会议的名义印行。

16 Abd al-Rahman Isma'il, *al-Taqwimat al-sihhiyya an al-awa'id al-misriyya* (Cairo: n.p., 1895)；和 *al-Tarbiya wa-l-adab al-shar'iyya li-l-makatib al-misriyya* (Cairo, 1896)。关于教育部的资助，参见 *al-Muqtataf* 20 (April 1896): 269；关于作者，参见 Isma'il, *Folk Medicine*, p. 32。

17 Isma'il, *Folk Medicine*, p. 16.

18 Ibid., pp. 79, 112.

19 引自 Angelo Sammarco, *Histoire de l'Egypte moderne depuis Mohammed Ali jusqu'à l'occupation britannique (1801-82)*, 3: 256。

20 Amin Sami, *al-Ta'lim fi Misr fi sanatay 1914-15*, pp. 47-8.

21 Abd al-Aziz Jawish, *Ghunyat al-mu'addibin fi turuq al-hadith li-l-tarbiya wa-l-ta'lim*, pp. 17-19, 42；试比较 Anwar al-Jindi, *Abd al-Azizi Jawish* (Cairo: al-Mu'assasa al-misriyya al-amma li-l-ta'lif wa-l-anba' wa-l-nashr, 1965)。

22 Rifa'a Rafi' al-Tahtawi, *al-A'mal al-kamila*, 1: 517.

23 Ibid.

24 Ellious Bochthor, *Dictionnaire francaise-arabe*, 3rd ed. (Paris, 1864).

25 Butrus al-Bustani, *Muhit al-muhit* (Beirut, 1870).

26 al-Tahtawi, *al-A'mal al-kamila*, 1: 5.

27 Ibid., 1: 511.

28 Ibid., 1: 512.

29 Cromer, *Modern Egypt*, pp. 569-70.

30 V. Edouard Dor, *L'Instruction publique en Egypte*, p. 36.

31 Ibid., pp. 5, 10-11, 16, 22. 对"东方性格"同样的关注见于 1868 年呈递给法国公共教育部长的一份有关埃及教育的报告中：Octave Sachot, "Mission en Egypte: Rapport adressé à Victor Duruy, ministre de l'Instruction Publique, sur l'état des sciences en Egypte dans la population indigène et dans la population européenne" (Paris, June 1868), 引自 Gilbert Delanoue, "Réflexion et questions

sur la politique scolaire des vice-rois réformateurs", 见 *L'Egypte au XIXe siècle* (Paris: CNRS, 1982), p. 326。

32 Dor, *L'Instruction publique*, p. 36.

33 Edward Lane, *An Account of the Manners and Customs of the Modern Egyptians*, pp. 302-3, 338-9.

34 Georg Bernhard Depping, *Evening Entertainments* (London, 1812; Philadelphia: David Hogan, 1817), pp. vi, 303, 331-5.

35 Georg Bernhard Depping, *Aperçu historique sur les moeurs et coutumes des nations: Contenant le tableau comparé chez les divers peuples anciens et modernes, des usages et des cérémonies concernant l' habitation, la nourriture', l'habillement, les marriages, les funérailles, les jeux, les fêtes, les guerres, les superstitions, les castes, etc., etc.* (Paris: L'Encyclopedie Portative, 1826).

36 Rifa'a Rafi' al-Tahtawi, *Qala'id al-mafakhir fi gharib awa'id al-awa'il wa-l-awakhir* (Bulaq: Dar al-Taba'a 1883). 在塔赫塔维自巴黎携回的翻译稿中，有康拉德·马尔特-布戎（Conrad Malte-Brun, 1775-1826）一部类似著作《世界地理概要》(*Précis de la géographie universelle*, 8 vols. Paris: F. Buisson, 1810-29）的部分内容，该译本日后在开罗出版。与此相反，两部让-雅克·波拉马基（Jean-Jacques Burlamaqui, 1694-1748）关于自然法的著作——《自然法与政治法原理》(*Principes du droit naturel et politique*, Geneva, 1747）和《政治法原理与基础》(*Principes ou éléments du droit politique*, Lausanne, 1784）——的翻译手稿从未出版。Tahtawi, *al-A'mal al-kamila*, 1: 72-4. 另见 Alain Silvera, "The first Egyptian student mission to France under Muhammad Ali", in *Modern Egypt: Studies in Politics and Society*, ed. Elie Kedourie and Sylvia Haim (London: Frank Cass, 1980), pp. 1-22。[康拉德·马尔特·布戎，法国地理学家；让-雅克·波拉马基，日内瓦法学家与政治理论家，《自然法与政治法原理》实为1747年出版的《自然法原理》和1751年出版的《政治法原理》的合订本，出版于1763年。——中译者注]

37 Israel Altman, "The political thought of Rifa'a Rafi' al-Tahtawi" (Ph.D. dissertation, University of California, Los Angeles, 1976), p. 24.

38 François de Salignac de la Mothe-Fénelon, *Les Aventures de Télémaque*, pp.45, 69; 阿拉伯语译本 pp. 26, 63。

39 Tahtawi, *Manahij al-albab al-misriyya, fi mabahij al-adab al-asriyya*, p. 120.

40　Tahtawi, *al-A'mal al-kamila*, 1: 518.

41　Smiles, *Self-Help, with Illustrations of Conduct and Perseverence*, Asa Briggs 导读, 72nd impression (London: John Murray, 1958), 由 Ya'qub Sarruf 译为阿拉伯语, *Sirr al-Najah* (Beirut, 1880)。

42　Smiles, *Self-Help*, p. 36, 阿拉伯语译本, p. 4。

43　Ibid., p. 36, 阿拉伯语译本, p. 5。

44　Ibid., pp. 35, 315-16.

45　Nadia Farag, "al-Muqtataf 1876-1900: a study of the influence of Victorian thought on modern Arabic thought", p. 169.

46　Cromer, *Modern Egypt*, 1: 4-8；试比较 Ronald Robinson and John Gallagher, *Africa and the Victorians: The Official Mind of Imperialism* (London: Macmillan, 1961), pp. 274-5; Roger Owen, "The influence of Lord Cromer's Indian experience on British policy in Egypt, 1883-1907", in Albert Hourani, ed., *Middle Eastern Affairs No. 4* (London: Oxford University Press, 1965), pp. 109-39; Tignor, *Modernization and British Colonial Rule*, pp. 48-93. 一个世纪以后的1986年,《自助》的新版本在英国出版, 时任教育部长为该书撰写了导言。

47　Farag, "al-Muqtataf", p. 169.

48　在学校颁奖礼上的演讲, 引自 *Majallat al-Liwa'*, 15 November 1900。

49　Ali Fahmi Kamil, *Mustafa Kamil fi arba'a wa-thalathin rabi'an: siratuhu wa-a'maluhu min khutab wa-ahadith wa-rasa'il,* 11 vols. (Cairo: Matba'at al-Liwa', 1908), pp. 108-9.

50　Asa Briggs, "Introduction" to Smiles, *Self-Help*, p. 7.

51　*al-Liwa'*, 25th January 1900.

52　Ibid., 4th January 1900.

53　Mahmud Salama, *al-Liwa'*, 11th February 1900. 除了我接下来将讨论的著作外, 其他讨论心智问题的书籍包括艾哈迈德·哈菲兹·阿瓦德(Ahmad Hafiz Awad)的《从婴孩到成人》(*Min walid ila waladihi*, Cairo: Matba'at al-Bashlawi, 1923), 该书由作者在第一次世界大战前的信件组成; 阿里·菲克里阿凡提(Ali Efendi Fikri)的《女孩儿的礼节》(*Adab al-fatah*, Cairo, 1898); 阿卜杜·拉合曼·伊斯梅尔(Abd al-Rahman Isma'il)的《教育与合乎教法的举止》(*al-Tarbiya wa-adab al-shar'iyya*, Cairo, 1896); 萨利赫·哈姆迪·哈马德(Salih Hamdi Hammad)的《女孩儿的教育》(*Tarbiyat al-*

banat, Cairo: Matba'at Madrasat Walidat Abbas al-Awwal, 1909），这是对费奈隆同名图书（*L'Education des filles*）的翻译；拉菲克·阿兹姆（Rafiq al-Azm）的《启发心智以追求新生活和伊斯兰教》（*Tanbih al-afham ila matalib al-haya al-jadida wa-l-islam*, Cairo: Matba'at al-Mawsu'at, 1900）；穆罕默德·萨巴伊（Muhammad Saba'i）的《教育》（*al-Tarbiya*, Cairo: Matba'at al-Jarida, 1908），这是对赫伯特·斯宾塞（Herbert Spencer）有关教育的论文的翻译。

54 Mustafa Kamil, *al-Shams al-mushriqa* (Cairo: Matba'at al-Liwa', 1904), pp. 11, 176-8.

55 Mahmud Salama, *al-Liwa'*, 11th February 1900.

56 Farag, "al-Muqtataf", p. 309.

57 Ahmad Fathi Zaghlul, *Sirr taqaddum al-inkliz al-saksuniyyin* (Cairo: Matba'at al-Ma'arif, 1899)，对 Edmond Demolins, *A quoi tient la supériorité des Anglo-Saxons* (Paris: Libraire de Paris, 1897) 的阿拉伯语翻译。

58 Demolins, *Anglo-Saxons*, p. iv.

59 Ibid., p. 92，阿拉伯语译本，p. 75.

60 Ibid., p. 93，阿拉伯语译本，p. 76.

61 Ibid., p. 98.

62 Ibid., p. 410，阿拉伯语译本，p. 333.

63 Ahmad Fathi Zaghlul, *Sirr taqaddum*, p. 20.

64 Ibid., pp. 24-30.

65 见 Hasan Tawfiq al-Dijwi 为 *al-Tarbiya al-haditha* (Cairo: Matba'at al-Taraqqi, 1901) 撰写的导言，p. 7。

66 Ahmad Lutfi al-Sayyid, 引自 Husayn Fawzi Najjar, *Ahmad Lutfi al-Sayyid: ustadh al-jil* (Cairo: al-Mu'assasa al-Misriyya al-Amma, 1965), p. 86。

67 Albert Metin, *La transformation de l'Egypte*，转引自 Henri Pérès, "Les origines d'un roman célèbre de la littérature arabe moderne: 'Hadith 'Isa ibn Hisham' de Muhammad al-Muwailihi", *Bulletin des études orientales* 10 (1944): 101-18。

68 Hasan Tawfiq al-Dijwi, *al-Tarbiya al-haditha*.

69 Cromer, *Modern Egypt*, 2: 538-9.

70 关于19世纪埃及妇女生活的转变，见 Judith Tucker, *Women in Nineteenth-Century Egypt*。关于19、20世纪之交涉及这一主题的书写，见 Juan Ricardo Cole, "Feminism, class and Islam in turn-of-the-century Egypt", *International*

Journal of Middle East Studies 13 (1981): 387-407。

71 Harry Boyle, "Memorandum on the British Occupation of Egypt" (1905), 见 Clara Boyle, *Boyle of Cairo: A Diplomatist's Adventures in the Middle East* (Kendal: Titus Wilson and Son, 1965), p. 56。

72 Qasim Amin, *al-Mar'a al-jadida*, p. 11.

73 Qasim Amin, *Les égyptiens* (Cairo: Jules Barbier, 1894); Duc d'Harcourt, *L'Egypte et les égyptiens* (Paris: Plon, 1893).

74 Harcourt, *L'Egypte*, pp. 1, 3-6, 218, 247-8, 262.

75 Qasim Amin, *Les égyptiens*, pp. 45-7, 243.

76 Ibid., pp. 100-10.

77 引自 Walter Benjamin, "On some motifs in Baudelaire", *Illuminations*, ed. Hannah Arendt (New York: Harcourt Brace and World, 1968), p. 167。

78 Ibid.

79 Muhammad al-Muwailihi, *Hadith Isa ibn Hisham, aw fatra min al-zaman*, 2nd ed. (Cairo: al-Maktaba al-Azhariyya, 1911), pp. 15-20.

80 Ibid., p. 314.

81 Ibid., pp. 389, 434-5.

82 比如小说家马哈茂德·台木尔（Mahmud Taymur）就如此评价，见 Henri Pérès, "Les origines d'un roman célèbre de la littérature arabe moderne: 'Hadith 'Isa ibn Hisham' de Muhammad al-Muwailihi", *Bulletin des études orientales* 10 (1944): 101。

83 关于该书的出版史及删节部分，见 Roger Allen, "Hadith 'Isa ibn Hisham: the excluded passages", *Die Welt des Islams* 12 (1969): 74-89, 163-81。

84 Roger Allen, *A Study of "Hadith 'Isa ibn Hisham": Muhammad al-Muwaylihi's View of Egyptian Society During the British Occupation* (New York: State University of New York Press, 1974), p. 165.

85 Alexander Schölche, *Egypt for the Egyptians: The Socio-Political Crisis in Egypt, 1878-82*, p. 327, n. 53; Afaf Lutfi al-Sayyid Marsot, *Egypt in the Reign of Muhammad Ali*, pp. 45, 60; Berque, *Egypt*, pp. 116-17.

86 Qasim Amin, *Les égyptiens*, p. 45; Ahmad Fathi Zaghlul, *Sirr taqaddum al-inkliz al-saksuniyyin*, p. 75.

87 Roger Allen, "Writings of members of the Nazli circle", *Journal of the American*

Research Center in Egypt, 8 (1967-70): 79-84.

88 Henri Pérès, "Les origines d'un roman célèbre", p. 105；对于此前十年开罗休闲场所的情况，穆巴拉克给出的数字是 1067 家咖啡馆和 467 间酒吧，总计 1543 处场所（Ali Mubarak, *al-Khitat al-jadida li-Misr al-qahira wa-muduniha wa-biladiha al-qadima wa-l-shahira*, 1: 238）。[1543 疑为 1534 之误。——中译者注]

89 Ali Mubarak, *Alam al-Din*, pp. 453-4.

90 Muhammad Umar, *Hadir al-misriyyin aw sirr ta'akhkhurihim* (Cairo: Matba'at al-Muqtataf, 1902). 该书标题的英译在阿拉伯语标题页给出。

91 Ibid., p. 230.

92 Ibid., pp. 267-9.

93 Ibid., pp. 235, 114-15.

94 Abd al-Hamid al-Zahrawi, *al-Jarida*, 2nd July 1907；关于扎赫拉维的传记，见 Umar Rida Kahhala, *Mu'jam al-mu'allifin: tarajim musannifi al-kutub al-arabiyya*, 15 vols. (Damascus: Matba'at al-Taraqqi, 1957-61), 5: 104, 和 George Antonius, *The Arab Awakening: the Story of the Arab National Movement* (Philadelphia: Lippincott, 1939), pp. 117, 189。为何该时期阿拉伯世界奥斯曼统治区域的城市地主会从奥斯曼主义转向阿拉伯民族主义，相关研究见 Philip S. Khoury, *Urban Notables and Arab Nationalism: the Politics of Damascus, 1860-1920* (Cambridge: Cambridge University Press, 1983)。[奥斯曼主义（Ottomanism）是 19 世纪后半叶出现的一种民族主义思潮，主张奥斯曼帝国境内各种族群体均是享有同等权利的"奥斯曼人"（Ottomans）。——中译者注]

95 Umar, *Hadir al-misriyyin*, pp. 117-24.

96 Ibid., pp. 43-4.

97 Ibid., pp. 166-7.

98 试比较 Benedict Anderson, *Imagined Communities: Reflections on the Origins and Spread of Nationalism* (London: Verso, 1983)，其对本书在这里讨论的民族主义话题进行了批判性探索。

99 关于包括"政治教育"这一中心主题在内的埃及民族主义的知识塑造（intellectual formation），见 Albert Hourani, *Arabic Thought in the Liberal Age, 1798-1939*, pp. 103-221。

100 Tahtawi, *Manahij al-albab*, p. 6.

101 Tahtawi, *al-A'mal al-kamila*, 1:516.

102 Ibid., 1:519.

103 al-Muwailihi, *Hadith Isa ibn Hisham*, p. 29.

104 Ibid., p. 30.

105 Durkheim, *The Rules of Sociological Method*, p. 5.

106 关于自由主义的这种批评，见 Uday Mehta, "The anxiety of freedom: John Locke and the emergence of political subjectivity" (Ph. D. dissertation, Princeton University, 1984)。

107 Emile Durkheim, *Education and Sociology*, trans. S. D. Fox, Talcott Parsons 导读 (Glencoe: The Free Press, 1956), p. 123。

108 引自 Steven Lukes, *Emile Durkheim, His Life and Work: A Historical and Critical Study* (Harmondsworth: Penguin Books, 1973), pp. 112, 117, 123。

109 *al-Mu'ayyad*, 18th December 1910，专栏"今日时代"("Yawmiyyat al-ahad")的一位匿名作者所作。Ahmad Fathi Zaghlul, *Ruh al-ijtima'* (Cairo: Matna'at al-Sha'b, 1909)，是 Gustave Le Bon, *Psychologie des foules* (Paris: Felix Alcan, 1895) 一书的阿拉伯语译本；英译本为 *The Crowd: A Study of the Popular Mind* (New York, Macmillan, 1896)。

110 关于丁沙瓦依事件，见 Afaf Lutfi al-Sayyid, *Egypt and Cromer: A Study in Anglo-Egyptian Relations* (London: John Murray, 1968), pp. 169-73。

111 Ahmad Lutfi al-Sayyid, *al-Jarida*, 13th April 1913, reprinted in his *Ta'ammulat fi al-falsafa wa-al-adab wa-al-siyasa wa-al-siyasa wa-al-ijtima'*, 2nd ed. (Cairo: Dar al-Ma'arif, 1965), pp. 84-5. 根据鲁特菲·赛义德的观点，法特海·扎格鲁勒对勒庞、德莫林、边沁、斯宾塞和卢梭等人著作的翻译，"是埃及在政治方面知识复兴的开端" (Afaf Lutfi al-Sayyid, *Egypt and Cromer*, p. 152)。

112 Ahmad Fathi Zaghlul, *Sirr tatawwur al-umam* (Cairo: Matba'at al-Ma'arif, 1913)，是 Le Bon's *Les lois psychologiques de l'evolution des peuples*, 12th ed. (Paris: Alcan, 1916) 一书的阿拉伯语译本，英译本为 *The Psychology of Peoples* (New York: Macmillan, 1898); Taha Husayn, *Ruh al-tarbiya* (Cairo: Dar al-Hilal, 1922)，是 Le Bon's *Psychologie de l'education* (Paris: Flammarion, 1904) 一书的阿拉伯语译本；nouvelle edition, 1912，"新版本增加了数章关于美国的教育方式与殖民地本地人所受教育的内容"；艾哈迈德·法特海·扎格鲁勒还翻译了勒庞的《当代箴言》(*Aphorisms du temps présent*, Paris: Flammarion, 1913)，该书在扎格鲁勒去世后以《话语集》(*Jawami' al-kalim*, Cairo:

al-Matbaʻa al-Rahmaniyya, 1922）为名出版。试比较 Carl Brockelmann, *Geschichte der arabischen Literatur*, supplement 3: 287, 326。

113 Gustave Le Bon, *La civilization des Arabes* (Paris: Firmin-Didot, 1884)，译本以连载形式在《益世报》(*al-Mufîd*) 刊登 [见 Rashid Khalidi, "Abd al-Ghani al-Uraisi and *al-Mufîd*; the press and Arab nationalism before 1914", in Martin R. Buheiry, ed., *Intellectual Life in the Arab East, 1890-1939* (Beirut: American University of Beirut Press, 1981), p. 41]；和 *Les premières civilisations* (Paris: Marpon et Flammarion, 1889), trans. Muhammad Sadiq Rustum, *al-Hadara al-misriyya* (Cairo: al-Matbaʻat al-Asriyya, n. d.)。

114 Gordon Allport, *The Handbook of Social Psychology*, ed. Gardner Lindzey and Elliot Aronson, 2nd ed. (Reading, Mass: Addison-Wesley, 1968), 1: 41；关于弗洛伊德对"勒庞名副其实的名著"的运用，见 *Group Psychology and the Analysis of the Ego* (New York: Norton, 1959), ch. 2；另见 George Rudé, *The Crowd in History* (New York: Wiley, 1964) 和 Georges Lefebvre, *La Grande peur de 1789* (Paris: Colin, 1932)。关于勒庞著作的整体情况，见 Susanna Barrows, *Distorting Mirrors: Visions of the Crowd in Late Nineteenth-Century France* (New Haven: Yale University Press, 1981)。

115 Barrows, *Distorting Mirrors*. 另见 Alice Widener, *Gustave Le Bon: The Man and His Works* (Indianapolis: Liberty Press, 1979), pp. 23, 40。

116 Emile Durkheim, *The Division of Labour in Society*, trans. W. D. Halls, Contemporary Social Theory series (London: Macmillan, 1984), pp. 18, 19, 89.

117 Barrows, *Distorting Mirrors*, p. 164.

118 Le Bon, *The Psychology of Peoples*, pp. 4-5, 13.

119 关于勒庞对涂尔干的影响，见 Mary Douglas, *Purity and Danger: An Analysis of the Concepts of Pollution and Taboo* (New York: Praeger, 1966), p. 20。

120 Le Bon, *The Psychology of Peoples*, pp. xix, 6, 37.

121 Ibid., pp. 199-200, 231.

122 Ibid., pp. 211-12.

123 该书的翻译在《益世报》(*al-Mufîd*) 连载，该报是这一时期整个阿拉伯世界东部地区最有影响力的日报之一，见 Khalidi, "Abd al-Ghani al-Uraisi", p. 41。

124 勒庞当时出门了，于是阿卜杜留下了他的名片，之后双方进行了简短但友好的通信（Anouar Louca, *Voyageurs et écrivains égyptiens en France au XIXe siècle*,

p. 142）。关于法国社会科学对阿卜杜的影响，以及阿卜杜接下来对阿拉伯政治思想的影响，见 Albert Hourani, *Arabic Thought in the Liberal Age, 1789-1939*, 尤见 pp. 139-40。

125 试比较 Barrows, *Distorting Mirrors*, p. 72。

126 Le Bon, *The Crowd*, p. 36; Freud, *Group Psychology*, ch.2.

127 Durkheim, *Rules*, pp. 8, 30.

第五章　真理的机制

1　Baron de Kusel, *An Englishman's Recollections of Egypt, 1863 to 1887* (London: John Lane, The Bodley Head, 1915), p. 199.

2　The Earl of Cromer, *Modern Egypt*, 1: 296-8.

3　Col. J. F. Maurice, *Military History of the Campaign of 1882 in Egypt*, 陆军部情报部门撰写 (London: HMSO, 1887), p. 96。

4　Maurice, *Military History*, p. 105.

5　Ibid., p. 6.

6　Husayn al-Marsafi, *Risalat al-kalim al-thaman* (1881). 八个阿拉伯语单词为民族（*umma*）、祖国（*watan*）、政府（*hukuma*）、公正（*adl*）、压迫（*zulm*）、政治（*siyasa*）、自由（*hurriyya*）和教育（*tarbiya*），在关于阿拉比革命的主要著作中只有一处简略提及该书：Alexander Schölch, *Agypten der Agyptern! Die politische und gesellschaftliche Krise der Jahre 1878-82 in Agypten* (Freiburg: Atlantis, 1972), p. 361；该处引证在英文版中被删去。关于马尔萨菲及其与民族主义者的关系，见 Muhammad Abd al-Jawad, *Al-Shaykh al-Husayn ibn Ahmad al-Marsafi: al-ustadh al-awwal li-l-ulum al-adabiyya bi-Dar al-Ulum* (Cairo: al-Ma'arif, 1952), pp, 40-2，和 Ahmad Zakariya al-Shilq, *Ru'ya fi tahdith al-fikr al-misri: al-shaykh Husayn al-Marsafi wa-kitabuhu "Risalat al-kalim al-thaman"* (Cairo: al-Hay'a al-Misriyya al-Amma li-l-kutuu, 1984), p. 25。

7　"Arabi's account of his life and of the events of 1881-82", 见 Wilfred Scawen Blunt, *Secret History of the English Occupation of Egypt, Being a personal narrative of events*, 2nd ed. (London: T. Fisher Unwin, 1907), appendix 1, p. 482; "Programme of the National Party", 见 Blunt, *Secret History*, appendix 5, p. 558。

8　Alexander Schölch, *Egypt for the Egyptians: The Socio-Political Crisis in Egypt 1878-*

82, pp. 181-2.

9   Abd al-Rahman al-Jabarti, *Ta'rikh muddat al-faransis bi-Misr*, pp. 7-17.

10 Abu al-Futuh Radwan, *Ta'rikh Matba'at Bulaq* (Cairo: al-Matba'a al-Amiriyya, 1953), pp. 446-79.

11 Radwan, *Ta'rikh*, pp. 56-74.

12 Marsafi, *al-Kalim al-thaman*, pp. 31-2.

13 Tahtawi, *Manahij al-albab al-misriyya, fi mabahij al-adab al-asriyya*, p. 231. 关于相同主题在奥斯曼政治书写中的情况，见 Şerif Mardin, *The Genesis of Young Ottoman Thought* (Princeton: Princeton University Press, 1962), pp. 95-102。

14 Abd al-Rahman Ibn Khaldun, *Muqaddimat Ibn Khaldun*, ed. E. Quatremère, 1: 65；试比较 *The Muqaddimah: An Introduction to History*, trans. Franz Rosenthal, 1: 81-2。

15 Ibn Khaldun, *Kitab al-ibar wa-diwan al-mubtada' wa-l-khabar* etc., ed. Nasr al-Hurini, 7 vols. (Bulaq, 1867). 该书第一卷（"The Muqaddima"）和第六、七卷（有关北非历史）在稍早时候就以印刷形式出版，由法国学者于19世纪50年代印行。第一卷被弗兰茨·罗森塔尔翻译为英文三卷本，*The Muqqadimah: An Introduction to History*。

16 Ahmad Taymur, *Tarajim a'yan al-qarn al-thalith ashar wa-awa'il al-rabi' ashar* (Cairo: Matba'at Abd al-Hamid Ahmad Hanafi, 1940), p. 148; Anouar Abdel-Malek, *Idéology et renaissance nationale: l'Egypte moderne*, p. 388.

17 Ibn Khaldun, *Muqaddimat Ibn Khaldun*, ed. E. Quatremère, p. 65.

18 他的学生编写了有关阿拉伯语文学和语法的教材，这些教材将在官办学校中被超过一代人使用，他的课程讲座被编辑为两部多卷本著作：*al-Wasila al-adabiyya ila al-ulum al-arabiyya,* 2 vols. (Cairo: vol. 1, Matba'at al-Madaris al-Malikiyya, 1872-75; vol. 2, Matba'at Wadi al-Nil, 1875-79)，和 "Dalil al-mustarshid fi fann al-insha" (Cairo, 1890)，后者的手稿在马尔萨菲生前即已完成，但并未出版。他对作家阿卜杜拉·菲克里（Abudullah Fikri，其日后成为埃及教育部长与出席斯德哥尔摩国际东方学家会议的代表）以及埃及一些主要诗人产生了重要影响，这些诗人包括巴鲁迪（al-Barudi），艾哈迈德·邵基（Ahmad Shawqi）和哈菲兹·易卜拉欣（Hafiz Ibrahim）。Abd al-Jawad, *Marsafi*, pp. 82-91, 117-19; Carl Brockelmann, *Geschichte der arabischen Literatur* (Leiden, 1943-49), supplement 2: 727.

19 见 Charles Pellat, "Variations sur le thème de l'adab", *Etudes sur l'histoire socio-culturelle de l'Islam* (London: Variorum Reprints, 1976)。

20 Marsafi, *al-Kalim al-thaman*, p. 140.

21 Ibid., p. 3.

22 Ibid., pp. 85-6, 131, 对法语作家的引证。

23 Ibid., pp. 75-9.

24 Ibid., pp. 16, 112, 116, 126, 140.

25 Ibid., pp. 112-13, 142, 122-3.

26 Ibid., pp. 125-8.

27 Salim Khalil al-Naqqash, *Misr li-l-misriyyin*, 9 vols. (卷一至卷三从未出版, Alexanderia: Matba'at Jaridat al-Mahrusa, 1884), 7: 444-5。

28 *Encyclopaedia of Islam*, new edtion, 5 vols., 由众多顶尖东方学家撰写 (Leiden: E. J. Brill, London: Luzac and Co., 1960-), 3: 514。

29 Michel Foucault, *The Order of Things: An Archaeology of the Human Sciences*, pp. 217-343.

30 Friedrich Max Müller, *Lectures on the Science of Language* (London: Longman, 1861), pp. 25-6.

31 Ernest Renan, "De l'origine du langage" (1848), *Oeuvres complètes*, 8: 11.

32 William Dwight Whitney, *Oriental and Linguistic Studies*, 2 vols. (New York: Scribner, Armstrong and Co., 1873), 2: 347.

33 International Congress of Orientalists, *Transactions of the Ninth Congress, London, 5-12 September 1892*, ed. E. Delmar Morgan, 1: 9.

34 Renan, *Oeuvres complètes*, 8: 37-8.

35 Michel Bréal, *Essai de sémantique; Science des significations* (Paris: Hachette, 1899; 1st ed. 1897), p. 279；试比较 Hans Aarsleff, "Bréal vs. Schleicher: Reorientations in linguistics in the latter half of the nineteenth century", *From Locke to Saussure: Eaasys on the Study of Language and Intellectual History* (Minneapolis: Universtiy of Minnesota Press, 1982), p. 296。

36 Michel Bréal, "Les idées latentes du langage" (1868), *Mélanges de mythologie et de linguistique* (Paris: Hachette, 1877), p. 321；试比较 Aarsleff, "Bréal vs. Schleicher", pp. 306-7。

37 Michel Bréal, "De la forme et fonction des mots", *Mélanges*, p. 249, 引自 Aarsleff,

"Bréal vs. Schleicher", p. 297。

38 试比较 Aarsleff, "Bréal vs. Schleicher"。

39 Michel Bréal, "La langage et les nationalités", *Revue des deux mondes* 108 (1st December 1891): 619, 引自 Aarsleff, "Bréal vs. Schleicher", p. 384。

40 Bréal, "Les idées latente", *Mélanges*, p. 322.

41 Gilbert Delanoue, *Moralistes et politiques musulmans dans l'Egypte du XIXe siècle (1798-1882)*, 2: 371.

42 Marsafi, *al-Kalim al-thaman*, p. 4. 后续讨论见 Monçef Chelli, *La parole arabe: une théorie de la relativité des cultures*, pp. 46-67。

43 Geoffrey Hartman, *Saving the Text: Literature/Derrida/Philosophy* (Baltimore: John Hopkins University Press, 1981), p. xxi.

44 Ferdinand de Saussure, *Course in General Linguistics*, trans. Wade Baskin (New York: Philosophical Library, 1959), pp. 66-7.

45 Jacques Derrida, *Of Grammatology*, trans. Gayatri Chakravorty Spivak (Baltimore: John Hopkins University Press, 1974).

46 Jacques Derrida, *Speech and Phenomena, and other essays of Husserl's Theory of Signs*; Terry Eagleton, *Literary Theory* (Oxford: Basil Blackwell, 1983), pp. 127-8.

47 Derrida, *Speech and Phenomena*, p. 50；和 "Difference", *Margins of Philosophy*, pp. 1-27。

48 Derrida, *Speech and Phenomena*, p. 52.

49 Chelli, *La parole arabe*, pp. 35-45.

50 试比较 Jacques Derrida, "Signature event context", *Margins of Philosophy*, pp. 307-30。

51 试比较 Ibn Khaldun, *Muqaddimah*, trans. Rosenthal, 2: 356。

52 Ibn Khaldun, *Muqaddimat Ibn Khaldun*, ed. E. Quatremère, 3: 242 line 5, 243 lines 3-4.

53 试比较 Ibn Khaldun, *Muqaddimah*, trans. Rosenthal, 3: 55-75。

54 Ibid., 3: 316.

55 Ibid., 3: 316.

56 Ibid., 3: 292.

57 试比较 Richard W. Bulliet, *The Patricians of Nishapur: A Study in Medieval Islamic Social History* (Cambridge: Cambridge University Press, 1972), pp. 49, 57。

58 Muhsin Mahdi, *Ibn Khaldun's Philosophy of History* (Chicago: University of

Chicago Press, 1957; Phoenix ed., 1964).
59 Schölch, *Egypt for the Egyptians*, pp. 181, 348.
60 The Earl of Cromer, in Great Britain, Foreign Office, *Further Correspondence Respecting the Affairs of Egypt*, no. 35, October-December 1890 (London: Foreign Office, 1891), p. 22.
61 Tahtawi, *al-A'mal al-kamila*, 1: 247；另见 1: 520。
62 Marsafi, *al-Kalim al-thaman*, pp. 11, 93, 142.
63 Rashid Rida, *Ta'rikh al-ustadh al-imam Muhammad Abduh*, 1: 30-1.
64 Homa Pakdaman, *Djamal ed-Din Assad Abadi dit Afghani* (Paris: Maisonneuve et Larose, 1969), pp. 46-7, 49.
65 Marsafi, *al-Kalim al-thaman*, p. 93.
66 例如 al-Afghani，转引自 Pakdaman, *Djamal ed-Din*, p. 47。
67 例如 Tahtawi, *al-A'mal al-kamila*, 1: 247。
68 Marsafi, *al-Kalim al-thaman*, p. 93.
69 Muhammad Majdi, *Thamaniyata ashar yawman bi-sa'id Misr, sanat 1310* (Cairo: Matba'at al-Mawsu'at, 1319h), p. 42.
70 Ibid., p. 50.
71 Cromer, *Modern Egypt*, 2: 257, 260.
72 Ibid., 2: 131.
73 Ibid., 2: 321，粗体强调部分为本书作者所加。

第六章 事物的哲学

1 André Maurois, *Lyautey*, pp. 319-20.
2 Janet L. Abu-Lughod, *Rabat: Urban Apartheid in Morocco* (Princeton: Princeton University Press, 1980), p. 152.
3 Steven T. Rosenthal, "Municipal reform in Istanbul 1850-70: the impact of tanzimat on Ottoman affairs" (PH.D. dissertation, Yale University, 1974), pp. 52-66.
4 Muhammad Farid Wajdi, *al-Islam wa-l-madaniyya, aw, tatbiq al-diyana al-islamiyya ala nawamis al-madaniyya* (Cairo: 2nd ed., n.p., 1904; 1st ed., al-Matba'a al-Uthmaniyya, 1898), p. 4.

5 Maurois, *Lyautey*, pp. 252-3.

6 Ibid., 316.

7 Henri Pieron, "Le Caire: Son esthétique dans la ville arabe et dans la ville moderne", *L'Egypte Contemporaine 5* (January 1911): 512.

8 对这一主题的讨论见 Michael Gilsenan, *Recognizing Islam: Religion and Society in the Modern Arab World*, pp. 192-214，以及 Abu-Lughod, *Rabat*, pp. 131-95。

9 根据珍尼特·阿布－卢阿德（Janet Abu-Lughad）的研究，在20世纪的最初十年，开罗人口的增加只有约30%可归于人口自然增长。在剩余的增加人口中，超过三分之一是由于乡村人口的国内移民，几乎三分之二是由于欧洲人的涌入（*Cairo: 1001 Years of the City Victorious*, pp. 111-15）；试比较 Justin McCarthy, "Nineteenth-century Egyptian population", *Middle East Journal* 12 (1976): 31。

10 转引自 Bent Hansen, "Prices, wages, and land rents: Egypt 1895-1913", *Working Papers in Economics*, no. 131, Department of Economics, University of California, Berkeley, October 1979, pp. 34-5。

11 Frantz Fanon, *The Wretched of the Earth*, trans. Constance Farrington (Harmondsworth: Penguin Books, 1979) pp. 29-30.

12 见 Edward W. Said, *Orientalism*。

13 International Congress of Orientalists, *Transactions of the Ninth Congress, London, 5-12 September 1892*, ed. E. Delmar Morgan, 1: 8.

14 Ibid., 2: 805.

15 *Muqtataf* 17 (1893): 88, 引自 Nadia Farag, "al-Muqtataf 1876-1900: a study of the influence of Victorian thought on modern Arabic thought", p. 243。

16 International Congress of Orientalists, *Transactions of the Ninth Congress*, 1: 35.

17 Ibid., 1: 36-7.

18 如同在本书第五章中一样，这些讨论也受到了雅克·德里达著作的启发。

19 *al-Muqtataf* 12 (1888): 316, 引自 Farag, "al-Muqtataf", p. 243。

20 *al-Muqtataf* 17 (1893): 88；试比较 Sadik Jalal al-'Azm, "Orientalism and Orientalism in reverse", *Khamsin 8* (London: Ithaca Press, 1981), pp. 5-26。

21 Jurji Zaydan, *Ta'rikh Misr al-hadith* (Cairo: Matba'at al-Muqtataf, 1889)；和 *Ta'rikh al-amm* (Cairo: Matba'at al-Muqtataf, 1890)，后者只有第一卷获得出版，其内容是亚洲和非洲的古代及现代历史（但其中除两页外涉及的都是埃及

历史）。

22 Jurji Zaydan, *Ta'rikh al-tamaddun al-islami*, 5 vols. (Cairo: Dar al-Hilal, 1901-06; reprint ed., 1958), 1: 12, 13-14. 另见 Lewis Ware, "Jurji Zaydan: the role of popular history in the formation of a new Arab world view" (Ph. D. dissertation, Princeton University, 1973), pp. 181-92, 197-204。

23 *al-Hilal* 6: 109, 15: 18, 引自 Ware, "Jurji Zaydan", pp. 109, 159。

24 相关批评文章由拉希德·里达汇集出版，*Intiqad kitab ta'rikh al-tamaddun al-islami* (Cairo: Matba'at al-Manar, 1912)。

25 例如德·乔治（De Geoje）对其著作的评论，*Journal asiatique* 10: 3 (1904)。宰丹的老相识和朋友包括东方学家诺德克（Noldecke）、韦尔豪森（Wellhausen）、高德兹赫（Goldziher）、赖特（Wright）、麦克唐纳（Macdonald）、玛戈利奥茨（Margoliouth）。见 Zaydan, *Ta'rikh al-tamuddun*, 1: 9，和 D. S. Margoliouth, trans., *Umayyads and 'Abbasids*，是宰丹伊斯兰文明史的第四部分 (Leiden: E. J. Brill, 1907), p. xiv.［德·乔治指米歇尔·让·德·乔治（1836—1909），荷兰东方学家。——中译者注］

26 其时欧洲唯一有关伊斯兰的严肃通史著作是奥古斯特·穆勒（August Muller）的《东西方的伊斯兰教》(*Der Islam in Morgen- und Abendland*, Berlin: Grote, 1885-87)；阿尔弗雷德·冯·克莱默（Alfred von Kremer）的《哈里发统治下东方的历史》(*Culturgeschichte des Orients unter den Chalifen*, Vienna: W. Braumüller, 1875-77) 被宰丹作为资料来源之一，但该书并没有英文译本。有关伊斯兰史的英文严肃著作仅仅涉及穆罕默德及四大正统哈里发的生平：D. S. Margoliouth, *Muhammad and the Rise of Islam* (1905)；和 Sir William Muir, *Life of Muhammad* (1861), 以及 *Annals of the Early Caliphate* (London: Smith, Elder and Co., 1883)。

27 *Ta'rikh adab al-lugha al-arabiyya*. 见 Muhammad Abd al-Jawad, *Al-Shaykh al-Husayn ibn Ahmad al-Marsafi: al-ustadh al-awwal li-l-ulum al-adabiyya bi-Dar al-Ulum* (Cairo: Dar al-Ma'arif, 1952), p. 81。

28 Jurji Zaydan, *Ta'rikh adab al-lugha al-arabiyya*, 1: 8.

29 Thomas Philipp, *Gurgi Zaydan: His Life and Work* (Beirut: Orient-Institut der Deutshe Morgenländ Gesellschaft, 1979), p. 44.

30 伯纳德·科恩（Bernard Cohen）讨论了殖民时期印度一种相类似的渗透进程，并通过类似方式将其与更为宏大的展示殖民权威的过程关联起来：

"Representing authority in Victorian India", in Eric Hobsbawm and Terence Ranger, eds., *The Invention of Tradition* (Cambridge: Cambridge University Press, 1983), pp. 165-209。[伯纳德·科恩（1914—2003），美国科学史家。——中译者注]

31 关于精神病院，见 Marilyn Mayers, "A century of psychiatry: the Egyptian mental hospital" (Ph. D. dissertation, Princeton University, 1982)。

32 The Earl of Cromer, *Modern Egypt*, 2: 556-7. "教师遍布各处"是边沁主义改革家布鲁厄姆勋爵的名言，对于他"传播有益知识"的计划，我已在前面各章加以提及。

33 Cromer, *Modern Egypt*, 2: 280.

34 Michael Foucault, "Two lectures", *Power/Knowledge: Selected Interviews and Other Writings 1972-77*, pp. 104-5.

35 Maurois, *Lyautey*, p. 320.

36 关于接下来的讨论，见 Richard Rorty, *Philosophy and the Mirror of Nature*。

37 试比较 Ibn Khaldun, *Muqaddimat Ibn Khaldun*, ed. E. Quatremère。

38 "Discours on the method"，见 Descartes, *Philosophical Writings*, trans. and ed. Elizabeth Anscombe and Peter Thomas Geach, rev. ed. (London: Thomas Nelson, 1970), pp. 15-16。

主要参考文献

(据原书影印)

`Abd al-Karīm, Ahmad `Izzat, *Ta'rīkh al-ta`līm fī `asr Muhammad `Alī*. Cairo: Matba`at al-Nahda al-Misriyya, 1938.

Ta'rīkh al-ta`līm fī Misr min nihāyat hukm Muhammad `Alī ilā awā'il hukm Tawfīq, 1848–1882. Cairo: Matba`at al-Nasr, 1945.

Abdel-Malek, Anouar, *Idéologie et renaissance nationale: l'Egypte moderne*. Paris: Anthropos, 1969.

`Abduh, Ibrāhīm, *Tatawwur al-sahāfa al-misriyya, 1798–1951*. Cairo: Maktabat al-Adāb, n.d.

Abu-Lughod, Ibrahim, *Arab Rediscovery of Europe*. Princeton: Princeton University Press, 1963.

Abu-Lughod, Janet, *Cairo: 1001 Years of the City Victorious*. Princeton: Princeton University Press, 1971.

Abu-Lughod, Lila, *Veiled Sentiments: Honor and Poetry in a Bedouin Society*. Berkeley: University of California Press, 1986.

Ahmed, Leila, *Edward W. Lane: A Study of His Life and Work, and of British Ideas of the Middle East in the Nineteenth Century*. London: Longmans, 1978.

Alloula, Malek, *The Colonial Harem*, trans. Myrna Godzich and Wlad Godzich, with an Introduction by Barbara Harlow, Theory and History of Literature, vol. 21. Minneapolis: University of Minnesota Press, 1986.

Arminjon, Pierre, *L'Enseignement, la doctrine et la vie dans les universités musulmanes d'Egypte*. Paris: Felix Alcan, 1907.

D'Arnaud, 'Reconstruction des villages de l'Egypte', *Bulletin de la Société de Géographie*, series 3, no. 52/53 (April/May 1848): 278–81.

Baer, Gabriel, *Studies in the Social History of Modern Egypt*. Chicago: University of Chicago Press, 1969.

Baudrillard, Jean, *The Mirror of Production*, trans. Mark Poster. St. Louis: Telos Press, 1975.

Bendiner, Kenneth P., 'The portrayal of the Middle East in British painting, 1825–1860'. Ph.D. dissertation, Columbia University, 1979.

Benjamin, Walter, 'Paris, capital of the nineteenth century', in *Reflections: Essays,*

Aphorisms, Autobiographical Writings, ed. Peter Demetz. New York: Harcourt, Brace, Jovanovich, 1978.

Bentham, Jeremy, 'Panopticon', in *The Complete Works of Jeremy Bentham*, ed. John Bowring, 11 vols. Edinburgh and London: Tait, 1838–42.

Berardi, Roberto, 'Espace et ville en pays d'Islam', in D. Chevallier, ed., *L'Espace sociale de la ville arabe*. Paris: Maisonneuve et Larose, 1979.

Berque, Jacques, *Egypt: Imperialism and Revolution*, trans. Jean Stewart. London: Faber and Faber, 1972.

Bowring, John, 'Report on Egypt and Candia', in Great Britain, House of Commons, *Sessional Papers*, 1840, vol. xxi, pp. 1–227.

Bourdieu, Pierre, 'The Kabyle house or the world reversed', in *Algeria 1960*. Cambridge: Cambridge University Press, 1979, pp. 133–53.

Outline of a Theory of Practice. Cambridge: Cambridge University Press, 1977.

Bréal, Michel, *Essai de sémantique; science des significations*. Paris: Hachette, 1897; 2nd ed., 1899.

'Les idées latentes du langage' (1868), in *Mélanges de mythologie et de linguistique*. Paris: Hachette, 1877, pp. 295–322.

Brockelmann, Carl, *Geschichte der arabischen Litteratur*, 2 vols., den Supplementbänden angepasste Auflage. Leiden: E. J. Brill, 1937–49.

Carré, J. M., *Voyageurs et écrivains français en Egypte*, 2nd ed. Cairo: Institut Français d'Archéologie Orientale, 1956.

Chelli, Monçef, *La parole arabe: une théorie de la relativité des cultures*. Paris: Sindbad, 1980.

Crecelius, Daniel, *The Roots of Modern Egypt: A Study of the Regimes of `Ali Bey al-Kabir and Muhammad Bey Abu al-Dhahab, 1760–1775*. Minneapolis and Chicago: Bibliotheca Islamica, 1981.

Cromer, The Earl of, *Modern Egypt*, 2 vols. New York: Macmillan, 1908.

Delanoue, Gilbert, *Moralistes et politiques musulmans dans l'Egypte du XIXe siècle (1798–1882)*, 2 vols. Paris: Institut Français d'Archéologie Orientale, 1982.

Derrida, Jacques, 'The double session', *Dissemination*, trans. Barbara Johnson. Chicago: University of Chicago Press, 1981, pp. 173–285.

Margins of Philosophy, trans. Alan Bass. Chicago: University of Chicago Press, 1982.

Speech and Phenomena, and other Essays on Husserl's Theory of Signs, trans. David B. Allison, Northwestern Studies in Phenomenology and Existential Philosophy. Evanston: Northwestern University Press, 1973.

Dor, V. Edouard, *L'Instruction publique en Egypte*. Paris: A. Lacroix, Verboeckhoven et cie, 1872.

Douin, Georges, *Histoire du regne du Khedive Ismail*, 2 vols. Rome: Royal Egyptian Geographical Society, 1934.

Durkheim, Emile, *The Rules of Sociological Method*, 8th ed., trans. Sarah A. Solovay and John H. Mueller, ed. George E. G. Catlin. New York: The Free Press, 1938.

Eagleton, Terry, *Literary Theory*. Oxford: Basil Blackwell, 1983.

Farag, Nadia, 'al-Muqtataf 1876–1900: a study of the influence of Victorian thought on modern Arabic thought'. Ph.D. thesis, Oxford University, 1969.

Fikrī, Muhammad Amīn, *Irshād al-alibbā' ilā mahāsin Urūbbā*. Cairo: Matba'at al-Muqtataf, 1892.
Flaubert, Gustave, *Flaubert in Egypt: A Sensibility on Tour*, trans. and ed. Francis Steegmuller. London: Michael Haag, 1983.
Foucault, Michel, *Discipline and Punish: The Birth of the Prison*, trans. Alan Sheridan. New York: Pantheon, 1977.
The Order of Things: An Archaeology of the Human Sciences. New York: Random House, 1970.
'Two lectures', in *Power/Knowledge: Selected Interviews and Other Writings 1972–1977*, ed. Colin Gordon. New York: Random House, 1981, pp. 78–108.
Gautier, Théophile, *Oeuvres complètes*, 26 vols. Vol. 20, *L'Orient*. Paris: Charpentier, 1880–1903.
Gérard de Nerval, *Oeuvres*, ed. Albert Béguin and Jean Richer, 2 vols. Vol. 1: *Voyage en Orient* (1851), ed. Michel Jeanneret. Paris: Gallimard, 1952.
Gilsenan, Michael, *Recognizing Islam: Religion and Society in the Modern Arab World*. New York: Pantheon, 1982.
Gran, Peter, *Islamic Roots of Capitalism, 1769–1840*. Austin: University of Texas Press, 1979.
Heidegger, Martin, 'The age of the world picture', in *The Question Concerning Technology and Other Essays*, trans. William Lovitt. New York: Harper and Row, 1977, pp. 115–54.
Heyworth-Dunne, James, *An Introduction to the History of Education in Modern Egypt*. London: Luzac and Co., 1939.
Hourani, Albert, *Arabic Thought in the Liberal Age, 1798–1939*, 3rd ed. Cambridge: Cambridge University Press, 1983.
'Ottoman reform and the politics of notables', in *Beginnings of Modernization in the Middle East: the Nineteenth Century*, ed. William R. Polk and Richard L. Chambers. Chicago: University of Chicago Press, 1968, pp. 41–68.
and S. M. Stern, eds., *The Islamic City*. Oxford: Bruno Cassirer, and Philadelphia: University of Pennsylvania Press, 1970.
Hunter, F. Robert, *Egypt Under the Khedives, 1805–1874: From Household Government to Modern Bureaucracy*, Pittsburgh: University of Pittsburgh Press, 1984.
Ibn Khaldūn, 'Abd al-Rahmān, *Muqaddimat Ibn Khaldūn*, ed. E. M. Quatremère, 3 vols. Paris: Institut Impérial de France, 1858; reprint ed., Beirut: Maktabat Lubnān, 1970. English trans., *The Muqaddimah: An Introduction to History*, trans. Franz Rosenthal, 2nd ed., 3 vols. Princeton: Princeton University Press, 1967.
Ilyās, Idwār Bey, *Mashāhid Urūbā wa-Amīrkā*. Cairo: Matba'at al-Muqtataf, 1900.
International Congress of Orientalists, *Transactions of the Ninth Congress, London, 5–12 September 1892*, ed. E. Delmar Morgan, 2 vols. London, International Congress of Orientalists, 1893.
Ismā'īl, 'Abd al-Rahmān, *Tibb al-rukka*, 2 vols. Cairo, 1892–94. Partial translation, John Walker, *Folk Medicine in Modern Egypt, Being the Relevant Parts of the Tibb al-Rukka or Old Wives' Medicine of 'Abd al-Rahmān Ismā'īl*. London: Luzac and Co., 1934.
Issawi, Charles, *An Economic History of the Middle East and North Africa*. New York:

Columbia University Press, 1982.

Jabartī, `Abd al-Rahmān al-, *Ta'rīkh muddat al-faransīs bi-Misr*, ed. S. Moreh and published with a translation as *Al-Jabarti's Chronicle of the First Seven Months of the French Occupation of Egypt, Muharram-Rajab 1213 (15th June–December 1798)*. Leiden: E. J. Brill, 1975.

Jawīsh, `Abd al-`Azīz, *Ghunyat al-mu'addibīn fī turuq al-hadīth li-l-tarbiya wa-l-ta`līm*. Cairo: Matba`at al-Sha`b, 1903.

Kaestle, Carl F., ed., *Joseph Lancaster and the Monitorial School Movement: A Documentary History*. New York: Columbia University Teachers College Press, 1973.

Lamarre, Clovis, and Charles Fliniaux, *L'Egypte, la Tunisie, le Maroc et l'exposition de 1878*, in the series, *Les pays étrangers et l'exposition de 1878*, 20 vols. Paris: Libraire Ch. Delagrave, 1878.

Lane, Edward, *An Account of the Manners and Customs of the Modern Egyptians*. London: Charles Knight, 1835; Everyman Edition, London: J. M. Dent, 1908.

Le Bon, Gustave, *Les premières civilisations*. Paris: Marpon et Flammarion, 1889. Arabic trans. of the third part, Muhammad Sādiq Rustum, *al-Hadāra al-misriyya*. Cairo: al-Matba`a al-`Asriyya, n.d.

Lois psychologiques de l'évolution des peuples, 12th ed. Paris: Felix Alcan, 1916. English trans., *The Psychology of Peoples*. New York: Macmillan, 1898.

Psychologie des foules. Paris: Felix Alcan, 1895. English trans., *The Crowd: A Study of the Popular Mind*. New York: Macmillan, 1896.

Louca, Anouar, *Voyageurs et écrivains égyptiens en France au XIXe siècle*. Paris: Didier, 1970.

Marsafī, Husayn al-, *Risālat al-kalim al-thamān*. Cairo: Matba`at al-Jumhūr, 1903; 1st ed. 1881.

al-Wasīla al-adabiyya ilā al-`ulūm al-`arabiyya, 2 vols. Vol. 1, Cairo: Matba`at al-Madāris al-Malikiyya, 1872–75; vol. 2, Matba`at Wadī al-Nīl, 1875–79.

Marsot, Afaf Lutfi Al-Sayyid, *Egypt in the Reign of Muhammad Ali*. Cambridge: Cambridge University Press, 1984.

Marx, Karl, *Capital*, trans. Ben Fowkes, 3 vols. Harmondsworth: Penguin, 1976.

Maurois, André, *Lyautey*. Paris: Plon, 1931.

Mubārak, `Alī, *`Alam al-Dīn*, Alexandria: Matba`at Jarīdat al-Mahrūsa, 1882.

al-Khitat al-jadīda li-Misr al-qāhira wa-mudunihā wa-bilādihā al-qadīma wa-l-shahīra, 20 vols. in 4. Bulaq, 1307h (1889/90); 1st ed. 1305h (1887/8).

Mumford, Lewis, *Technics and Civilization*. New York: Harcourt Brace and Co., 1934.

Mustafa Reshīd Celebi Effendi, 'An explanation of the nizam-y-gedid', in William Wilkinson, *An Account of the Principalities of Wallachia and Moldavia Including Various Political Observations Relating to Them*. London: Longman et al., 1820, appendix 5.

Muwailihī, Muhammad al-, *Hadīth `Isā ibn Hishām, aw fatra min al-zaman*, 2nd ed. Cairo: al-Maktaba al-Azhariyya, 1911; 1st ed. 1907.

Owen, Roger, *The Middle East in the World Economy 1800–1914*. London: Methuen, 1981.

Pieron, Henri, 'Le Caire: son ésthetique dans la ville arabe et dans la ville moderne'.

L'Egypte contemporaine 5 (January 1911): 511–28.
Qāsim Amīn, *Les égyptiens.* Cairo: Jules Barbier, 1894.
Radwān, Abū al-Futūh, *Ta'rīkh Matba`at Bulāq.* Cairo: al-Matba`a al-Amīriyya. 1953.
Rāfi`ī, `Abd al-Rahmān al-, *'Asr Ismā`īl*, 2nd ed., 2 vols. Cairo: Maktabat al-Nahda al-Misriyya, 1948.
Raymond, André, *Artisans et commerçants au Caire au XVIIIe siècle*, 2 vols. Damascus: Institut français de Damas, 1973.
Grandes villes arabes à l'époque ottomane. Paris: Sindbad, 1985.
Renan, Ernest, 'De l'origine du langage' (1848), *Oeuvres complètes*, ed. Henriette Psichari, 10 vols. Paris: Calmann-Lévy, 1947– .
Ridā, Rashīd, *Ta'rīkh al-ustādh al-imām Muhammad `Abduh*, 3 vols. Cairo: Matba`at al-Manār, 1324–50h (1906–31).
Rivlin, Helen, *The Agricultural Policy of Muhammad Ali in Egypt.* Cambridge: Harvard University Press, 1961.
Rorty, Richard, *Philosophy and the Mirror of Nature.* Princeton: Princeton University Press, 1979.
Said, Edward, *Orientalism.* New York: Pantheon, 1978.
St John, Bayle, *Village Life in Egypt*, 2 vols. London: Chapman and Hall, 1852; reprint ed., New York: Arno Press, 1973.
Sāmī, Amīn, *al-Ta`līm fī Misr fī sanatay 1914–1915, wa-bayān tafsīlī li-nashr al-ta`līm al-awwalī wa-l-ibtidā'ī bi-anhā' al-diyār al-misriyya.* Cairo: Matba`at al-Ma`ārif, 1916.
Taqwīm al-Nīl, wa-asmā' man tawallaw amr Misr ma`a muddat hukmihim `alayhā wa mulāhazāt ta'rīkhiyya `an ahwāl al-khilāfa al-`āmma wa shu'ūn Misr al-khāssa. Cairo: Matba`at Dār al-Kutub al-Misriyya, 1936.
Sammarco, Angelo, *Histoire de l'Egypte moderne depuis Mohammad Ali jusqu'à l'occupation britannique (1801–1882)*, vol. 3: *Le règne du khédive Ismaïl de 1863 à 1875.* Cairo: Société Royale de Géographie d'Egypte, 1937.
Sanūsī al-Tunisī, Muhammad al-, *al-Istitlā`āt al-bārisiyya fī ma`rad sanat 1889.* Tunis, 1309h.
Sarrūf, Ya`qūb, *Sirr al-najāh.* Beirut, 1880. A translation of Samuel Smiles, *Self-Help, with Illustrations of Conduct and Perseverence*, 72nd impression, with an Introduction by Asa Briggs. London: John Murray, 1958; 1st ed. 1859.
Saussure, Ferdinand de, *Course in General Linguistics*, trans. Wade Baskin. New York: Philosophical Library, 1959.
Schölch, Alexander, *Egypt for the Egyptians: The Socio-Political Crisis in Egypt 1878–1882.* London: Ithaca, 1981. A translation of *Agypten der Agyptern! Die politische und gesellschaftliche Krise der Jahre 1878–1882 in Agypten*, Freiburg: Atlantis, n.d. (1972).
Taha Husayn, *Rūh al-Tarbiya.* Cairo: Dār al-Hilāl, 1922. A translation of Gustave Le Bon, *Psychologie de l'éducation*, 1st ed., 1904; 2nd ed., 'augmenté de plusieurs chapitres sur les méthodes d'éducation en Amérique et sur l'enseignement donné aux indigènes des colonies'. Paris: Flammarion, 1912.
Tahtāwī, Rifā`a Rāfi` al-, *al-A`māl al-kāmila*, 4 vols., vol. 1: *al-Tamaddun wa-l-hadāra wa-l-`umrān*, vol. 2: *al-Siyāsa wa-l-wataniyya wa-l-tarbiya.* Beirut: al-

Mu'assasa al-`Arabiyya li-l-Dirāsāt wa-l-Nashr, 1973.
Mawāqi` al-aflāk fī waqā'i` Tīlīmak. Beirut: al-Matba`a al-Sūriyya, 1867.
*Manāhij al-albāb al-misriyya, fī mabāhij al-ādāb al-`asriyya,* 2nd printing. Cairo: Matba`at Shirkat al-Raghā'ib, 1912.
al-Murshid al-amīn li-l-banāt wa-l-banīn. Cairo: 1289h (1872/3).
*Qalā'id al-mafākhir fī gharīb `awā'id al-awā'il wa-l-awākhīr.* Bulaq: Dār al-Tabā`a, 1833. A translation of Georg Bernhard Depping, *Aperçu historique sur les moeurs et coutumes des nations.* Contenant le tableau comparé chez les divers peuples anciens et modernes, des usages et des cérémonies concernant l'habitation, la nourriture, l'habillement, les marriages, les funérailles, les jeux, les fêtes, les guerres, les superstitions, les castes, etc., etc. Paris: L'Encyclopedie Portative, 1826.
Tocqueville, Alexis de, 'Notes du voyage en Algérie de 1841', *Oeuvres complètes,* gen. ed. J. P. Mayer, vol. 5, *Voyages en Angleterre, Irlande, Suisse et Algérie,* ed. J. P. Mayer and André Jardin. Paris: Gallimard, 1958.
Tucker, Judith E., *Women in Nineteenth-Century Egypt.* Cambridge: Cambridge University Press, 1985.
Tusūn, `Umar, *al-Bi`thāt al-`ilmiyya fī `ahd Muhammad `Alī thumma fī `ahday `Abbās al-awwal wa-Sa`īd.* Alexandria: Matba`at Salāh al-Dīn, 1934.
`Umar, Muhammad, *Hādir al-misriyyīn aw sirr ta'akhkhurihim.* Cairo: Matba`at al-Muqtataf, 1902.
Weber, Max, ' "Objectivity" in social science and social policy', in *The Methodology of the Social Sciences,* trans. and ed. Edward A. Shils and Henry A. Finch. New York: The Free Press, 1949, pp. 49–112.
Zaghlūl, Ahmad Fathī, *Rūh al-ijtimā`.* Cairo: Matba`at al-Sha`b, 1909. A translation of Gustave Le Bon, *Psychologie des foules.* Paris: Felix Alcan, 1895.
Sirr taqaddun al-inklīz al-sāksūniyyīn. Cairo: Matba`at al-Ma`ārif, 1899. A translation of Edmond Demolins, *A quoi tient la supériorité des Anglo-Saxons.* Paris: Libraire de Paris, 1897.
Sirr tatawwur al-umam. Cairo: Matba`at al-Ma`ārif, 1913. A translation of Gustave Le Bon, *Lois psychologiques de l'évolution des peuples,* 12th ed. Paris: Felix Alcan, 1916.
Zawāhirī, Ahmad al-, *al-`Ilm wa-l-`ulamā' wa-nizām al-ta`līm.* Tantā: al-Matba`a al-`Umūmiyya, 1904.
Zaydān, Jurjī, *Ta'rīkh ādāb al-lugha al-`arabiyya,* 4 vols. Cairo: Dār al-Hilāl, 1914.
Ta'rīkh al-tamaddun al-islāmī, 5 vols. Cairo: Dār al-Hilāl, 1901–6; reprint ed. 1958.

｜索　引

（所列为原书页码，即本书边码）

Abbas Pasha（阿巴斯帕夏），74
Abduh, Muhammad（穆罕默德·阿卜杜），124-5，135
Abu al-nazzara al-zarqa'（戴蓝色眼镜的人），26
adab（文学、礼节、"阿达卜"），135-6
Adham Ibrahim（易卜拉欣·阿扎姆），26，68，69，74
Adorno, Theodor（狄奥多·阿多诺），7
Afghani, Jamal al-Din al-（贾马勒丁·阿富汗尼），155
agriculture（农业），34-5，40-3，75，175；*see also* cotton cultivation, landownership, villages（同时参见棉花种植、土地所有权、村落）
Alexandria（亚历山大），39，109；bombardment of（轰炸），128
Alloula, Malek（马立克·阿鲁拉），26
Amercian University in Beirut（贝鲁特的美国大学），108-9
Amin, Qasim（卡西姆·艾敏），112-3，116
Arif, Muhammad（穆罕默德·阿里夫），90
army（军队），14，35-40，153，174
author, concept of（作者概念），144，150-2，154，155，158；*see also* authority, writing（同时参见权威、书写）
authority（权威）：new methods of（新手段），15，104，128-9，154，158-60，171，179；in school（在学校中），70，175；textual（文本的），15，132-3，135，150-3
Ayrout, Henry Habib（亨利·哈比卜·阿鲁特），92-3
al-Azhar（艾资哈尔），2，80-5，132-3，135
Barudi, Mahmud Sami al-（马哈茂德·萨米·巴鲁迪），131
Benjamin, Walter（瓦尔特·本雅明），15，18，114
Bentham, Jeremy（杰里米·边沁），

288

24，33，40

Berardi, Roberto（罗伯托·贝拉尔蒂），56

body（身体，躯体）: notion of（概念），14，19，95，100-2，154-9，171；and exercise of power（与行使权力），93-4，95-100；see also materiality, mind（同时参见物质性、心灵）

Boyle, Harry（哈里·波义勒），112

Bourdieu, Pierre（皮埃尔·布尔迪厄），28，48-51，53，55，60-1，93，167，173-4

Bowring, John（约翰·宝宁），40，42，46

Bréal, Michel（米歇尔·布雷亚尔），140-1，143

Brigandage Commissions（盗匪治理委员会），97

Britain, occupation of Egypt by（英国对埃及的占领），14，15，16，35，95-6，97-8，100，104，109，111-12，116，117-18，122，128-31，138，156，157-9，166，168，169，175；see also colonialism（同时参见殖民主义）

Brockelmann, Carl（卡尔·布劳克曼），170

cafés（咖啡馆），1，12，117，119，162

Cairo（开罗）: attempts to represent（呈现的尝试），1，6，27，29-30；pre-modern（前现代），54-6，174；modern（现代），17，63，

65-8，115，117-19，156，163-4

capitalism, requirements of（资本主义的需求），34-5，40-3，75，96-8，135，166；see also commodity fetishism, cotton cultivation, landownership（同时参见商品拜物教、棉花种植、土地所有权）

Casablanca（卡萨布兰卡），161，162，163

certainty（确定性），7，13，15，23，31，51，129-30，150，171，175，177-9；see also authority, representation, truth（同时参见权威、表象、真理）

character（性情、性格），101-2，104-14，168，176；see also industriousness, mind, self（同时参见勤勉、心灵、自我）

cities（城市）: pre-modern（前现代），53-6，178；and problem of representation（与表象的问题），27，32-3，56-9；and Descartes（与笛卡尔），177-8；and colonial order（与殖民秩序），63，65-8，161-5，171；see also Cairo, Rabat（同时参见开罗、拉巴特）

Chelli, Monçef（蒙塞夫·切利），148-9

Chevalier, Michel（米歇尔·舍瓦利耶），16

colonialism（殖民主义）: methods of（手段），15-16，33，126-7，157-9，165-7，167-8，171，175，178-9；as essence of modern power（作为现代权力之本质），13，14，35，

索 引 | 289

95，171；and exhibitions（与博览会），8-9；and liberalism（与自由主义），116；and Orientalism（与东方学、东方主义），7, 138-40；and Tocqueville（与托克维尔），57-8；see also Britain, capitalism, discipline, order, power（同时参见英国、资本主义、规训、秩序、权力）

commerce, transformation of（商业巨变），10-12, 15, 98-9, 116

commodity fetishism（商品拜物教），18-19

communication（通信）：and capitalism（与资本主义），16；and imperial power（与帝国权力），129-30, 131；and nature of language（与语言的本质），140-1, 143-4, 150-1, 158

conceptual realm, effect of（观念领域之效果），79, 126, 171, 172-3, 177-9；in linguistic theory（在语言学理论中），143-50；see also enframing, structure, materiality, mind（同时参见集置、结构、物质性、心灵）

Consultative Chamber of Deputies（咨询议会），75-6

cotton cultivation（棉花种植）：promotion of（促进），15-16, 17, 40-1, 96

Cromer, Earl of（克罗默伯爵），95-6, 97, 104, 111, 157-9, 175, 176

crowds（人群），37-8, 40, 64, 114-17, 119-26；see also disorder（同时参见无序）

culture, concept of（文化之观念），61-2, 101, 104-5；and pre-colonial society（与前殖民社会），53-4, 60-1, 174；and linguistic theory（与语言学理论），138, 140-1, 149；see also mind, society, structure（同时参见心灵、社会、结构）

curiosity（好奇心），2-5

Daguerre, Louis（路易·达盖尔），24

Dar al-Ulum（达尔·欧鲁姆、知识之所），131, 135

Darwanism（达尔文主义），108-9

Demolins, Edmond（埃德蒙·德莫林），110-11

department stores（百货商场），10-12

Depping, Georg Bernhard（乔治·伯恩哈德·戴平），106-7

Derrida, Jacques（雅克·德里达），50, 144-6, 148-9

Descartes, René（勒内·笛卡尔），177-8

Description de l'Egypte（《埃及志》），31, 46, 168

difference（差异）：as principle of order（作为秩序原则），49-50, 55, 60-1, 173-4, 177；as possibility of language（作为语言之可能性），144-6, 148-9；and colonial order（与殖民秩序），163-7, 171

Dijwi, Hasan Tawfiq al-（哈桑·陶菲克·迪吉维），111

Dinshawai（丁沙瓦依），122

discipline（规训、纪律）：military（军事的、军队的），37-40；school（学校），70-1，73-4，101-2；as method of power（作为权力手段），14，34-5，40-2，93-4，104，125，126-7，175-6；of Europeans（欧洲人的），10-11，63-4，68，88；and Islamic movements（与伊斯兰运动），125，171；and liberalism（与自由主义），115-16，121；and Marx（与马克思），19；and nationalism（与民族主义），119，121，132；and women's role（与妇女的角色），112-13

Discours de la méthode（《谈谈方法》），177-9

disease（疾病），117-18；theories of（之理论），65-7，98-9，103；*see also* lunacy（同时参见精神病）

disorder（无序、混乱）：of urban life（城市生活的），1，21，27，64，68，114，117-18；in countryside（在乡村），97-8；in society（在社会中），110，113；in al-Azhar（在艾资哈尔），79-82；in written texts（在书写文本中），142；*see also* order（同时参见秩序）

Dor, V. Edouard, Inspector-General of Schools（学校事务总督察 V. 埃杜阿尔·多尔），79，81，105，108

Du Camp, Maxime（马克西姆·杜坎），22

Dufferin, the Marquess of（达费林侯爵），166

Durkheim, Emile（埃米尔·涂尔干），121-2，123，125-7，141

education（教育）：concept of（之观念），85，87-9，101-2，156-7；military（军事的、军队的），39-40；new methods of（之新手段），63，64-5，68-9，69-71，71-4，75-9；and traditional learning（与传统学习），82-5，85-7；necessity of（之必要性），92-3；as political process（作为政治进程），14，35，119，120-2，125，132，156-7，168，169-71，175；and language（与语言），153；of poor（穷人的），117，118；of women（妇女的），113；*see also* al-Azhar, Lancaster method, law, university, writing（同时参见艾资哈尔、兰开斯特教学法、法律、大学、书写）

elite, theory of（精英理论），123-5

Encyclopaedia of Islam（《伊斯兰百科全书》），138

enframing（集置），44，54-5，55-6，92-4，149，176，178-9；*see also* framework, structure（同时参见框架、结构）

Essay on Eight Words（《关于八个关键词的论文》），131-2，134-7，142-3，154

ethnography（民族志），23，26，27，28；as political process（作为政治进程），104-7，165-6

exhibitions（博览会），1，4，8，10，16，31，63，110，114；Arabic

accounts of（阿拉伯人之描述），6-9; and capitalism（与资本主义），10, 15, 16-17, 18; and nature of modernity（与现代之性质），2-4, 6-10, 10-13, 20, 172-3, 178, 179; Orient grasped as（东方被理解为），22, 27-8, 29, 168; and colonial order（与殖民秩序），161-3, 168, 171; and Cartesian theory（与笛卡尔理论），177

fairs, suppression of（对集市的压制），98-9
Fanon, Frantz（弗兰茨·法农），164
fashion（时尚），15, 126
Fénelon, François de Mothe-（弗朗索瓦·德·莫特-费奈隆），75, 107
festivals, see fairs（节日, 见集市）
Fez（菲斯），162
Flaubert, Gustave（古斯塔夫·福楼拜），21-2, 27, 30
Foucault, Michel（米歇尔·福柯），35, 46, 93, 95, 103, 174, 176
framework（框架）: new effect of（之全新效果），38, 44-6, 78-9, 93-4; supposed absence of（所设想的缺席），33, 50, 52-3, 82-3, 174-5, 178; see also enframing, structure（同时参见集置、结构）
France, occupation of Egypt by（法国对埃及的占领），29, 35, 37, 46, 133, 168
Freud, Sigmund（西格蒙德·弗洛伊德），125
filling, concept of（填充之概念），51, 53-4
functionalism（功能主义），45, 49, 59

Gatling gun（加特林机枪），128-9
Gautier, Théophile（泰奥菲尔·戈蒂耶），26, 28, 29-30
gaze（凝视）: of Europeans（欧洲人的），2-4, 9, 19-20, 21-2, 24-6; in village life（乡村生活中的），86, 99-100
Gilsenan, Michael（迈克尔·吉尔斯南），86, 95
Gladstone, William（威廉·格莱斯顿），166
Graves, Robert（罗伯特·格雷夫斯），31
guidebooks（导游手册），10, 20, 24, 89, 168

Harcourt, Duc d'（阿尔库尔公爵），112-13
Heidegger, Martin（马丁·海德格尔），7, 13, 148
al-Hilal（《新月》杂志），169, 170
Hilmi Zayn al-Din, Muhammad（穆罕默德·希尔米·宰因丁），100
historiography, Egyptian（埃及的历史学），123, 169-71
hizb（"希兹卜"、政党），137-8
Husayn, Taha（塔哈·侯赛因），122, 170

Ibrahim Pasha（易卜拉欣帕夏），4, 44

identity, see self（身份认同，见自我）

indolence, see industriousness（懒散，见勤勉）

industriousness（勤勉），14-15，40，47-8，64，96，101-2，119，176；absense of（之缺失），105-11，116；in Marx（在马克思理论中），19

insanity, see lunacy（精神病、疯癫，见精神病）

inspection（监控）：in exhibitions（在博览会中），16-17；in schools（在学校中），70-1，73-4，101；as political technique（作为政治技术），34，40-1，67，95-6，104，175

institutions（机制）："absense" of（之"缺失"），59；new effect of（之全新效果），162-3

interior（内部）：new effect of（之全新效果），166-7；in pre-colonial society（在前殖民社会中），50，55-6，56-8，174；political need to penetrate（渗透之政治需要），46，67，93，98；and concept of person（与人的概念），155-7，176，177-8；and concept of writing（与书写的概念），146

Isma'il, Khedive（赫迪夫伊斯梅尔），4，17，26，65，68，71，74，75，116，134

Istanbul（伊斯坦布尔），17，32，35，155，162

Jabarti, Abd al-Rahman al-（阿卜杜·拉合曼·贾巴尔蒂），37，133

Japan（日本），109-10

Jawish, Abd al-Aziz（阿卜杜·阿齐兹·扎维什），89，101

Kabyle house（卡拜尔人的居所），48-53，55，93，167，173-4

Kafr al-Zayat（扎耶特村），44

Khaldun, Ibn（伊本·赫勒敦），53-4，59，134-7，149-57，171

Kamil Mustafa（穆斯塔法·卡米勒），109

Kinglake, Alexander（亚历山大·金莱克），30

Kitchener, Colonel Herbert（赫伯特·基奇纳上校），97

Lambert, Charles（查理·朗拜尔），33

Lancaster method（兰开斯特教学法），69-71，74，89，101

landownership, private（私人土地所有制），16，43，44，75，96-8

Lane, Edward William（爱德华·威廉·莱恩），23，24，26，27，28-9，31，105-6

language（语言）：use of（之使用），64，82-7，137-8，142-4，146-9；theories of（之理论），138-42，144-6，146-9，150-2；transformation of（之转变），131，153-4

law（法律、法学）：practice of（之实践），82-5；as code（作为代码），100-1，126

Le Bon, Gustave（古斯塔夫·勒庞），

122-5，168，169，170

Lesseps, Ferdinand de（斐迪南·德·雷赛布），17

liberalism（自由主义），115-16，121

al-Liwa'（《旗帜报》），89，109，156

Lubbert, Emile-T.（艾米勒-T. 吕拜尔），33

lunacy（精神病、疯癫），117-18，125，175

Lyautey, Marshal（利奥泰元帅），97，161-3，172，177，178

machine（机器、机械）：as new image of political power（作为政治权力的新形象），37-8，47-8，71，92-3，97，126-7，131，154，157-9；the person as（人作为），99-100，156-9，178；writing understood as（书写被理解为），131，153-4，157-8

Majdi Muhammad（穆罕默德·马吉迪），156

Margoliouth, D. S.（大卫·萨缪尔·玛戈利奥茨），170

Marsafi, Husayn al-（侯赛因·马尔萨菲），90，131-7，142，153，154，170

Marx, Karl（卡尔·马克思），18-19，21

materiality（物质性）：in pre-colonial city（在前殖民城市中），53，54；new effect of（之全新效果），93，100-1，171，172-3，176，177-9；in linguistic theory（在语言学理论中），143-50；*see also* object, structure（同时参见客体、结构）

Maurois, André（安德烈·莫洛亚），161

meaning（意义）：and pre-colonial society（与前殖民社会），53，54，56-8，60-1；new effect of（之全新效果），126-7，149-50，158-60，162-3，172-3，179；in language（在语言中），138，139，140-2，142-9；in Max Weber（在马克斯·韦伯的理论中），61-2

medical practice, *see* disease（医疗实践，见疾病）

Melville, Herman（赫尔曼·梅尔维尔），32-3

metaphysical realm, new methods of creating（创造形而上领域的新手段），94，146，149，157-60，176；*see also* materiality, mind, structure（同时参见物质性、心灵、结构）

mind（心灵、思想）：new notion of（之新概念），9，14-15，21，158，177-8；and exercise of power（与权力的行使），14-15，94，95，100-1，104-5，108-9，114，126-7，171，176；collective（集体的），121，123-5；as object of Orientalism（作为东方学的客体），138-40；and linguistic theory（与语言学理论），140-4，149；*see also* body, representation, self（同时参见身体、表象、自我）

Modern Egypt（《现代埃及》），157-9

Morocco（摩洛哥），161-3

Mubarak, Ali（阿里·穆巴拉克），63-5，68，71，74，84-5，93，108

Muhammad Ali, Governor of Egypt（埃及统治者穆罕默德·阿里），33，35，42-3，68-9，88

Müller, Friedrich Max（弗雷德里希·马克斯·穆勒），2，7，139，165-6

al-Muqaddima（《历史绪论》），53-4

al-Muqtataf（《文摘》杂志），109，169

Muslim Brotherhood（穆斯林兄弟会），171

Muwailihi, Muhammad al-（穆罕默德·穆瓦伊里），116

Nadim, Abdullah（阿卜杜拉·纳迪姆），153

nationalism（民族主义）：emergence of（之兴起），119，132；and events of 1881-1882（与1881—1882年的事件），116，131-2，136-8，156，170；and historiography（与历史学），123，169-70；and national character（与民族性格），109-10，124；*see also* nation-state（同时参见民族国家）

nation-state（民族国家），119；and schooling（与学校教育），76，77，121；authority of（之权威），154，157-8，179；and self-identity（与自我身份认同），166-7

Neghileh（奈伊拉），44

Nerval, Gérard de（杰拉尔·德·纳瓦尔），22，26，27，29-30，31

nizam jadid, *see* army, order（"尼扎姆·扎迪德"、新秩序，见军队、秩序）

nostalgia, disease of（思乡病），42，43

Nubar Pasha（努巴尔帕夏），100

object, *see* object-world, thing（客体，见客体世界、事物）

object-world（客体世界）：method of setting up（建构之手段），5-7，15，20；Orient grasped as（东方被理解为），23-8，33，168；and pre-colonial world（与前殖民时代世界），50-1，60-1；and concept of society（与社会的概念），120-1，126；and effect of "objectivity"（与"客体性"效果），7，19-21，61-2；*see also* materiality, representation, subject, thing（同时参见物质性、表象、主体、事物）

order（秩序）：new principle of（之新原则），14，33，40，63，68，94，118，126，175，176，178-9；in army（在军队中），36，38，40，174；in Europe（在欧洲），1，12，63-4，88；in model village（在示范村中），44-8；in schooling（在学校教育中），68，70-1，73-4，76-9，175；in urban planning（在城市规划中），63，65-8，163-5；and Kabyle house（与卡拜尔人的居所），49，51-2，173-4；and pre-colonial city（与前殖民

时代城市），54-5，58-9，174；
and social science（与社会科学），
110；of colonial world（殖民世界
的），163-5，166-7，171；see also
disorder, enframing, structure（同
时参见无序、集置、结构）

Orient（东方）：representation of（之
表象），1，6，8-9，13-14，21-
32，58-9；definition of（之定义），
165-8；inferiority of（之落后性），
110-11；need for（对其需求），
163-4

orientalism（东方学、东方主义），
1-2，6，7，58-9，133，149；
citationary nature of（之引述性），
31；and colonial order（与殖民
秩序），32，165-8；and Western
thought（与西方思想），32，138-
40，141；within Egypt（在埃及内
部），116，122-4，169-71；see also
language, Orient, representation（同
时参见语言、东方、表象）

originality, new concept of（关于原初
性的新概念），28-9，58-9，60-1，
83，144，151，167，172-3

outside（外部）：as effect of "external
reality"（作为有关"外部现实"的
全新效果），7-10，12，21，61-2，
177-8，179；and pre-colonial world
（与前殖民时代世界），50，55-6，
57-8，174；and self-identity（与自
我身份认同），163-5，165-7

Panopticon（全景监狱），24，35

person, concept of, see self（人的概念，
见自我）

photography（摄影），22-4，27

picture（图像）：world set up as（世
界被布置为），6-7；Orient grasped
as（东方被理解为），21-9，56-8；
and pre-colonial world（与前殖民
时代世界），60-1；language as（语
言作为），140-1

plan（方案、规划）：as mental order
separating self from world（作为自
身分立于世界的观念秩序），20，
28，32，33，45，48-50，53-4，
60-1，78，93，171，172-3；
in Descartes（在笛卡尔思想中），
178；in Marx（在马克思的理论
中），21；see also culture, mind,
structure（同时参见文化、心灵、
结构）

policing, organization of（组织警察管
理），96-8，175；see also inspection
（同时参见监控）

politics（政治）：new notion of（之新
观念），102-4，156-9；science of
（之科学），102，119，157-8；as
ethnological process（作为民族学活
动），105；as interpretive process（作
为阐释活动），136；see also power
（同时参见权力）

Porter, Robert Ker（罗伯特·卡尔·波
特），23

power（权力）：methods of（之手段），
34-5，75-6，79，93-4，95，130，
171，175-6；as mechanical process
（作为机械性进程），157-9

powerlessness, idiom of（关于缺乏力

量的惯有说法），86-7

printing（印刷、出版）: government control of（政府的控制），90-2，168; rejection of（对其之反对），133-4，137，150; effect on language of（对语言的影响），153; see also writing（同时参见书写）

prisons（监狱），97，175

production（生产）: in Marx（在马克思的理论中），18-19; and new methods of power（与全新的权力手段），35，40-3，75; in Tahtawi（在塔赫塔维的著作中），107; see also industriousness（同时参见勤勉）

Quran, study of（学习《古兰经》），83，86-7，102

Rabat（拉巴特），161-3，172，177

railways（铁路），16，97，98，130，153，161，175

Rawdat al-madaris（《学校园地》），92

Raymond, André（安德烈·雷蒙德），55

reality（现实）: effect of（之效果），7-10，12-13，32，60-1，168; of the Orient（东方的），22，26-7，28-9，30，32; in Durkheim（在涂尔干的理论中），126; in Marx（在马克思的理论中），18-19

Renan, Ernest（厄内斯特·勒南），139

representation（表象），6-10，12-13，15，17-18，172-3，176-9; of Orient（东方的），1-2，6，9，21-32，56-9; and pre-colonial world（与前殖民时代世界），60-1; in colonising process（在殖民进程中），67，92，130-1，153-4，161-5，168，171，176-9; language as（语言作为），92，141-2，143-4，153-4; in Cartesian theory（在笛卡尔的理论中），177-8; in Durkheim（在涂尔干的理论中），125-7; in Marx（在马克思的理论中），18-19

Roberts, David（大卫·罗伯茨），23，28

Roosevelt, Theodore（西奥多·罗斯福），123

Rushdi, Abd al-Rahman（阿卜杜·拉合曼·拉什迪），71

Said, Edward（爱德华·萨义德），26，27，31，165，168

Sa'id Pasha（赛义德帕夏），74，90

Saint Simonists（圣西门主义者），16，17，33

Sarruf, Ya'qub（叶尔孤卜·萨鲁夫），108-9

Saussure, Ferdinand de（斐迪南·德·索绪尔），143-4，146

schools, see education, Lancaster method（学校，见教育、兰开斯特教学法）

self, concept of（关于自我的观念）: as subject set apart from object-world（作为分立于客体世界的主体），2-5，9，12-13，14-15，20，23-4，24-8，32-3，59-60，61-2，141，157，159，162，172，178; as political subject（作为政治主体），68，95，102-4，175-6；as divided into mind and body（区分为心灵与身体），14-15，95，100-2，172，175-8；and pre-colonial world（与前殖民时代世界），50-1，173-4；and self-sameness, identity（与同一性、身份认同），145，165，166-7，171；in Marx（在马克思的理论中），19，21；in Weber（在韦伯的理论中），61-2

signs（符号、手势）：things as（事物作为），12-13，14，17-18，60-1，172；French use of（法国人的使用），37；words as（词汇作为），140，143-4，144-6，149，153

Smiles, Samuel（萨缪尔·斯迈尔斯），108-10

social science（社会科学）：and threat of disorder（与无序的威胁），110-11，113，121，122；Durkheim's（涂尔干的），120，126；Le Bon's（勒庞的），122-3

society, new concept of（关于社会的新观念），15，71，81，100-1，119-21，126-7，140-1，158；*see also* nation-state（同时参见民族国家）

Society for the Diffusion of Useful Knowledge（有益知识传播协会），90，105-6

state, *see* nation-state（国家，见民族国家）

statistics（数据），20，45-6，126，153

structure（结构）：new effect of（之全新效果），14，21，22，79，153，176；at exhibitions（在博览会中），20；in Marx（在马克思的理论中），21；in military（在军队中），37-8；in model villages（在示范村中），44-6；in towns（在村庄中），65；in schools（在学校中），73，76-9，86，92-3；in language（在语言中），140-1；"absence" of（之"缺失"），50-1，58-9，82-3，174；as method of power（作为权力手段），79，94，114，127，176；and "society"（与"社会"），100-1，114，120

Suez Canal（苏伊士运河），16，17，96

Tahtawi, Rifa'a Rafi' al-（里法阿·拉菲·塔赫塔维），74，75，77，88-9，92，102-4，107-8，119-20，134，154

Taine, Hippolyte（伊波利特·丹纳），17

The Tale of Isa ibn Hisham（《以撒·本·希沙姆的故事》），114-16，120

Tanta（坦塔），67-8，97，98-9

tarbiya（教育），88-90

Tawfiq, Hasan（哈桑·陶菲克），170

telegraph（电报），70，96，130，140-1，153

Tell al-Kabir, battle of（凯比尔丘战役），128

text（文本）：colonial world to be read as（殖民世界被阅读为），33，46；pre-colonial understanding of（前殖民时代之理解），82-4，

92，132-5，150-3，178；*see also* language, representation, writing（同时参见语言、表象、书写）

thing（事物）：new notion of（之全新概念），5-7，14，60-1，172-3，178；society as（社会作为），120-1，126；and theory of language（与语言学理论），144，149；*see also* materiality, object-world（同时参见物质性、客体世界）

time, as a structure（时刻作为一种结构），73，120

Tocqueville, Alexis de（阿历克西·德·托克维尔），56-8

tourism（旅游、旅行），21，24-6，28，57，58，126，156，162

truth, as certainty of representation（作为表象之确定性的真理），33，51，60-1，127，130-1，149，159-60，168，171，175，178-9

Umar, Muhammad（穆罕默德·欧麦尔），100，117-19

University, Egyptian（埃及大学），31，109，113，122，123，170

Urabi, Ahmad（艾哈迈德·阿拉比），118，131-2，137-8

villages（村庄），14，34，40-1，43，44-8，76，95-8，99-100，175；and learning（与学习活动），86-7，92-3；and teaching of political science（与教授政治科学），102；*see also* agriculture, Kabyle house（同时参见农业、卡拜尔人的居所）

vowel, "absence" of（元音的"缺失"），148-9

Wadi al-Nil（《尼罗河谷》），92

al-Waqa'i' al-Misriyya（《埃及事务》），90

Weber, Max（马克斯·韦伯），62

women（妇女），49-51，52，55，60；as object of colonial power（作为殖民权力之客体），46，93，100，111-13，168

The Wretched of the Earth（《全世界受苦的人》），164

writing（书写）：in pre-colonial society（在前殖民社会中），82-7，150-2；theories of（之理论），142-52；transformation of（之转变），90-2，152-4，155，157-9；*see also* language, representation, text（同时参见语言、表象、文本）

Zagazig（宰加济格），78，96，132

Zaghlul, Ahmad Fathi（艾哈迈德·法特海·扎格鲁勒），110-11，116，122，125

Zahrawi, Abd al-Hamid al-（阿卜杜·哈米德·扎赫拉维），118

Zaydan, Jurji（朱尔吉·宰丹），169-71

译后记

蒂莫西·米切尔教授的这本书初版于 1988 年，在该书中，米切尔教授化用福柯、德里达、海德格尔等人的理论，分析了穆罕默德·阿里王朝统治时期埃及军事、教育、城市建设等各领域的变化，为理解近代埃及社会演进提供了一种开创性视角。

在传统论述中，英国对埃及进行的军事占领与殖民控制，构成了后者殖民化的主要事件线索。但米切尔教授对这方面内容着墨不多，较之英国殖民者，书中更多出场的，乃是埃及本土的改革派官员与学者，他们所主导的改革对埃及社会民众的"集置""规训"与秩序化，才是埃及殖民化的本质所在，因为其最终达到的效果，是让埃及民众以殖民者的眼光来观照自身，使埃及社会呈现出殖民者所设想的"表象"。正如米切尔教授在书中所言："英国对埃及的殖民占领发生于 19 世纪后期的 1882 年。不过我对'殖民的'（colonial）一词的使用将超出该事件的范围，而以之指称该占领试图强化的那种权力的'殖民'（colonising）性质，这一权力发生发展于 19 世纪初期——如果不是更早的话。"（原书第 14 页）由此，埃及殖民进程的时间跨度与涵盖范围都得到了极大扩展，穆罕默德·阿里王朝所主导的一系列近代化改革也不再是对欧洲殖民活动的被动回应或反抗，而是转化成了后者的一部分。

当然，作为一部创作于 20 世纪 80 年代的中东研究著作，本书虽然对传统东方学持批判态度，但多少会受到后者的一些影响。如书中在讨论卡拜尔人的传统居所，以及阿拉伯人对"文明"的看法时，多次征引《历史绪论》，这部历史著作 14 世纪成书于阿拉伯世界西部，以之说明更为晚近时期阿拉伯人的普遍观念，不免陷入了传统东方学将东方文明视作静态对象进行观察的窠臼。

因为工作原因，译者曾于 2015—2016 年在开罗度过大半年时光，书中提及的许多场景，早已与一个世纪前大不相同，艾资哈尔清真寺的回廊下不再有成群的学生，金字塔也早已禁止攀爬，但与此同时，依然有络绎不绝的西方游客——以及越来越多的中国游客——来到这里找寻他们想象中的"东方"，本书所讨论的主要议题，恐怕仍未完全过时。

张一哲

2020 年 7 月